아이의 공부지능

EBS〈육아학교〉 공식 멘토 민성원의 우리 아이 지능개발 실전서

아이의 공부지능

민성원 지음

SQ = IQ + EQ + α
Study Quotient　　Intelligence Quotient　　Emotion Quotient　　집중력과 창의력

다산지식하우스

| 추천의 글 |

IQ를 대체할
강력한 학업성취 예언자가 나타나다

'공부지능 Study Quotient'이란 말을 처음 들었을 때 정말 신선하다는 생각이 들었다. 나는 교육 심리학자이자 영재성 연구가로 평생 살아온 터라 지능이란 말은 아주 친숙하다. 그런데 공부지능이란 말은 처음 듣는다. 공부지능이란, 지금까지 우리가 흔히 들어왔던 '공부'의 개념과 학업성취나 성공을 예언하는 지수인 'IQ'를 융합한 새로운 개념이다. 즉, IQ만으로는 예측할 수 없었던 부분을 보완하여 학업성취를 좀 더 정확하게 예언할 수 있는 새로운 '예언 지수'라고 할 수 있다.

지금까지 많은 교육 심리학자들은 아이들이 학교에서 얻게 될 학업성취를 예언하는 지수로 IQ를 사용해왔다. IQ는 아이들의 지적능력을 나타내는 지수로, 미래의 학업성취와 밀접한 관계가 있다. 그 상관관계의 수준이 가장 높을 때가 약 49퍼센트 정도다. 만약 지능이 높은 아이 두 명이 있을 경우, 이중에서 한 아이만 높은 학업성취를 보일 수 있다는 뜻이다. 이 때문에 많은 학자들은 학업성취를 예측할 수 있는 보다 강력한 예언자를 찾기 위해 오랫동안 고심해왔다.

부모들 역시 마찬가지이다. 부모들은 늘 '우리 아이가 학교에 가면 공부를 잘 할 수 있을까?', '우리 아이는 좋은 대학에 갈 수 있을까?'처럼 미래 학업성취에 대한 여러 궁금증을 가진다. 세계에서 둘째가라면 서러울 정도로 우리나라 부모들은 아이의 미래 학업성취에 대한 관심이 높지만, 정작 미래 학업성취에 대한 객관적 지식은 부재하다는 것이 문제다.

『아이의 공부지능』은 아이들이 높은 학업성취를 달성하기 위해서는 IQ뿐만이 아니라 그 외에도 다양한 요인들이 있다는 사실을 알려준다. 지금까지는 지적능력이 학교의 학업성취에 절대적인 필수 요소라고 생각해왔지만, 최근 여러 연구에서는 이를 반박하는 증거들이 속속 발표되고 있다. 이런 관점에서 볼 때, 이 책은 지능에 대해 새로운 이론을 제시하고 있다.

그렇다면 높은 학업성취를 얻기 위해 IQ 외에 어떤 요소들이 중요한가? 민성원 저자는 이 책을 통해 여러 가지 요인을 제시하고 있지만, 그중에서도 '가정환경'과 '부모의 역할'이 아이의 학업성취를 예측하고 결정하는 데 가장 중요한 역할을 한다고 말한다. 특히 부모는 그 무엇보다 아이의 미래 학업성취를 결정짓는 핵심 요소다. IQ 외의 학업성취와 관련된 중요한 특성들은 학습동기, 끈기, 열정, 집중력, 과제집착력, 끝까지 해내는 힘 등을 들 수 있는데 이것들은 주로 가정 안에서 부모로부터 길러진다. 한때 서점가에서는 『GRIT』이라는 책의 인기가 대단했다. 'GRIT'은 우리말로 '열정적 끈기'를 가리킨다. 이것은 성공한 사람들에게서 공통적으로 찾아볼 수 있는 특성으로 가정에서 길러지는 능력이다.

　아이가 학교에 입학하여 높은 학업성취를 얻기 원한다면, 그 성취를 가늠할 수 있는 예언지수를 알아야 한다. 이 책은 학업성취를 높이기 위해 IQ 외의 다양한 지능 혹은 IQ를 보완하고 대체할 수 있는 요소가 무엇인지 상세히 소개한다. 내 아이의 미래 학습 능력을 미리 파악하고, 이를 꼼꼼하게 대비하고 싶은 부모라면 반드시 읽어보기를 권한다.

한국유아영재교육학회장 이신동 교수

| Prologue |

노력한 만큼 반드시
되돌려주는 공부지능

내가 고등학교를 다니던 시절, 매년 약 100만 명이 대학입학시험을 치렀다. 지금은 인구가 줄어서 약 60만 명 정도가 대학입시를 치른다. 그때나 지금이나 1등부터 꼴등까지 냉정하게 점수가 매겨져 대학입시의 당락을 좌우한다.

누구나 대학입학시험을 잘 치러 좋은 성적을 받고 싶을 것이다. 과연 최선을 다하면 누구나 좋은 성적을 받을 수 있을까? 오늘부터 굳게 결심하고 입에서 단내가 나도록 열심히 공부한다면 성적이 오를까? 공부를 못하고 시험을 못 보는 것이 정말 아이들이 게을러서 열심히 공부하지 않았기 때문일까? 그렇지 않다.

학교에서 공부를 뛰어나게 잘했거나 대학입시를 잘 치러서 명문대에 입학한 사람들이 있다. 가난 혹은 다른 여러 가지 이유로 학교 교육을 잘 받지는 못했어도 사법고시에 합격해 변호사가 된 사람들도 많다. 그도 아니라면 현대그룹의 정주영 회장처럼 자수성가해 성공한 사업가들도 있다. 이들은 대부분 입을 모아 누구나 최선을 다해 열심히 노력하면 자신의 분야에서 성공할 수 있다고들 말한다. 세상만사 마음먹기 나름이고 최선을 다했는데 못할 일이 무엇이냐고 말하기도 한다.

나도 한때 그렇게 생각한 적이 있다. 학창 시절, 수업시간에 졸거나 딴짓을 하는 학생들을 보면 '저 아이들은 왜 저럴까?' 이해가 되지 않았다. 열심히 수업 듣고, 성실히 공부하면 현재보다 성적이 잘 나올 것이고, 좋은 대학에 진학하여 좋은 직장을 구할 기회도 생길 텐데 왜 저렇게 게으를까? 그런 아이들을 보며 꿈이 없거나 스스로를 사랑하지 않는 아이들이라 생각하기도 했다. 그렇지 않고서는 열심히 공부하면 충분히 시험을 잘 볼 수 있을 텐데, 아예 포기하고 공부와 담을 쌓을 수는 없다고 생각했다.

하지만 오랜 세월 아이들을 가르치고 교육의 경험이 쌓이면서 생각이 바뀌었다. 공부 못하는 아이들을 불성실하다고 탓해서는 안 된다는 것이 지금의 내 생각이다. 아이들이 공부를 못하는 것은 게을러서가 아니다. 공부를 하고 싶어도 어려워서 못하고, 이해할 수 없으니까 재미가 없어서 싫다고 말하는 것뿐이다.

그렇다면 아이들이 공부에 흥미를 느껴 공부를 잘할 수 있게 하려면 어떻게 해야 할까? 아이들의 '공부지능'을 개발시켜야 한다. 아이의 공부지능이 어느 정도 수준인지를 파악하고, 공부지능을 높여주기 위해 노력해야 한다. 공부지능이 높으면 공부는 저절로 잘할 수 있기 때문이다.

공부지능은 우리가 흔히 말하는 IQ와는 다르다. 지금까지 '머리가 좋다'는 것은 곧 'IQ가 높다'는 것을 의미했다. 물론 IQ만 높아도 학교에서 공부를 잘할 가능성이 크다. 학교 공부에서 가장 중요하게 여겨지는 수학, 영어, 국어 과목은 IQ와 상관관계가 높은 편이다. 특히 수학과 국어의 경우 IQ와의 상관관계가 더 높다.

수학에서는 연산력, 논리적 사고력, 추론력, 문제해결력, 공간지각 능력 등을 요구하는데 IQ 검사가 바로 이러한 항목을 평가하기 때문이다. 국어의 경우는 어휘력, 추론력, 독해력, 암기력 등을 요구하는데 이 또한 IQ 검사에서 집중적으로 물어보는 것들이다. IQ 검사 항목 중에서도 언어성은 국어 실력을 좌우하는 중요한 요소다. 영어는 수학과 국어에 비해 IQ와의 상관관계가 떨어지기는 하지만 청각적 집중력, 암기력이 영어 공부의 중요한 요소이고, 일정 수준의 단계를 넘어서면 국어와 마찬가지로 어휘력, 추론력, 논리력 등을 요구하기 때문에 IQ와의 상관관계가 더 높아진다. 하지만 IQ는 어디까지나 공부를 잘할 수 있는 가능성을 예측하는 척도일 뿐이다. 실제로는 IQ가 높은 아이들이 다 공부를 잘하는 것은 아니다. 오히려 IQ는 떨어지더라도 공부를 잘하는 학생들이 많다. 그런 학생들은 대부분 높은 수준의 동기와 좋은 공부습관을 갖추고 있다. 이 학생들은 왜 공부를 해야 하는지 분명한 동기와 끈기를 가지고 공부한다. 노력한 만큼 성적이 나오지 않아도 실망하지 않고 스스로를 믿고 더 열심히 노력한다. 바로 '공부지능'이 높은 아이들이 보여주는 전형적인 모습이다.

공부지능은 IQ와 다르다. 앞으로 자세히 소개하겠지만, 공부지능은 간단히 말해 IQ뿐만 아니라 EQ, 집중력, 창의력을 모두 아우르는 지능이라 할 수 있다. 결국 이 4개 영역의 지능이 골고루 발달한 아이들이 공부를 잘하는 것이다. 어느 하나라도 떨어지면 공부를 잘하는 데 분명 한계가 있다. 공부지능은 선천적으로 타고나는 부분도 많지만 후천적으로 개발할 여지도 아주 많다. 이 책은 단순히 공부지능이 무엇인지를 알려주는 이론서가 아니다. 각 영역별로 어떻게 공부지능을 개발해줄 수 있는지 자세하게 안내한 실전서다. 개발방법은 지금까지 수많은 연구와 개인적으로 아이들을 가르치면서 쌓은 경험을 바탕으로 검증된 방법만을 소개했다.

이제 아이가 게으르고 공부에 관심이 없다며 탓하기 전에 이 책을 참고해 공부지능부터 개발해주기 바란다. 부모가 아이의 지능에 대해 이해하고 적기에 교육만 잘 시켜줘도, 훗날 아이가 성장했을 때 최소한 공부 때문에 하고 싶은 일을 못하게 되는 일은 없을 것이다. 약 수년 넘게 교육현장에서 상담을 해오며 '우리 애는 머리가 안 좋아서', '부모인 내가 못나서' 하며 자책하는 학부모들을 너무도 많이 봐왔다. 나는 자신은 돈이 많지 않고, 학벌이 좋지 않아도 아이만큼은 잘 키우고 싶어하는 대한민국 모든 부모들이 쉽게 포기하지 않길 바란다. 아무리 노력해도 누구나 박지성, 김연아처럼 그 분야의 최고가 될 수는 없지만 공부는 다르다. 꼭 노력한 만큼 돌려준다. 당장 우리 아이가 공부를 잘하지 못해도 계속 공부지능을 높일 수 있도록 지원해주어야 할 이유도 여기에 있다. 이 책을 읽는 부모님들이 이것 하나만 꼭 기억했으면 좋겠다. 부모의 관심과 노력이 만든 공부지능은 타고난 머리를 뛰어넘는다. 공부지능은 결코 노력을 배신하지 않는다.

끝으로 원고 집필에 도움을 준 구다은, 손지은 씨에게 감사하다는 말을 전한다.

민 성 원

Index

| 추천의 글 | IQ를 대체할 강력한 학업성취 예언자가 나타나다 | / 4 |
| Prologue | 노력한 만큼 반드시 되돌려주는 공부지능 | / 7 |

공부 잘하는 머리의 비밀, 공부지능

Part 1 공부지능이 곧 아이의 미래다

Chapter 01 IQ가 낮아도 공부를 잘하는 아이들 / 22
  IQ가 높은데 왜 공부를 못할까?
  SQ=IQ+EQ+α
  우리가 공부지능에 주목해야 하는 이유

Chapter 02 우리 아이 공부지능, 높일 수 있을까? / 34
  타고난 머리가 부족해도 괜찮다
  영재와 천재는 '찾는 것'이 아니라 '만드는 것'
  유전과 환경, 무엇이 더 중요할까?

Chapter 03 확고한 교육 의지가 경제력을 뛰어넘는다 / 45
  높은 명문대 진학률을 만든 진짜 비결
  지금도 개천에서 용이 날 수 있을까?

Chapter 04 공부지능은 노력을 배신하지 않는다 / 53
  예체능보다 공부 잘하는 것이 더 쉽다
  잠재적 가능치만 발견해도 절반은 성공

Part 2　공부지능을 결정하는 '적기와 조기' 교육

Chapter01　공부지능에도 알맞은 때가 있다.　　　　/ 60
신체연령 vs 정신연령
조기보다 적기가 더 중요하다
적기의 조기교육은 최고의 시너지를 낸다
능력별로 정점을 찍는 시기가 다르다
초등 6년, 공부 잘하는 아이로 만드는 최적의 시기
TIP_학교에 들어가기 전에 국어, 영어, 수학은 얼마만큼 공부해야 하나요?

Chapter02　'뇌'를 알면 공부지능이 보인다　　　　/ 74
뇌는 환경에 따라 끊임없이 변한다
공부지능의 사령탑, 뇌의 구조

Chapter03　공부지능의 영역별 적기는 다르다　　　　/ 81
공부지능을 어떻게 발달시킬까?
감각운동기(0~2세) : IQ와 EQ, 신체능력 고루 발달
전조작기(2~7세) : 언어가 집중적으로 발달하는 시기
구체적 조작기(6~12세) : IQ 전 영역과 집중력 발달 시기
형식적 조작기(11~18세) : 논리적 추리력 발달 시기
TIP_발이 큰 아이가 수학을 잘한다?

Chapter04　적기 교육에 도움이 되는 좋은 생활습관　　　　/ 97
좋은 생활습관은 공부지능과 통한다
매일 30분만 운동해도 머리가 좋아진다
잘 자는 아이가 공부도 잘한다

Part 3　공부지능 개발의 4단계 '발견→반복→강화→실현'

Chapter01　'발견'은 부모의 가장 중요한 역할이다　　　　/ 106
일찍 발견할수록 유리하다
부모야말로 가장 뛰어난 전문가
발견을 하려면 다양한 자극이 필요

Chapter02 '반복'으로 공부에 자신감 심어주기 / 116
  뇌는 반복을 통해 발달한다
  무조건 반복은 No! 잘 설계된 반복이 필요하다
  일만 시간의 법칙은 공부지능에도 유효하다
  히딩크처럼 반복하게 한다

Chapter03 포기하지 않고 도전하게 만드는 '강화' / 129
  참을 수 있을 만큼 난이도를 높여가며 반복하기
  결과에 대한 끊임없는 피드백이 필요하다

Chapter04 의욕의 스위치를 켜주면 '실현'된다 / 134
  평범한 아이도 천재로 키우는 '요코미네 교육법'
  경쟁하고 싶어 하는 마음이 노력을 부른다
  흉내를 내면서 성장한다
  조금 어려울수록 더 하고 싶어 한다
  인정해주는 만큼 성장한다

우리 아이 공부지능,
어떻게
키울 것인가?

Part 4 인지능력(IQ)과 공부지능

Chapter01 지능검사와 해석 방법 / 148
  지속적으로 집중할 수 있다
  웩슬러(Wechsler) 지능검사

개인 지능검사
집단 지능검사
웩슬러 소검사 방법
언어성 지능과 동작성 지능
웩슬러 소검사의 해석 방법
다중지능, 어떻게 활용할 것인가?
다중지능의 특징
TIP_다중지능과 지능은 어떻게 다른가요?

Chapter02 암기력은 공부지능의 기본이다 / 184
시를 잘 외우는 아이가 수학도 잘한다
암기력은 노력으로 강화할 수 있다.
TIP_단기기억력, 장기기억력, 작업기억력

Chapter03 처리속도, 공부지능의 한 요소 / 191
처리속도는 빨리 개발할수록 좋다

Chapter04 어휘력과 공부지능은 바늘과 실 관계 / 193
어휘력은 모든 공부의 바탕이다
국어 교과서는 어휘력을 키워주는 최고의 교재

Chapter05 연산력은 공부지능의 기초 체력 / 198
수학을 잘하는 아이가 공부지능이 높다
연산력을 키우는 데는 암산 훈련만한 것이 없다
정확성과 속도 둘 다 중요하다
정신연령에 맞는 수학 공부를 해야 효과적이다
TIP_동양 아이들이 암산을 잘하는 이유

Chapter06 공간지각력이 좋아야 수준 높은 학습이 가능하다 / 211
공간지각, 선택이 아닌 필수 지능
다양한 실외 체험이 공간지각력을 높인다

Chapter07 머리가 좋아야 사회적 이해력도 좋다 / 215
사회적 이해력도 IQ다
현명한 텔레비전 활용법

Part 5 정서지능(EQ)과 공부지능

Chapter 01 꼴찌였던 달식이는 어떻게 서울대생이 되었을까? / 222
달식이의 성공 비결
긍정적 자아 vs 부정적 자아
TIP_긍정적 자아를 가진 사람들의 특징

Chapter 02 공부지능에서 EQ가 중요한 이유 / 228
진득한 아이가 성적이 높다
나를 알아야 공부도 잘한다
EQ가 좋으면 공부를 즐길 수 있다
EQ가 높은 아이는 자책하기보다 자신을 믿는다
TIP_골드만이 말하는 정서지능

Chapter 03 아이의 EQ를 높여주는 부모 vs 방해하는 부모 / 242
EQ에 가장 강력한 영향을 미치는 사람은 부모
자아를 형성하는 결정적 계기는 부모가 만든다

Chapter 04 아이들의 EQ를 높여주는 3가지 습관 / 248
기다리는 습관
감사하는 습관
경청하는 습관

Part 6 집중력과 공부지능

Chapter 01 게임할 때의 집중력은 공부지능과 상관없다 / 254
좋아하는 것에 집중하는 능력은 집중력이 아니다
선택한 것만 받아들이는 능력이 집중력

Chapter 02 집중력이 좋은 아이들의 공통점 / 260
스스로 충동을 조절할 줄 안다
즉시 집중한다
지속적으로 집중할 수 있다

Chapter 03 내 아이의 집중력은 괜찮은 걸까? / 267
집에서 알아보는 집중력 자가 진단법

산만하다고 다 집중력 장애는 아니다
집중력이 약한 원인을 알면 해결이 쉽다

Chapter04 아이의 집중력은 부모 하기 나름이다 / 274
잘 놀게만 해도 집중력이 자란다
집중할 수 있는 환경을 만들어준다
아침밥은 꼭 챙겨 먹인다
아이에게 맞는 집중시간을 정해준다
아이가 해야 할 일의 순서를 정해 목록으로 만들어준다
아낌없이 칭찬한다

Part7 창의력과 공부지능

Chapter01 왜 창의력이 공부지능일까? / 284
창의력, 유에서 유를 창조하는 능력
창의력은 전문지식을 바탕으로 개발된다
창의력은 공부지능의 축소판

Chapter02 조건이 갖춰지면 창의력은 저절로 꽃이 핀다 / 296
다양한 학습은 창의력을 키우는 자양분
창의력을 키울 수 있는 환경도 중요한 조건

Chapter03 몰입을 잘하는 아이가 창의력이 높다 / 301
창의력은 몰입에서 나온다
몰입에도 기술이 필요하다
일상생활에서 쉽게 몰입할 수 있는 활동
TIP_칙센트미하이의 몰입하기 위한 5가지 방법

Chapter04 일상생활에서 창의력을 키우는 방법 / 310
낯선 경험을 자주 한다
익숙한 곳에서 다른 점 찾기

Epilogue 지능은 한 나라의 교육수준을 만들고
교육수준은 그 나라의 미래를 만든다 / 316

공부 잘하는 머리의 비밀,
공부지능

Study Quotient

PART 1

공부지능이 곧 아이의 미래다

Chapter.01

IQ가 낮아도 공부를 잘하는 아이들

 IQ가 높은데 왜 공부를 못할까?

"우리 아이는 IQ가 130인데 왜 공부를 못할까요?"

이런 질문을 하는 부모님들이 종종 있다. IQ가 130이면 머리가 상당히 좋은 편에 속한다. 같은 또래 아이들과 비교했을 때 최소 약 상위 2퍼센트 안에 드는 IQ라 할 수 있다. 그렇게 머리가 좋은데도 공부를 못하니 부모님들이 답답해하는 것도 무리는 아니다.

반대의 경우도 있다. IQ는 100정도로 지극히 평범한데 공부를 잘하는 아이들도 종종 있다. 십여 년 전 서울대학교가 자체적으로 서울대 학생들의 IQ를 검사한 적이 있다. 그 결과가 무척 흥미로웠다. 검사 결과 당시 재학생 중 약 10퍼센트가 IQ 100이하였던 것으로 나타났다. 이는 머리가 평균치에 못 미치는데도 서울대에 갈 수 있을 정도로 공부를 잘할 수 있다는 것을 보여준 좋은 사례다.

이처럼 IQ가 높아도 공부를 못할 수도 있고, IQ가 낮아도 공부를 잘할 수 있다. 그렇다면 IQ와 공부는 별 상관관계가 없는 것일까? 그건 아니다. IQ는 공부를 하는 데 가장 중요한 요소다. IQ가 기존의 지식을 받아들이는 인지능력이기 때문이다.

특히 대상을 초등학생으로 제한하면 IQ와 공부의 상관관계는 훨씬 높아진다. 개인적으로는 최대 50퍼센트까지 보고 있다. 실제로 초등학교 4~5학년 때까지는 IQ가 높은 아이들이 대체적으로 공부를 잘한다. 학년이 올라갈수록 IQ와 공부의 상관관계가 낮아지기는 하지만 IQ가 높으면 그만큼 공부를 잘할 수 있는 가능성이 높은 것은 사실이다.

"그럼 IQ가 높지 않은데도 공부를 잘하는 아이들은 어떤 아이들인가요?"

IQ가 높은 아이들이 공부를 잘하는 것은 그리 새삼스러운 일이 아니다. 하지만 IQ가 높지 않은데도 공부를 잘하는 아이들은 우리에게 아주 중요한 질문을 하게 만든다.

'혹시 공부를 잘하는 데는 IQ 이외에 다른 어떤 요인이 작용하는 것은 아닐까?'

이 질문이 '공부지능'을 본격적으로 연구하게 된 시발점이 되었다. IQ 외에 공부를 잘하는 데 영향을 미치는 다른 무언가가 있어야 IQ가 높지 않은데도 공부를 잘하는 아이들을 비로소 설명할 수 있기 때문이다.

꽤 오랫동안 아이들을 가르치고 관찰하면서 IQ 외에도 공부를 하는 데 영향을 미치는 요인들을 연구했고, 그 결과 IQ 외에 여러 가지 능력들이 복합적으로 작용한다는 것을 확인할 수 있었다. 그러면서 IQ만으로 설명할 수 없었던 공부지능의 비밀에 한걸음 더 가까이 다가서는 느낌이었다.

SQ=IQ+EQ+α

단순히 수업을 잘 듣고, 잘 외우는 것만으로는 공부를 잘하기 어렵다. 심리적으로 안정되어 있어야 하고, 때로는 공부보다 게임이 더 하고 싶어도 꾹 참고 스스로를 통제할 수 있어야 한다. 어디 그뿐인가. 설령 당장은 공부를 못해도 열심히 하면 잘할 수 있다는 믿음, 열심히 공부했으나 성적이 안 나와도 낙담하지 않고 다시 한 번 도전하는 긍정적인 마인드도 있어야 한다.

이처럼 공부를 잘하기 위한 과정은 간단치가 않다. 여러 가지 요인들이 서로 함께 작용해야 하는 복합적인 과정이다. 그중 어느 한두 가지라도 부족하거나 작동을 안 하면 불협화음이 생기면서 공부를 잘하기가 힘들다.

공부를 잘하기 위해 필요한 모든 요인들을 합한 것을 개인적으로 '공부지능'이라 명명했다. IQ도, EQ도 아닌 좀 더 포괄적인 단어가 필요한데, 기존에 있던 용어 중에서는 적절한 용어를 찾기가 어려워 직접 '공부지능'이라는 용어를 새로 만들었다.

공부지능 Study Quotient의 요소 중 가장 중요한 것은 IQ Intelligence Quotient다. IQ가 높다고 무조건 공부를 잘하는 것이 아니며 IQ가 나빠도 공부를 잘할 수 있지만, IQ가 높을수록 유리한 것은 부인할 수 없다. 공부를 잘하기 위해서는 암기력, 어휘력, 연산력, 공간지각력, 논리력, 추론력이 필요하고 처리속도도 빨라야 하는데, 이는 다 IQ와 관련이 있는 능력들이다. 전체 공부지능 중 IQ가 차지하는 비중은 약 60~70퍼센트일 정도로 IQ는 중요하다.

IQ와 더불어 공부지능을 이끄는 또 다른 요소는 EQ Emotional Quotient다. 앞에서도 이야기했듯이 공부를 잘하려면 심리적, 정서적인 안정이 중요하다. 친구나 선생님과의 갈등도 공부에 영향을 미친다. 친구들과의 사이가 안 좋아지면서 성적이 떨어지는 일은 비교적 흔하다. 결국 사람들과의 관계를 잘 풀어가는 능력이 필요한데, 이는 우리가 흔히 말하는 EQ와 관련이 있다.

EQ는 간단하게 말하면 자신과 타인의 정서를 처리하는 능력이다. 하기 싫어도 참고, 화가 나도 스스로 감정을 조절하고, 다른 사람의 감정을 알아차리고 배려하는 것 모두 EQ에 해당한다. 뿐만 아니라 자기를 이해하고 어떤 상황에서도 긍정적인 자아를 잃지 않는 능력도 EQ에 의해 좌우된다.

공부지능에서 EQ가 차지하는 비중은 약 20~30퍼센트에 해당한다. IQ에 비하면 공부지능에 미치는 영향력이 떨어지는 것처럼 보일 수도 있지만 그렇지는 않다. IQ가 비슷할 경우에는 EQ가 결정적인 역할을 하고, 설령 IQ가 썩 좋지 않아도 EQ가 좋으면 IQ 자체를 개발해 높이는 데 유리하다. 타고난 머리는 그리 좋지 않았는데, 좋은 성적을 내는 아이들을 보면 대부분 EQ가 높다.

IQ와 EQ 외에 공부지능을 구성하는 또 다른 요소가 있다. 바로 '집중력'과 '창의력'이다. IQ와 EQ가 공부지능을 구성하는 핵심적인 요소라면 집중력과 창의력은 공부지능을 더욱 극대화하는 데 필요한 부가적인 요소다.

집중력은 IQ와 EQ 모두와 관련이 있다고 볼 수 있다. IQ에서는 시각적인 집중력과 청각적인 집중력을 검사한다. 인지적인 측면에서 IQ가 높은 경우는 대체로 집중력이 좋고, 집중력이 좋은 아이들은 대체로 IQ가 높다. 그리고 집중력은 암기력과도 직접적으로 연결된다.

정서적인 부분은 당연히 집중력과 깊은 관련이 있다. 동기가 높을수록 집중력이 좋다. 공부를 왜 해야 하는지 그 이유를 알기 때문에 스스로를 통제할 수 있는 것이다. 가령, 게임을 하고 싶거나 친구들과 놀고 싶을 때 스스로 유혹을 제어할 수 있다.

집중력과 더불어 빼놓을 수 없는 요소가 '창의력'이다. 공부를 잘한다는 것은 단순히 지식을 머릿속에 넣는 것이 아니다. 습득한 지식을 바탕으로 때로는 문제를 해결하고, 다양한 지식을 융합해 쓸모 있는 새로운 무언가를 만들어낼 줄 알아야 한다. '창의력'이 중요한 이유도 여기에 있다.

집중력은 IQ와 EQ를 개발하는 과정에서 함께 발달하는 부분이 꽤 있다. 창의력은 기존의 것을 배워서 새로운 무언가를 만드는 능력이다. 기존의 것을 배우고 융합하는 과정에서 IQ와 일정 부분 상관관계가 있다. 이 집중력과 창의력 또한 후천적인 노력으로 얼마든지 개발이 가능하다.

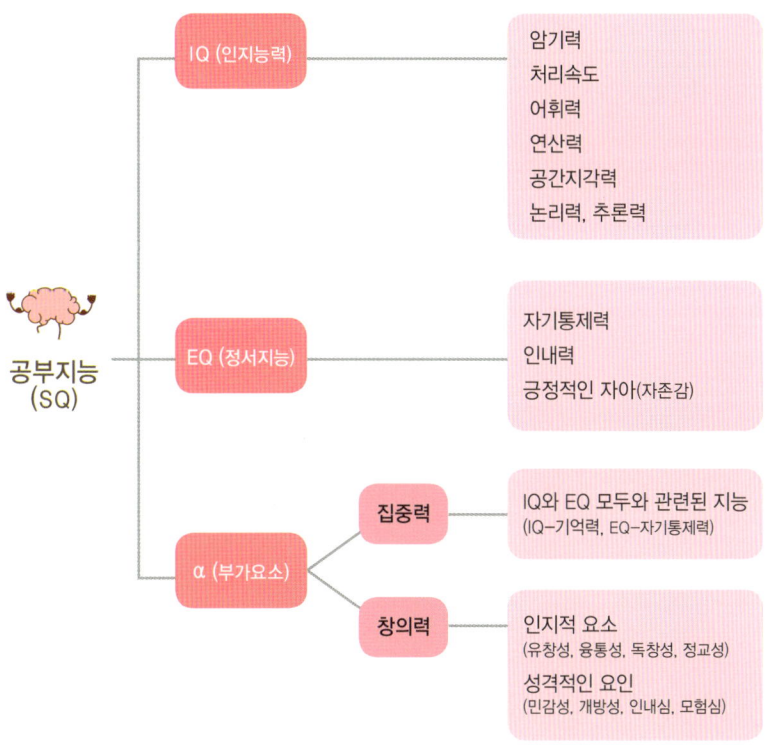

공부지능의 구성

우리가 공부지능에 주목해야 하는 이유

공부지능 중에서도 60~70퍼센트의 비중을 차지하는 IQ를 통해 예측할 수 있는 것들은 상상 이상이다. 우선 IQ를 바탕으로 아이의 학교 성적을 예측할 수 있다. IQ가 높다고 반드시 공부를 잘하는 것은 아니지만, 원래 IQ를 처음 도입한 이유가 아이가 학교 공부를 잘 따라갈 수 있을지 예측하기 위해서인 만큼 IQ가 높으면 공부를 잘할 가능성이 크다.

학교 공부에서 가장 중요하다고 생각하는 수학, 영어, 국어 과목과 IQ의 상관관계는 매우 높다. 특히 수학, 국어와 IQ의 상관관계는 더 높다고 볼 수 있다. 내 아이가 수학과 국어에서 탁월함을 보인다면 아이의 IQ가 높은 편이라고 여겨도 괜찮다. 수학에서는 연산력, 논리적 사고력, 추론력, 끈기, 문제해결력, 공간지각능력 등을 요구하는데, IQ검사가 이러한 항목을 평가하기 때문이다. 지능이 높으면 수학을 잘할 가능성이 크고, 반대로 수학을 열심히 공부하면 그만큼 지능이 높아질 가능성도 크다. 달리기를 잘하면 축구를 잘할 가능성이 높고, 축구를 자주 하다 보면 달리기를 더욱 잘하게 되는 것과 비슷하다. 국어의 경우는 어휘력, 추론력, 독해력, 암기력 등을 요구하는데 이 또한 IQ 검사에서 집중적으로 물어보는 것들이다. 특히 IQ 검사에서 '언어성'은 국어 실력과 밀접한 관련이 있다. 수학과 마찬가지로 IQ가 높은 아이들은 국어를 잘하고 국어를 많이 공부하면 IQ가 높아질 수 있다는 뜻이다. 영어는 수학과 국어에 비해서 다소 IQ와의 상관관계가 떨어지기는 하지만 청각적 집중력, 암기력이 영어 공부의 중요한 요소이고 영어도 일정 수준의 단계를 넘어서면 국어와 마찬가지로 어휘력, 추론력, 논리력 등을 요구하기 때문에 IQ와의 상관관계가 더 높아진다.

다만 학교 공부와 지능의 상관관계가 높다고 하더라도 이는 어디까지나 '학교 공부를 잘할 수 있는 가능성'에 대한 예측이지, 실제로 지능이 높은 아이들이 모두 학교 공부를 잘하는 것은 아니다. 모든 달리기 선수가 축구를 잘하지는 않는 것처럼 말이다. 오히려 다소 지능이 떨어지더라도 높은 수준의 동기와 학습 습관 등이 잘 갖추어져 있다면 즉, EQ가 높으면 IQ가 높은 아이들보다도 더 높은 수준의 학업성취도를 나타내기도 한다. 나는 이를 두고 '습관이 머리를 이긴다'라고 표현한다.

어떻게 이런 일이 가능할까? 학교 교육에서 학생들에게 요구하는 학습 내용과 평가는 IQ가 아주 높은 아이들만 풀 수 있는 수준이 아니다. 누구라도 예습과 복습을 철저히 하여 잘 익히기만 하면 얼마든지 풀 수 있는 수준이기 때문에 IQ가 높지 않아도 좋은 성적을 낼 수 있는 것이다. 대학 입시도 마찬가지다. 수능 시험도 반복에 의해 충분히 풀 수 있는 문제들로 구성되어 있어서 IQ가 높은 아이가 반드시 최고점을 맞는 것은 아니다. IQ가 높다는 것은 초등학생이 중학교 수학을 이해할 수 있다는 뜻인데, IQ가 보통인 아이도 중학생이 되어서는 중학교 수학을 이해할 수 있다. 즉, 초등학교 때 중학교 수학을 이해하는 아이가 중학생이 되어서도 반드시 수학

시험에서 좋은 성적을 받지는 않는다. 만일 학교 시험이나 교과 과정, 입시가 노력의 수준을 넘어선 고난도의 추론 문제들로 구성되어 있다면 아마도 IQ가 높은 아이들만 좋은 성적을 낼 수 있을 것이다. 하지만 학교 시험과 대학 입시는 교과 과정 내에서 출제하는 것이 원칙이므로 IQ가 그리 좋지 않은 아이들도 좋은 습관으로 공부를 잘할 수 있다. IQ에 좋은 습관이 더해진 것이 공부지능이기도 하다.

IQ로 예측할 수 있는 것이 또 있다. 아이의 미래 '경제력'이다. 아이가 성장하였을 때 그 아이의 경제력은 IQ와 상관관계가 높다. IQ가 높으면 대체적으로 학교에서 좋은 성적을 받을 가능성이 높고, 좋은 성적을 받으면 그것을 유지하기 위해 더 많은 학습을 하는 과정에서 인내력 또한 생길 수 있다. 높은 수준의 지능과 좋은 성적은 아이의 논리력과 독해력 내지는 비판적, 창의적 사고력을 동반한다. 이는 사회생활을 하는 동안에도 자기가 처한 상황을 잘 판단하고 인내력과 문제해결력을 이용하여 주어진 상황을 잘 극복해 나갈 가능성이 크다는 것을 의미한다.

또한 현대의 직업은 육체를 사용하는 고액 연봉의 운동선수를 제외하고는 지적인 활동을 통해서 부가 창출되기 때문에 지적인 능력이 높은 사람들에게 더 많은 기회가 주어진다. 높은 수준의 IQ와 체계적인 학습은 소위 일류대, 혹은 의대와 같은 전문직을 양성하는 대학의 진학으로 이어진다. 이들은 졸업 후 높은 연봉을 받고 기업에 취업하거나 연구직, 공무원 등 소득이 높고 안정적인 직업에 종사하게 된다. 그리고 각종 시험을 통해 회계사, 변호사, 의사 등 일반적으로 고소득 전문가라고 불리는 직업을 얻게 된다. 전문직을 얻기 위해 통과해야 할 시험 또한 IQ가 높은 사람들이 잘 볼 가능성이 높다.

미국에서 지능과 소득 및 혼외자 출산에 대한 연구 보고가 있다. 정치학자 찰스 머리가 시행한 이 연구는 IQ가 삶의 성과를 결정하는 중요한 요인임을 지적한다. 머리는 조사 대상자를 선별하고, 그들이 어른이 되었을 때 소득을 중심으로 한 여러 사회 지표들을 살펴보았다. 머리는 형제를 한 쌍으로 하여 여러 쌍을 선별했는데, 여기에는 몇 가지 조건이 있었다. 빈곤 가정 출신이나 혼외 출생이 아니고, 적어도 7세까지는 부모가 이혼하지 않은 아이들이었다. 중요한 조건은 IQ가 형제간 차이를 보이는 쌍만 조사하였다는 점이다. 조사 대상자 형제 중 한 아이는 IQ가 보통 수준 90~109이어야 하고, 나머지 한 아이는 보통을 벗어나는 범위에 있어야 했다. 다시 말해 형제 중 한 사람은 IQ가 평균보다 높거나, 낮은 범위에 들어 있는 아이들만 연구 대상자로 선정했다. 머리 연구의 목표는 표본 집단을 통해 IQ가 보통인 사람들과 머리가 더 좋은 사람 또는 안 좋은 사람들 사이에 어떤 차이가 나타나는지 알아보는 것이었다. 그는 이들이 성인이 된 이후의 소득을 측정하였다. 성인이 된 이후의 소득은 그 사람의 직업과 연관성이 있기 때문이다. 또한 조사 대상에 포함된 여성들의 혼외 출산 여부도 살펴보았다. 혼외 출산은 생활보호 대상자가 되거나 다른 사회적 역기능과 연결될 가능성이 있기 때문이다.

오랜 연구 끝에 머리는 중산층 가정에서 자란 형제들조차 IQ가 다르면 소득 차이가 크다는 사실을 발견했다. 예를 들어 IQ가 높은 사람은 IQ가 보통인 자신의 형제보다 돈을 3배 이상 더 버는 것으로 나타났다. IQ가 높은 사람이 그렇지 않은 형제보다 돈을 더 많이 버는 직업을 갖게 된 것이다. 반면 IQ가 낮은 사람의 소득은 IQ가 보통인 형제가 버는 돈보다 훨씬 적었다. 그뿐만이 아니다. IQ가 낮은 여성은 IQ가 보통인 형제보다 혼외 출산 비율이 2.5배나 더 높았다. 머리의 연구 결과는 환경이 동일한 형제라도 IQ가 다르면 삶의 성과도 매우 달라진다는 것을 보여준다. 아이의 지능이 곧 아이의 미래가 될 수도 있다는 사실을 단순한 추측이 아닌 분명한 근거로 보여준 의미있는 연구결과다.

영국 얼스터 대학교의 심리학 교수 리처드 린과 핀란드 헬싱키 대학교의 타투 반하넨 교수의 연구팀은 세계 185개국의 국민 평균 IQ와 세계 60개국의 IQ 및 국민소득을 조사 연구했다. 그 결과 국민의 IQ와 GDP 국내총생산 사이에 분명한 상관관계가 있는 것을 확인하고, 런던에서 발행되는 신문 「더 타임스」 2003년 11월 10일자에 이를 발표했다. 이 연구팀은 한국을 비롯한 태평양 연안 국가 국민의 평균 IQ가 105 정도로 가장 높고, 이것이 이 지역의 경제적 번영을 가져온 주요 원인이라고 주장했다. 연구의 국가별 IQ 순위는 한국이 106으로 세계 1위였다. 1970~80년대 한국의 빠른 경제성장의 원인이 한국인의 높은 IQ 덕분이라는 것이다. 반면 경제성장의 속도가 그보다 늦은 유럽 여러 나라와 미국, 캐나다, 오스트레일리아, 뉴질랜드 등은 국민 평균 IQ가 100대고 경제가 어려운 남아시아, 북아프리카 등지 국민의 평균 IQ는 85, 그리고 사하라 사막 외 남아프리카 지역과 카리브 해 국가 국민의 평균 IQ는 75에 머물러 있다고 밝혔다. 평균 지능이 낮은 국가는 교사, 의사, 과학자 같은 전문직이나 전화, 전기 등 공공서비스를 제공하는 사람들을 배출하는 것이 고지능 국가에 비해 어려워서 국력의 차이가 발생한다는 것이다. 그러나 아무리 국민 IQ가 높은 국가라도 정치적, 경제적 여건에 따라 결과는 달라질 수 있다. 예를 들어 중국과 러시아, 동유럽 국가의 IQ는 100이 넘지만 국민소득은 낮은 편이다. 이 국가들은 사회주의 체제를 오랫동안 유지하기 때문에 경제성장이 느린 것이라고 한다. 즉, IQ가 국력에 큰 영향을 미치지만 체제도 연관성이 있다는 의미다. 연구팀 멤버인 짐 플린 교수는 중국의 GDP가 낮았던 이유가 비효율적인 제도 때문이었고, 시장경제를 도입한 지금은 놀라운 속도의 경제 발전을 이룩하고 있다고 말했다. IQ가 개인의 삶은 물론 나아가 한 국가의 미래까지 영향을 미친다는 사실을 보여주는 좋은 연구 사례다.

   IQ가 높으면 공부를 '잘할 가능성'이 높지만 공부지능이 높으면 공부를 잘할 수밖에 없다. 즉, IQ가 공부를 잘할 수 있는 가능성의 지표라면 공부지능은 현실세계에서 실현되는 실용적인 지능이라 할 수 있다. 마찬가지로 IQ가 높으면 잘 살 수 있는 가능성이 높지만 공부지능이 높으면 잘 살게 되는 것이라 보면 된다.

Chapter.02

우리 아이 공부지능, 높일 수 있을까?

 타고난 머리가 부족해도 괜찮다

2016년 3월 이세돌과 알파고가 벌인 세기의 대결에 온 세계의 관심이 뜨거웠다. 대결은 알파고의 승리로 끝났지만 사람들은 이세돌의 도전에 박수를 보냈고, 우연히 밝혀진 이세돌 형제 이야기에 더 많은 관심을 보였다.

이세돌 뿐만 아니라 그의 형제 모두 바둑에 뛰어난 재능을 보였다고 한다. 바둑을 잘 둔다는 것은 그만큼 머리가 좋다는 것을 의미한다. 둘째 형인 이차돌 씨는 어렸을 때 바둑책 한 번 안 보고 아마 5~6단 수준으로 바둑을 잘 두었지만, 이세돌의 실력이 워낙 탁월해 금방 추월당했다. 이를 본 아버지가 "너는 머리가 나빠서 바둑은 안 되겠다"고 말했고, 이차돌 씨는 바둑의 길을 가는 대신 열심히 공부해 서울대 컴퓨터 공학과에 진학했다. 둘째 형뿐만 아니라 이세돌의 두 누나도 아마 5, 6단에 이화여대 출신으로 밝혀지자 사람들은 유전자의 우월성에 놀라며 부러워했다.

꼭 이세돌의 예가 아니더라도 형제, 자매가 똑같이 명문대에 진학해 주변의 부러움을 사는 경우가 종종 있다. 이런 사례를 접할 때마다 '머리도 역시 타고나야 한다'는 생각이 드는 게 사실이다.

실제로 지능[10]은 유전된다. 지능이 유전에 의해 좌우된다는 연구 결과는 많다. 그중 하나가 부샤르와 맥규가 1981년에 발표한 「쌍둥이와 가계에 대한 연구」다. 부샤르와 맥규는 5만 쌍의 쌍둥이 가

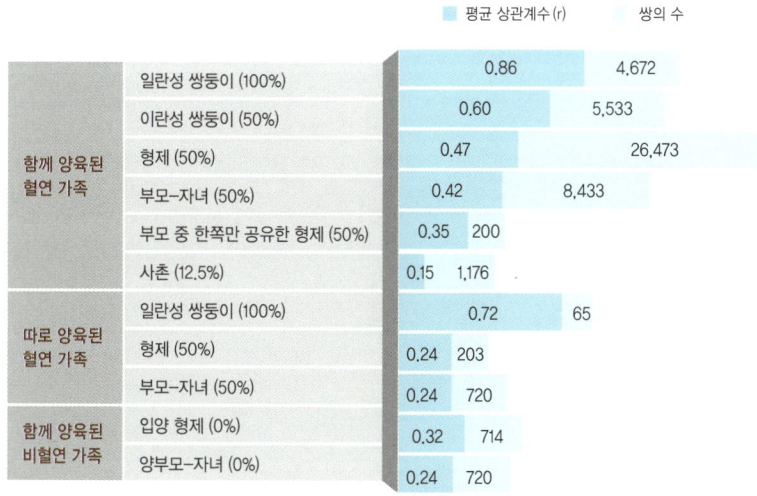

그림1 가족 간 지능의 상관관계 (Bouchard & Mcgue, 1981)
* ()은 유전자 공유율. 평균 상관계수(r)는 숫자가 높을수록 상관관계가 높은 것을 의미한다.
「지능과 창의성의 프레임」, 양서원

족과 친척을 조사해 유전적으로 가까울수록 지능지수의 상관관계가 높다는 것을 발견하였다.

연구 결과에 의하면 함께 자란 일란성 쌍둥이의 지능 상관관계가 이란성 쌍둥이보다 높고, 이란성 쌍둥이의 지능 상관관계가 형제보다 높은 것으로 나타났다. 또한 부모와 자식 간 지능의 상관관계가 양부모와 자식 간보다 높게 나타났는데, 이는 지능 발달에 유전적인 요인이 작용한다는 것을 보여주는 결과다.

하지만 부샤르와 맥규의 연구 결과는 지능과 유전적 요인이 관계가 있다는 것과 동시에 유전적 요인이 전부가 아니라는 것 또한 보여준다. 똑같은 일란성 쌍둥이 혹은 형제라도 자라온 환경이 다르

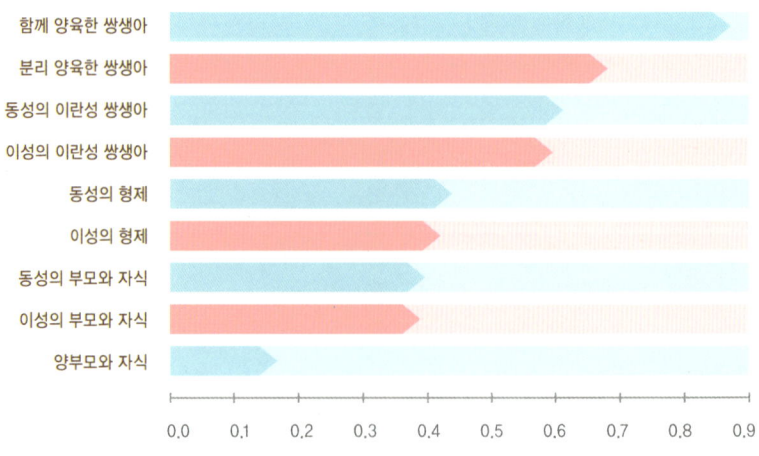

그림2 가계의 IQ 상관관계 (Bouchard & Mcgue, 1981)
「지능과 창의성의 프레임」, 양서원

면 지능의 상관관계도 다르게 나타났다. 그림1에서도 알 수 있듯이 유전자 공유율이 같아도 다른 환경에서 자라면 지능 상관계수가 낮았다.

2005년에 KBS 예능 프로그램 「해피선데이」에서 '해외 입양아 프로젝트-지금 만나러 갑니다'라는 코너를 방영한 적이 있다. 이 방송은 불가피한 사정으로 해외에 입양 갔던 자녀들과 그들의 친부모를 다시 만나게 돕는 프로그램으로 당시 시청자들에게 많은 감동을 주었다.

나 역시 방송을 시청하면서 깊은 감동을 받았지만 한편으로는 꽤 흥미로운 사실을 발견하였다. 내가 본 방송분은 어릴 적 가정 형편이 어려워 자매 중 한 명을 미국으로 입양 보냈던 어머니가 그 딸을 다시 만나는 장면이었다. 어머니와 함께 간 언니는 눈물을 펑펑 쏟으며 동생에게 계속해서 미안하다고 말했다. 어린 딸을 머나먼 미국으로 보냈다는 어머니의 죄책감과 자기 대신 동생을 보낸 언니의 미안함이 나에게도 고스란히 전해졌다.

그런데 막상 동생은 괜찮다며 오히려 어머니와 언니를 위로했다. 동생은 운이 좋게 교양 있고 부유한 미국의 백인 가정으로 입양되었고, 좋은 교육을 받아 아이비리그 대학을 졸업했으며, 대학교수인 남편과 결혼했다. 입양된 동생도 대학에서 강의를 하고 있었다. 반면 한국에 남은 언니는 고등학교 졸업 후 생산직에서 일을 했다. 동생은 어머니가 입양을 보내주셨기 때문에 훌륭한 양부모 밑에서 잘 자랄 수 있었다며 연신 괜찮다고 했다.

굳이 학벌을 따지지 않아도 언니가 구사하는 어휘보다 동생이 더 높은 수준의 어휘를 구사하는 것을 알 수 있었다. 또 한 가지 특이한 점은 동생의 키가 언니보다 10센티미터 이상 컸다는 것이다. 자매간에 유전적인 상관관계가 50퍼센트로 높았음에도 불구하고 자라온 환경에 의해서 지적인 능력이나 신체적인 발육이 다르게 발전한 것이다. 지능에 있어서 유전적인 요소가 중요하기는 하지만 환경적인 요소 역시 매우 중요하다는 사실을 확인할 수 있는 좋은 사례다.

영재와 천재는 '찾는 것'이 아니라 '만드는 것'

20세기까지만 해도 지능은 대부분 유전되는 것이라고 생각하는 학자들이 많았다. 유전적 요인이 약 80퍼센트 정도 영향을 미친다고 보았기 때문에 '영재는 개발하는 것이 아니고 발굴한다'는 표현을 쓰기도 했다. 영재교육을 'Gifted Education'이라 표현한 것도 이 때문이다. 영재는 타고나는 것이어서 영재교육을 영재를 만드는 것이 아닌 'Gifted', 신이 내린 선물을 받은 사람을 찾아서 그들을 위한 교육을 하는 것이라고 생각했다. 이는 지능이 유전된다는 전제하에 교육을 어떻게 시키더라도 가지고 태어난 것을 뛰어넘기가 어렵다고 본 것이다.

지금도 일부 기사에서 '요즘 영재원에 진짜 영재는 없고, 만들어진 영재만 북적인다'는 표현이 간혹 눈에 띈다. 이는 지능을 제대로 이해하지 못한 상태에서 쓴 잘못된 표현이다.

그들이 말하는 진짜 영재는 타고난 영재를 뜻하는데 만들어진 영재 즉, 훈련된 영재와 유전적으로 타고난 영재의 수행 능력에는 유의미한 차이가 없다고 한다. 대한민국 창의성 전문가인 임선하 교수는 훈련된 영재와 타고난 영재의 차이는 거의 없으며, 다만 위기에 처하거나 돌발 상황에서는 타고난 영재가 다소 높은 수준의 수행 능력을 발휘한다고 보았다.

그런데 공부는 위기 상황도 돌발 상황도 아니므로 타고난 영재와 훈련된 영재는 차이가 별로 없다. 이는 좋은 골격을 타고나서 힘이 센 사람이나 근력 운동으로 근육을 열심히 키워 힘이 센 사람이 같은 무게의 바벨을 들어 올릴 수 있는 것과 같은 이치다.

영재뿐만 아니라 천재도 만들 수 있다. 수년 간 아이들을 가르치면서, 적절한 훈련을 지속적으로 하면 지능이 보통이었던 아이도 얼마든지 천재로 만들 수 있다는 것을 이미 여러 차례 확인했다. 단, 고도 천재까지는 만들기 어렵다. 보통 IQ검사에서 상위 2퍼센트 이내에 드는 아이들을 '천재'라 하고 0.1~0.2퍼센트에 드는 아이들을 '고도 천재'라고 한다.

하지만 이 책의 목표는 '고도 천재'가 되는 것이 아니다. 공부를 잘해 좋은 성적을 얻고, 명문대에 진학하는 데는 고도 천재는커녕 천재일 필요도 없다. 훈련을 통해 만들어진 영재면 충분하다. 왜냐하면 입학시험이나 학교 시험은 고도 천재가 풀 수 있는 문제를 내는 것이 아니기 때문이다. 훈련된 영재들도 풀 수 있는 수준이어서 누구나 열심히 공부지능을 개발하면 충분히 서울대에 갈 수 있다.

영재와 천재는 타고난 IQ 수준이 보통이어도 얼마든지 훈련을 통해 만들 수 있다. 다만 수능 시험에서 최소한 4퍼센트(1등급) 안에 들려면 적어도 IQ가 100은 되어야 한다. 지능이 중간은 되어야 한다는 뜻이다. 물론 IQ가 100이 안 된다고 완전히 불가능한 것은 아니다. 이미 앞에서도 이야기했듯이 서울대 학생의 10퍼센트가 IQ 100이 안 된다. 그럼에도 서울대에 입학했다는 것은 상상을 초월할 정도의 노력을 했다는 것을 의미한다. IQ 120, 130인 아이들처럼 공부해서는 그들보다 공부를 잘할 수 없으니 아마도 초단위로 시간을 쪼개 가며 밤낮으로 공부했을 것이 분명하다.

쉬운 일은 아니지만 타고난 지능이 낮아도 의지가 강하면 지능을 극복할 수 있다. 아이들을 가르치다 보면 드물게 공부 습관으로 타고난 지능을 극복한 아이들을 만난다. 그렇게 되기까지 얼마나 많은 노력을 했을지 알기에 대견하게 생각한다.

 유전과 환경, 무엇이 더 중요할까?

지능이 유전적인 요인뿐만 아니라 환경적인 요인에 의해 달라진다는 데는 대부분 공감한다. 그렇다면 유전과 환경은 각각 어느 정도 영향을 미칠까? 20세기까지만 해도 유전적 요인이 80퍼센트를 차지한다고 보았지만, 21세기에 접어들면서 지능에 대한 견해는 대폭 수정되는 추세다.

대체 후천적인 노력, 즉 환경을 통해 얼마나 지능을 높일 수 있을까? 입양아를 대상으로 환경이 바뀌었을 때 얼마만큼 IQ를 높일 수 있는가를 연구한 결과가 있다. 연구팀은 똑같은 사람을 중상층의 좋은 환경에서 키웠을 때와 하층의 열악한 환경에서 키웠을 때, IQ가 12~18점까지 차이가 날 수 있다는 결론을 도출했다. 이는 환경이 IQ에 미치는 영향이 매우 크고, 환경을 통해 선천적으로 타고난 지능을 큰 폭으로 높일 수 있음을 의미한다.

환경이 지능을 개발하는 데 큰 영향을 미친다는 것은 뉴질랜드의 심리학자 제임스 플린의 연구 결과로도 확인할 수 있다. 그는 1932년부터 1978년까지 미국 신병들의 IQ를 조사하는 과정에서 놀라운 사실을 발견했다. 바로 신병들의 평균 IQ가 10년마다 약 3점씩 올라간 것이다. 1932년과 1978년을 비교하면 평균 IQ가 무려 15점이나 높아진 셈이다.

시간이 지날수록 사람들의 평균 IQ가 올라간다는 것을 확인한 플린은 1987년 연구 대상을 세계 14개국으로 확대해 조사했는데, 결과는 비슷했다. 결국 전 세계적으로 세대가 진행됨에 따라 IQ가 높아진다는 사실이 증명되었고, 이후 이러한 현상을 '플린 효과'라고 부르고 있다.

어떻게 사람들의 IQ가 15점이나 오를 수 있었을까? 유전자 자체가 변화해 IQ가 높아졌다고 보기에는 46년이란 시간이 너무 짧다.

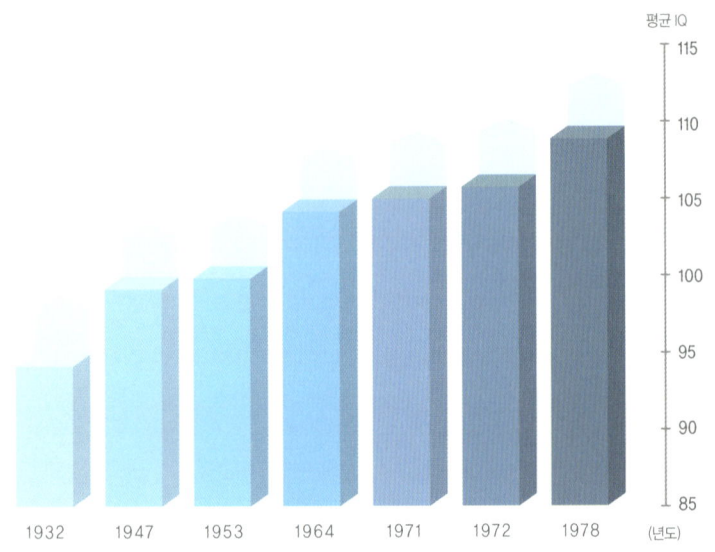

세대의 진행에 따른 IQ 증가 현상

유전자의 변화는 적어도 수백 년에 걸쳐 서서히 일어나는 것이지, 고작 수십 년 만에 IQ가 15점이나 높아지기는 어렵다.

그렇다면 어떤 요인이 지능에 영향을 미쳤을까? 플린은 그 답을 찾기 위해 자신의 연구 결과를 자세히 들여다보고, IQ 점수를 높였던 결정적인 요인이 '시각 정보를 처리하는 능력'임을 발견했다. 이는 세대가 진행할수록 시각 처리 능력이 향상되었다는 것을 의미하는데, 그렇게 된 데는 역시 환경적인 요인이 한 몫을 한다.

불과 수십 년 전만 해도 사람들은 책을 읽거나 강의를 들으면서 새로운 지식을 습득했다. 정보를 습득하는 통로도 신문이나 라디오가 전부였다. 시각으로 정보를 접하기는 해도 텍스트 중심의 단조로운 정보가 대부분이었고, 시각보다 청각 자료에 더 많이 의존하기도 했다.

하지만 지금은 텔레비전이나 스마트폰을 통해 예전과는 비교도 할 수 없을 정도로 입체적인 시각 정보를 접하는 시대다. 책이나 신문보다는 컴퓨터나 스마트폰으로 정보를 찾고, 텔레비전을 보면서 엄청난 양의 시각 정보를 받아들이다 보니 자연스럽게 시각 정보를 처리하는 능력이 발달한 것이다.

환경의 변화는 사고의 변화와도 연관된다. 과거에는 놀이를 해도 술래잡기, 고무줄놀이, 땅따먹기, 공기놀이 등 비교적 머리를 많이 쓰지 않아도 할 수 있는 단순한 놀이를 주로 했다. 그러나 요즘 아이들은 전략과 전술을 익히고, 상대 캐릭터를 공격하기 위해 방어구와 공격 무기의 수치를 정밀하게 계산해야 하는 컴퓨터 게임을 한다. 그만큼 머리를 많이 쓰면서 지능이 발달한 것으로 보인다.

이처럼 환경이 지능에 분명한 영향을 미친다는 증거는 많지만 '과연 얼마나 영향을 미치는가?'에 대한 의견은 아직까지도 분분하다. 그럼에도 일반적으로 환경과 유전이 미치는 영향의 비율을 50 대 50으로 보는 의견이 많다. 나 역시 반반이라는 데 동의한다.

여기서 유전과 환경의 영향이 반반이라는 것은 어디까지나 공부지능 중 한 축인 IQ에 국한된 것임을 짚고 넘어가야 한다. 물론 공부지능의 다른 축인 EQ, 집중력, 창의력도 타고나는 부분이 분명 있다. EQ를 예로 들면, 아주 어린아이라도 어떤 아이는 생글생글 잘 웃거나 기저귀가 젖어도 보채지 않는다. 반면 어떤 아이는 조금만 불편해도 참지 못하고 세상이 떠나가라 울고불고 한다. 엄마 말을 잘 듣는 아이가 있는가 하면 무슨 일이든 자기 고집대로 하며, 뜻대로 되지 않으면 뒤로 넘어가는 아이들도 있다. 이를 보면 EQ 역시 IQ처럼 유전적 요인이 작용한다고 봐야 한다. 다만 EQ는 IQ에 비해 유전적인 요인보다는 환경적인 요인이 더 많이 작용한다. 일반적으로 EQ의 경우 유전과 환경의 비율을 30대 70정도로 보고 있다.

집중력과 창의력도 EQ 못지않게 환경적인 영향을 많이 받는다. 타고나는 부분이 있어도 후천적으로 노력하기에 따라 얼마든지 향상시킬 수 있는 능력이므로 타고난 집중력과 창의력이 약하다고 해도 실망할 필요가 없다.

Chapter.03
확고한 교육 의지가 경제력을 뛰어넘는다

 높은 명문대 진학률을 만든 진짜 비결

공부를 잘하려면 엄마의 정보력, 할아버지의 경제력, 아빠의 무관심이 필요하다는 말이 공공연히 세간에 떠돌고 있다. 아빠에게 필요한 것이 '무관심'이란 말은 조금은 서글프기도 하다. 그 말대로라면 공부를 잘하기 위해서는 경제력이 필요하다는 얘기인데, 과연 돈으로 공부지능을 어디까지 살 수 있을까? 좀 더 구체적으로 표현하자면 돈으로 어느 수준의 학벌까지 살 수 있을까?

경제력이 좋은 부모는 두 부류로 나뉜다. 첫째는 대기업의 임원, 고위직 공무원, 의사, 변호사, 기타 전문직과 같은 부류다. 이들은 대부분 IQ가 높고, 학창 시절 열심히 공부를 했던 부류다. 열심히 공부했다는 것은 참을성이 좋아서 EQ가 높다는 의미로 결국 공부지능이 높은 부류라 할 수 있다. 두 번째 부류는 부모로부터 재산을 물려받거나 자신의 노력과 상관없이 다른 요인에 의해 갑자기 부자가 된 사람들이다.

같은 강남이라도 지역에 따라 거주하는 사람들의 특성이 다르다. 주로 전문가들이 사는 지역이 대치동과 서초동이고, 전문가가 아니면서 부자들이 사는 지역이 청담동이다. 경제적 수준으로만 보면 청담동이 더 높지만 명문대 진학률은 청담동 고등학교보다 서초동과 대치동 고등학교가 더 높다. 그 이유는 대치동과 서초동에 어떻게 전문가들이 모여들었는지 살펴보면 알 수 있다.

우리나라 부모들의 교육열은 예나 지금이나 대단하다. 경제적 여유가 없는 부모들도 마찬가지였다. 비록 자신은 굶더라도 자식만큼은 남부럽지 않게 교육시키기 위해 노력했다. 6.25전쟁이 끝난 후 1960년대부터 이들의 자녀들은 서울에 있는 명문대에 진학하기 시작했다. 졸업 후 고향으로 돌아가기보다는 서울에서 직장을 잡고, 서울에서 결혼하고, 서울에서 아이를 낳아 교육시켰다.

이런 사람들이 많이 모여든 곳이 1970년대 후반에서 1980년대 초 새롭게 개발된 강남 3구다. 이들의 특성은 지능이 높고, 끈기가 있다는 것이다. 한마디로 공부지능이 높다. 그래서 좋은 학벌을 얻었고, 전문직에 진출해 고소득자가 될 수 있었다. 이런 부모에게서 태어난 아이들도 유전적으로 높은 수준의 지능을 타고났을 가능성이 있다. 뿐만 아니라 그들은 자신이 그랬던 것처럼 자녀들도 교육을 통해 사회적으로 성공했으면 좋겠다는 생각을 가지고 있다. 높은 지능과 부모의 강한 교육 의지가 만나 상위권 아이를 만든 것이다. 단지 경제력만으로 아이들이 공부를 잘하고 명문대에 진학한 것이 아니라는 얘기다. 높은 명문대 진학률 뒤에는 경제력보다 더 중요한 부모의 제대로 된 관심 그리고 자녀교육에 대한 확고한 의지가 자리잡고 있다는 사실이 더 중요하다.

반면 학창 시절에 공부를 못했거나 그닥 성실하지 않았는데도 다른 요인으로 부자가 된 사람들은 조금 다르다. 많은 돈을 들여 아이를 공부시키는데도 명문대 진학에 실패하는 경우가 허다하다. 왜 그럴까? 부모가 공부를 못하였다는 것은 타고난 지능이 좋지 않았을 가능성이 높다. 게다가 자기 노력과는 상관없이 부자가 된 사람들이라 아이들에게도 원하는 목표를 이루기 위해 참고 노력해야 한다는 것을 몸소 보여주지 못했을 것이다. 건강과 지식은 땀과 노력에 의해서만 내 것으로 만들 수 있지 결코 돈으로는 살 수 없다. 머리가 좋은 편이 아닌데도 공부조차 하기 싫어하는 아이에게 수학박사를 붙여서 가르쳐도 실력이 늘지 않는다. 수학이라는 과목은 땀 흘리면서 문제를 풀어내는 문제해결력 혹은 과제집착력과 지능이 높아야 잘할 수 있는 과목이기 때문이다.

여기서 굳이 강남 지역을 예로 든 이유는 '과도한 교육열'이라는 부정적인 인식에 가려져 흔히들 간과하는 핵심을 짚고 넘어가기 위해서다. 아무리 부자라 해도 단순히 돈의 힘으로 아이가 공부를 잘하고 명문대에 진학하는 것은 분명 한계가 있다. 간혹 그런 경우가 있긴 하다만 어디까지나 소수에 불과할 뿐, 강남 아이들의 높은 명문대 진학율이 오로지 부모의 경제력 때문이라고는 볼 수 없다. 그보다는 부모의 타고난 지능과 열심히 노력하는 EQ를 물려받고, 후천적으로 부모의 높은 교육 의지가 서로 시너지를 발휘하여 높은 수준의 공부지능이 만들어졌다는 사실에 더 주목해야 한다.

연세대학교 교육대학원 한준상 교수는 자신의 저서 『교육개론』에서 다음과 같이 말했다.

"국가는 대학에 입학시켜줄 것도 아니면서, 대학 졸업 후에 취업시켜줄 것도 아니면서, 나이를 먹었을 때 집을 사줄 것도 아니면서 무책임하게 학창 시절 학생들에게 놀라고 한다."

부모가 자녀의 교육에 관심을 가지고 투자하는 것은 지극히 자연스러운 욕구다. 그런 부모들을 두고 극성맞다며 비하하거나 지나친 교육열이 문제라고 말하는 사람들에게 많은 것을 시사하는 대목이라고 생각한다.

학력이 대물림되는 데는 부모가 물려준 지능과 좋은 습관이 필요하다. 하지만 무엇보다 부모의 강한 교육 의지가 가장 중요하다는 것을 기억했으면 좋겠다.

 지금도 개천에서 용이 날 수 있을까?

1960년대에서 80년대에 대학을 다니던 세대들은 "그때는 미꾸라지가 용이 되고 가난했어도 나만 잘하면 교육을 통해서 성공할 수 있었다"고 말한다. 즉, '교육'이라는 사다리를 통해서 사회적으로나 경제적으로 신분 상승이 가능했다는 뜻이다.

신문이나 방송에서의 보도, 전문가들의 평가, 정치인들의 공약을 보면 최근 21세기에 들어서는 부모의 경제력이 자식의 학벌을 좌지우지한다고 말하면서 교육의 사다리가 끊어졌고 이로 인해 불평등이 심화되고 있는 것처럼 말한다. 일견 틀린 말은 아니다.

실제로 2012~2016년까지 약 5년 동안 서울대에 입학한 신입생들 중 40퍼센트가 서울 출신이고, 그중 31퍼센트가 강남, 서초, 송파 등 이른바 강남 3구 출신이었다. 비강남 출신이라도 상당수가 특목고나 자사고 출신인 것으로 나타났다. 사정이 이렇다 보니 마치 돈이 있어야 공부를 잘할 수 있는 것처럼 생각하기 쉬운데, 앞에서도 이야기했듯이 공부는 머리와 노력으로 하는 것이다.

돈이 많으면 명문대에 가기 유리한 나라는 우리나라보다 오히려 미국이다. 「월스트리트저널」 교육 담당 기자였던 대니얼 골든이 쓴 책 『왜 학벌은 세습되는가?』를 보면 꽤 놀랄 만한 주장이 나온다. 대니얼 골든은 하버드대를 졸업하고 퓰리처상을 수상한 기자인데, 그는 책에서 미국 명문대 입학생의 3분의 1이상이 기부금이나 동문자녀, 유명 인사나 정치가의 자녀, 교수 자녀 등 실력 이외의 요인으로 입학한다고 밝혔다. 미국의 교육 시스템이 한국보다 선진적이라고 믿었던 사람들에게는 다소 충격적인 내용이다.

대니얼 골든에 의하면 미국의 입학 사정관 제도는 공정한 시험을 통과하여 입학할 자격이 주어졌지만 창의성, 대학의 기여 가능성 등 여러 가지 이유를 들어 우수한 학생들을 불합격시키고자 만들어낸 제도라고 한다. 심지어 전직 입학 사정관들이 입학 컨설팅 회사를 차려놓고 고액의 수수료를 받으며 전관예우를 통하여 부를 축적하기도 한다고 한다. 그야말로 교육의 사다리가 없어진 미국의 현실이다.

UC 버클리의 로버트 버지노 총장의 조사 결과도 비슷하다. 그는 아이비리그에 속하는 한 대학의 전체 정원에서 특혜 없는 일반 학생들의 비율을 계산했는데, 어떤 특혜도 없이 지원하는 학생은 전체 정원의 40퍼센트에 불과했다고 밝혔다.

입학 사정관 제도는 초기에는 교육열이 높고 공부를 잘하는 유태인들을 불합격시키기 위한 장치였다고 한다. 그럼에도 유태인들이 꾸준히 합격해 명문대 동문이 되고, 부를 축적해 기부금을 낼 수 있게 되고, 많은 유태인들이 교수가 되면서 그들의 자녀들도 입학 사정관 제도의 혜택을 누리게 되었다. 지금은 유태인 대신 교육열이 높고 성적이 우수한 아시아 학생들을 차별하는 데 입학 사정관 제도가 악용되고 있다고 한다. 대니얼 골든은 아시아 학생들 중에서도 'LEE AND KIM' 즉, 한국 학생들이 가장 많이 피해를 보고 있다고 주장했다. 한국 학생들이 SAT 만점을 받고도 종종 불합격당하는 이유가 입학 사정관의 폐해 때문이라는 것이다.

우리나라는 미국과 사정이 다르다. 물론 우리나라 교육 제도 역시 완벽하지는 않다. 그럼에도 불구하고 우리나라 교육 제도의 가장 큰 장점을 하나 꼽으라면, 나는 '교육의 공정성'이라고 말하고 싶다. 대한민국의 교육은 전 세계 나라와 비교했을 때 상대적으로 공정한 편이다.

공부만 잘하면 전교 1등을 할 수 있고, 공부만 잘하면 수능에서 만점을 받아 자신이 원하는 대학에 들어갈 수 있다. 부모가 대통령이든, 재벌이든, 대학교수든, 의사든, 변호사든 그 어떤 것도 내신 성적이나 대학 입시에 반영되지 않는다. 따라서 열심히 공부하면 성공할 수 있다는 공식이 성립하고 이러한 이유로 대한민국의 교육열은 세계 수준에 비해 높은 것이다.

우리나라 부모들의 교육열이 강렬한 이유는 앞에서도 말했지만 한국의 내신 성적을 포함한 성적 산출 시스템과 대학 입시가 다른 나라에 비해서 상대적으로 공정하기 때문이다. 누구라도 돈으로 성적을 살 수 없다. 지금도 여전히 비강남권 학생들 중에서도 노력을 통해 상위권 대학에 꾸준히 합격하는 것을 보면 나는 아직 우리나라의 교육 사다리가 무너졌다고 보지 않는다. 다만 입시 제도를 손을 보아야 한다면 머리가 좋고 노력을 많이 하면 성적을 낼 수 있는 과목 위주로 조정하는 것이 바람직하다고 본다.

우리나라 최고의 대학이라고 불리는 서울대학교에는 재벌집 아들이나 졸부의 아이들보다는 중산층의 자녀들이 더 많이 다닌다. 뿐만 아니라 형편이 어려워서 부모로부터 경제적 지원을 받지 못하고 스스로 일을 하면서 대학 생활을 하는 학생들도 많이 있다.

대학 입시의 기본은 공정함이다. 그래서 나는 주관적 요소가 가미가 될 가능성이 큰 입학 사정관 제도에 대해서 그다지 긍정적으로 보지 않는다. 다만 우리나라의 입학사정관 제도는 미국과 달리 객관화된 자료를 주로 사정하기 때문에 큰 문제가 발생하지는 않을 것이라 생각한다. 대통령 측근의 자녀가 절차상의 문제가 있음에도 불구하고 대학에 특례 입학을 한 것이 문제가 되어 대통령이 탄핵되는 나라가 대한민국이다. 우리나라에서 많은 것을 믿을 수 없다고들 하지만 나는 입시만큼은 정말로 깨끗하다고 생각한다.

이렇듯 대한민국의 입시와 중고등학교의 성적 산출 시스템은 공정하다는 것을 믿고, 모쪼록 우리나라 부모들이 적기에 아이의 공부지능을 개발시키는 데 더욱 집중했으면 좋겠다.

Chapter. 04

공부지능은
노력을 배신하지 않는다

 예체능보다 공부 잘하는 것이 더 쉽다

손기정 선수는 1936년 베를린 올림픽에서 42.195킬로미터를 2시간 29분 19.2초에 주파해 금메달을 땄다. 이는 당시 마라톤 세계 신기록이었다. 그런데 2016년 3월 26일에 경주에서 개최한 코오롱구간 마라톤 대회에서는 고등학생이 42.195킬로미터를 2시간 13분 19초의 기록으로 우승했다. 1936년에는 세상을 놀라게 했던 기록이 2016년에는 국가대표도 아닌 고등학생에 의해 추월당한 것이다.

어떻게 고등학생이 올림픽 신기록을 깰 수 있었을까? 백 년도 채 안 되는 짧은 시간 동안 인간의 유전자가 눈부시게 발달했다고 보기는 어렵다. 꾸준한 교육과 노력이 만들어낸 결과라고 봐야 한다. 기존의 마라톤 주법을 분석하고, 어떻게 하면 시간을 단축시킬 수 있을지 연구한 과학적 데이터를 토대로 체계적인 훈련을 했기에 가능했다고 보는 것이 타당하다.

공부지능도 마찬가지다. 타고난 공부지능이 100이라도 열심히 노력하면 110, 120이상으로 끌어올릴 수 있다. 다만 무조건 열심히 하는 것만으로는 한계가 있다. 공부지능을 어떻게 올릴 수 있는지 검증된 방법을 알고, 그 방법으로 꾸준히 노력해야 가능하다.

나는 중고등학교를 수석으로 졸업하고 서울대 경제학과와 법과대학을 졸업했으니 공부를 아주 잘하는 쪽에 속했다. 하지만 치명적인 약점이 하나 있었다. 음정을 듣고 기억할 수는 있으나 표현하는 능력이 매우 떨어졌다. 게다가 박치여서 박자를 맞추기가 너무나도 어려웠다.

나에게는 국, 영, 수보다 음악이 제일 어려운 과목이었다. 지금은 국, 영, 수 위주지만 내가 공부할 때만 해도 예체능 점수의 비중이 꽤 높았다. 그래서 중고등학교 때 학교 성적을 잘 받기 위해서 내가 최선을 다해야 했던 과목은 음악과 체육 실기 시험이었다. 음악 실기 시험을 잘 치르기 위해 부단히도 연습에 연습을 거듭했다. 녹음까지 하면서 연습을 했는데, 들어보면 듣기가 거북할 정도로 노래를 못했다. 어디를 잘못 불렀는지 확실히 알겠는데 아무리 교정하려 노력해도 도무지 나아지질 않아 여러 번 좌절했다.

음악뿐만 아니라 운동도 못했다. 나는 어렸을 적에 병치레가 잦았다. 키는 컸지만 소화력이 약해 바짝 말랐다. 근육이 없으니 힘을 쓰는 운동은 당연히 못했고 폐활량이 적어 달리기도 못했다. 친구들과 다방구를 하거나 숨바꼭질을 할 때면 얼굴이 하얗게 질리고 숨을 헐떡이곤 했다. 씨름을 할 때도 마찬가지였다. 사정이 이렇다 보니 야외 활동보다는 실내에서 책을 읽는 것을 더 좋아했다. 그러면서 점점 운동은 나와는 상관없는 종목으로 멀어졌다.

운동을 다시 시작한 것은 대학에 입학한 후였다. 공부를 하든, 무엇을 하든 체력이 중요하다는 것을 느끼고 꾸준히 운동을 하기 시작했다. 그 결과 몇 번 하지 못했던 턱걸이도 웬만큼 하게 되고, 달리기도 어렸을 때처럼 숨이 차서 못하는 일은 없어졌다.

기대 이상의 성과를 얻은 종목도 있었다. 약간의 재능이 있었던 것인지 수영은 꾸준히 노력한 결과 꽤 잘할 수 있게 되었다. 근육 운동도 체계적으로 꾸준히 한 덕분에 머슬 마니아 스포츠 모델 클래식(35세 이상 부문)에서 한국 챔피언이 되기도 했다. 나와는 전혀 상관없다고 여겼던 근육 대회에서 챔피언이 된 후 체계적 훈련의 중요성을 새삼 깨달았다. 어떻게 근력 운동을 하는지, 근육을 키우기 위해서는 어떤 식이요법을 해야 하는지 체계적인 교육을 받지 않았더라면, 근육을 키울 수 있었을지는 몰라도 챔피언이 되기는 어려웠을 것이다. 이런 경험을 비추어 보았을 때, 학창 시절 혼자서 무조건 열심히 음악 연습을 할 것이 아니라 전문적인 방법으로 훈련을 했더라면 음악 실력이 좀 더 늘었을지 모른다는 후회도 든다.

공부지능을 개발한다는 것은 공부지능을 구성하는 요소들을 파악하고, 그중 어떤 요소가 취약한지 알아내어 그 요소들을 강화하는 것이다. 그 과정이 매우 과학적이다. 단순히 부모의 추측이 아닌 분명한 근거로 내 아이를 객관적으로 파악하고, 부족한 부분을 체계적으로 훈련시켜야 한다. 그래야 공부지능을 효과적으로 개발할 수 있다.

 ### 잠재적 가능치만 발견해도 절반은 성공

공부지능을 열심히 개발해도 누구나 서울대에 갈 수 있는 것은 아니다. 또한 모두가 1등을 할 수 있는 것도 아니다. 그렇다면 공부지능을 개발하려 했던 그 많은 노력이 실패한 것일까?

신체적인 유전자의 특성상 가만히 두면 160센티미터에서 성장이 멈추는 아이가 있다고 가정하자. 아이의 키가 더 컸으면 하는 바람에 아이를 데리고 열심히 성장 클리닉을 다녔다. 목표는 180센티미터. 그런데 180센티미터까지는 못 크고 175센티미터까지 컸다면 과연 실패한 것일까? 가만히 있었다면 160센티미터였을 텐데, 노력으로 175센티미터가 되었으니 결코 실패가 아니다.

공부지능도 그렇다. 부모가 후천적으로 개발해 주지 않으면 아이의 잠재력은 수면 위로 올라오지 못한 채 영원히 잠들 수 있다. 유전적으로 천재의 지능을 갖고 태어난 아이도 어렸을 때 숲속에 버려져 아무런 자극도 받지 못하고 컸다면 어떨까? 십중팔구 잠재력이 500이라면 재 300도 발휘하지 못할 가능성이 크다.

반면 타고난 잠재력이 300으로 천재에 비해 턱없이 낮아도 훈련을 하면 400 가까이 올릴 수 있다. 가만히 두면 300정도밖에 안 될 아이가 390을 발휘한다면 그만한 성공도 없다. 예를 들어 가만히 두면 지방대를 갈 아이가 열심히 노력해 서울권 대학에 들어갔다면 성공이라 할 수 있다. 가만히 두면 하위권이었을 아이가 공부지능을 개발해 중상위권이 되었다면 그것 또한 성공이다. 결국 아이의 잠재적 가능치에 최대한 접근해 끌어올리는 것이 공부지능을 개발하는 목적이 되어야 한다.

그렇다면 잠재적 가능치란 어떻게 알 수 있을까? 아이가 어렸을 때는 부모들이 자신의 아이가 다 천재라고 생각한다. 잠재적 가능치는 부모의 바람이 아니다. 아이들의 잠재적 가능치는 객관적인 잣대로 알 수 있는데, 바로 'IQ검사'다.

IQ검사에서 100이 나왔다는 것은 특별한 변수가 없는 한 100명 중 50등 즉, 중간은 할 수 있다는 뜻이다. 만약 IQ가 상위 2퍼센트라면 역시 특별한 변수가 없는 한 100명 중 2등 정도는 하리라고 예상할 수 있다. 하지만 IQ는 후천적인 노력에 의해 높일 수 있으므로 IQ가 곧 잠재적 가능치는 아니다. IQ가 높아지면 잠재적 가능치도 그만큼 높아지는 것이니 섣불리 아이의 잠재력을 과소평가해서는 안 된다.

Study Quotient

PART 2

공부지능을 결정하는 '적기와 조기' 교육

Chapter.01
공부지능에도 알맞은 때가 있다

 신체연령 vs 정신연령

조기교육, 적기 교육을 이야기하기 전에 꼭 알아야 할 것이 있다. 많은 부모가 "우리 아이가 지금 8살인데 영어 교육을 시키는 것이 좋을까요?", "우리 아이가 초등학교 2학년인데 어떤 교육을 받아야 할까요?"와 같은 질문을 한다. 결론부터 이야기하면 이런 질문은 잘못됐다. 아이들의 신체연령과 정신연령은 종종 다를 수 있기 때문이다.

신체연령은 초등학교 2학년인데, 정신연령은 초등학교 6학년 수준인 아이가 있다. 반대로 신체연령은 초등학교 2학년인데, 정신연령은 유치원 수준인 아이도 있기 마련이다. 그런데 이 두 아이를 같은 초등학교 2학년이라고 해서 똑같은 교육을 시킨다는 것은 맞지 않는다.

　교육은 적기에 해야 효과가 크다. 당연히 초등학교 2학년에게는 2학년에 맞는 교육을 해야 하고, 유치원생에게는 유치원생에 맞는 교육을 해야 한다. 그런데 여기서 나이는 정신연령이 기준이 되어야 한다. 신체연령은 초등학교 2학년이지만 정신연령이 초등학교 6학년이라면 6학년 공부를 하는 것이 맞다. 반대로 신체연령은 초등학교 2학년이지만 정신연령은 7살 수준이라면 7살에 맞는 교육을 해야 한다.

　공부를 하든 아이에게 적절한 자극을 주어 공부지능을 개발하든, 아이의 신체연령보다는 정신연령을 기준으로 삼아야 한다. 외국어를 공부하기에 좋은 나이는 8세 정도. 그러면 엄마들은 아이가 8세 때부터 영어를 공부시켜야 하느냐고 묻는다. 6세지만 정신연령이 8세라면 6세부터 시작하는 것이 맞고, 신체연령이 8살이라도 정신연령이 5살밖에 안 된다면 더 있다 시작해야 한다. 정신연령보다 너무 빨리 시작하면 아이가 학습에 어려움을 느껴 흥미를 갖지 못한다. 반대로 정신연령보다 낮은 수준의 학습을 시키면 너무 쉬워서 지루해하기 쉽다.

　이처럼 모든 자극이나 교육은 아이의 정신연령을 기준으로 하기 때문에 부모들은 내 아이의 정신연령이 몇 살인지부터 잘 관찰하고 파악해야 한다. 신체연령과 정신연령은 잘 일치하지 않는 경우가 많다. 그러므로 아이의 정신연령을 관찰할 때는 비슷한 또래 아이들과 비교도 해보고 학교에서의 생활과 수업 태도, 성적 등까지 면밀하게 살펴야 한다. 객관적인 IQ검사도 판단의 기준이 될 수 있다.

만약 부모가 아이의 정확한 정신연령을 알기 어렵다면 전문가의 도움을 받는 것도 좋다. 객관적으로 우리 아이의 지능이 어느 수준인지를 검사해 보면 좀 더 정확한 정신연령을 파악할 수 있다.

 조기보다 적기가 더 중요하다

조기교육이 꼭 나쁜 것은 아니다. 일찍 시작할수록 효과적인 것이 분명 있다. 예를 들어 재능의 경우 일찍 발견해 빨리 교육시킬수록 더 활짝 꽃피우는 경우가 많다. 김연아는 5세 때부터 피겨스케이팅을 시작했고, 리듬체조 요정으로 불렸던 손연재도 6세 때 운동을 시작했다고 한다. 아무리 재능이 뛰어나도 그 재능을 발달시키려면 부단한 연습과 노력이 필요하다. 일찍 시작하면 그만큼 노력해서 재능을 발달시킬 시간이 충분하기 때문에 더 빨리 정상에 오를 가능성이 커지는 것이 사실이다. 세계 신기록을 세운 선수들을 보면 대부분 다 일찍 시작했다.

공부지능도 재능과 다르지 않다. 남들보다 일찍 시작하면 그만큼 유리하다. 단, 어디까지나 적기의 범주 내에서 일찍 시작해야 한다. 예를 들어 어떤 능력이 발달할 적기가 3~5세라면 적기가 시작되는 3세부터 교육을 시키는 것이 바람직하다는 얘기다. 이것이 바로 '조기, 적기' 교육이다.

적기이면서 조기일 때는 교육의 효과를 극대화할 수 있지만, 적기를 고려하지 않고 무조건 조기교육을 하면 자칫 역효과가 날 수 있다. 공부지능 중 한 축을 담당하는 집중력의 경우 적어도 만 6세는 되어야 성숙해지기 시작한다. 초등학교 입학 연령을 만 6세로 정한 것도 이 때문이다. 아이들이 수업 시간에 20~30분이라도 집중할 수 있어야 하므로 집중력이 발달하는 만 6세로 입학 연령을 잡은 것이다.

만약 집중력을 키워준다고 서너 살 때부터 집중력을 강화하는 교육을 시키면 어떻게 될까? 집중력이 발달할 시기도 아닌데, 억지로 집중하라고 하면 아이들은 힘들고 괴로워한다. 이러면 집중력이 발달하기는커녕 공부에 흥미를 잃어버리고, 정서적으로 불안정해질 수도 있다.

외국어 교육도 그렇다. 언어학자들과 심리학자들 사이에서 외국어를 학습하는 적기에 대해서는 여전히 논란이 많다. 하지만 일반적으로 8세 이전에 외국어를 배우면 좀 더 쉽게 익힐 수 있다는 데는 대체적으로 이견이 없다. 계속 강조하지만 여기서 8세는 정신연령으로서의 8세다. 신체연령이 5세라도 정신연령이 8세라면 5세가 적기 교육을 시작해야 할 나이다. 정신연령이 4세밖에 안 되는데 무조건 일찍 시작해서도 안 되지만 학습을 가장 효과적으로 할 수 있는 '적기'를 놓쳐서는 안 된다.

유난히 길을 잘 찾는 사람들이 있다. 한 번 간 길을 귀신 같이 기억하는 사람들이 있는데, 이런 사람들은 대체적으로 공간지각력이 뛰어나다. 공간지각력은 보통 유치원 때부터 초등학교 3학년까지 폭발적으로 발달한다. 이때가 곧 공간지각력을 발달시켜 줄 '적기'인 셈이다. 어렸을 때 레고와 같이 손을 많이 움직이는 놀이를 즐기고, 실외 활동을 많이 하면 공간지각력이 발달한다. 훗날 어른이 되어 길치를 면하고 싶다고 뒤늦게 레고를 시작한들 공간지각력이 발달하지 않는다. 이미 적기를 놓쳤기 때문이다.

일반적으로 공부지능은 초등학교 6학년 때까지 가장 활발하게 발달하는데, 공부지능 각 영역별로 '적기'가 조금씩 다르다. 암기력이 집중적으로 발달하는 시기가 있고, EQ를 결정하는 정서가 집중적으로 형성되는 시기가 있다. 집중력과 창의력이 발달하는 시기 또한 다르다. 각 영역별로 적기가 언제인지 알고, 때에 맞는 적절한 교육을 해야 내 아이의 공부지능을 최대치로 끌어올릴 수 있다.

 적기의 조기교육은 최고의 시너지를 낸다

'조기교육'보다 '적기 교육'이 더 중요함은 말할 것도 없다. 걷기도 전에 골프를 가르친다고 골프를 잘 칠 수 있는 것이 아니듯이 1, 2, 3, 4도 모르는데 사칙연산을 가르칠 수는 없다.

하지만 앞에서도 이야기했듯이 아이의 발달단계에 맞는 적기면서 동시에 조기일 경우에는 얘기가 달라진다. 이미 숫자를 깨쳐 간단한 덧셈, 뺄셈을 할 수 있다면 빨리 가르쳐야 그 효과를 극대화할 수 있다. 적기이면서 타고난 능력이 같다면 일찍 발견해 훈련하는 것이 더 높은 수준의 성취를 이룰 수 있다는 뜻이다. 아이의 발달단계를 연구하는 심리학자들은 아래와 같은 그래프로 적기의 조기교육 효과를 설명한다.

그래프1은 유전적인 요인이 같고 동일한 방식의 훈련을 받았으며 심리적으로도 비슷한 동기 수준일 때, 적기에 시작한 아이와 적기보다 늦게 시작한 아이의 격차를 보여준다. 적기에 교육을 잘 받은 아이들(T1, T2)은 인지능력의 발달이 끝나는 시점인 18세에 그렇지 않은 아이(T3)보다 더 높은 수준의 성취를 이룬다. 주목할 점은 시작할 때의 T1, T2, T3의 간격보다도 18세 때의 A1, A2, A3의 간격이 더 벌어졌다는 것이다. 적기의 조기교육이 필요한 이유다.

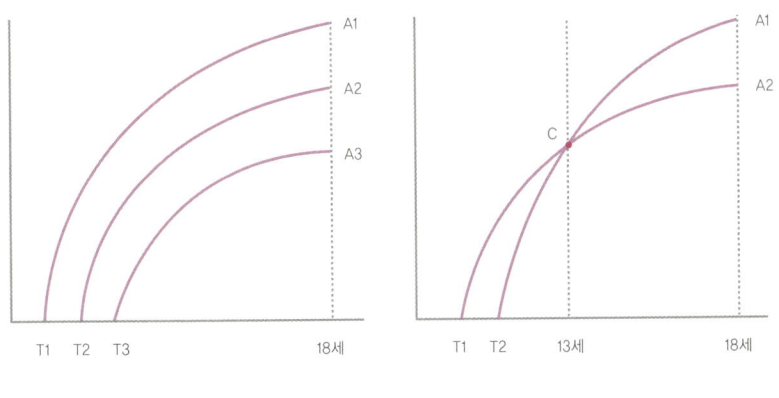

그래프1   그래프2

시작할 때의 간격보다 일정 시간이 흐른 후에 간격이 더 벌어지는 이유는 누적 효과가 발생하기 때문이다. 조금 일찍 글을 배운 아이는 더 많은 책을 읽고, 친구들보다 똑똑하다는 소리를 듣고, 또래보다 어휘력도 좋다. 그러면 아이는 자신감과 흥미를 가지면서 시간 날 때마다 책을 더 많이 읽게 되고, 결과적으로 더 높은 수준의 지식을 얻게 된다.

그래프2는 나중에 시작한 아이(T2)가 어느 시점을 기준으로 먼저 시작한 아이(T1)를 앞서는 모양의 그래프다. 보통 유전적인 능력이 더 뛰어나거나 동기부여가 강력하여 늦게 시작한 만큼 더 열심히 집중하고 노력했을 때 이런 그래프가 나타난다.

초등학교 때까지는 공부를 잘 못하다가 중학교 이후에 성적이 급상승하는 아이들이 있다. 이런 아이를 두고 흔히 '늦게 트인다'고 말한다. 80년대 전까지만 해도 이런 현상을 흔하게 볼 수 있었다. 경제적으로 넉넉하지 않았던 시절이어서 국민 대다수가 적기에 교육을 받지 못하였기 때문이다. 배우는 양도 지금에 비해 훨씬 적었다. 중학교 2학년을 기준으로 했을 때 상위권과 중위권 간의 학습량 차이는 일 년 치가 채 안 되는 수준이었다. 실제로 80년대까지만 해도 늦게 정신을 차리고 공부를 열심히 해 좋은 성적을 거둔 사람들이 많다. 그런 사람들이 부모가 된 지금, 자신이 그랬듯 아이도 정신만 차리면 늦게 공부해도 얼마든지 잘할 수 있을 것이라 여긴다. "그냥 놀게 내버려 둬요. 어차피 때가 되면 다 공부하게 되어 있으니까요." 하면서 말이다.

하지만 지금은 상황이 달라졌다. 경제적으로 풍요로워지고, 핵가족화가 진행되면서 요즘 부모들은 아이들이 태어나자마자 교육에 관심을 보인다. 어떻게 하면 아이를 잘 키울 수 있을까 고민하고, 아이들에게 도움이 되는 교구재와 정보를 꼼꼼하게 살핀다. 예전처럼 먹고사는 데 바빠 아이들을 방치하는 경우는 드물다. 따라서 아주 특별한 경우가 아니라면 그래프2처럼 늦게 시작해 두각을 나타내기가 어렵다.

이처럼 적기의 조기교육이 함께 이루어지면 그 효과가 대단하다. 시작할 때는 차이가 미미하더라도 시간이 지날수록 더욱 커지므로 적기의 범주 안에서 가능한 일찍 공부지능을 개발시키려는 부모의 노력이 필요하다.

능력별로 정점을 찍는 시기가 다르다

2014년 미국 국립과학원 회보에 흥미로운 연구 결과가 실린 적이 있다. 각 능력별로 정점을 찍는 시기를 조사한 것인데, 사람들의 예상을 뒤엎는 내용들이 제법 많았다.

연구의 방식이 주관적 설문을 토대로 하거나 미국 사회 특유의 문화가 반영돼 객관성이 다소 떨어지는 항목도 있지만 전체적으로는 다른 연구 결과와 크게 다르지 않다. 간단하게 내용을 소개하면 다음과 같다.

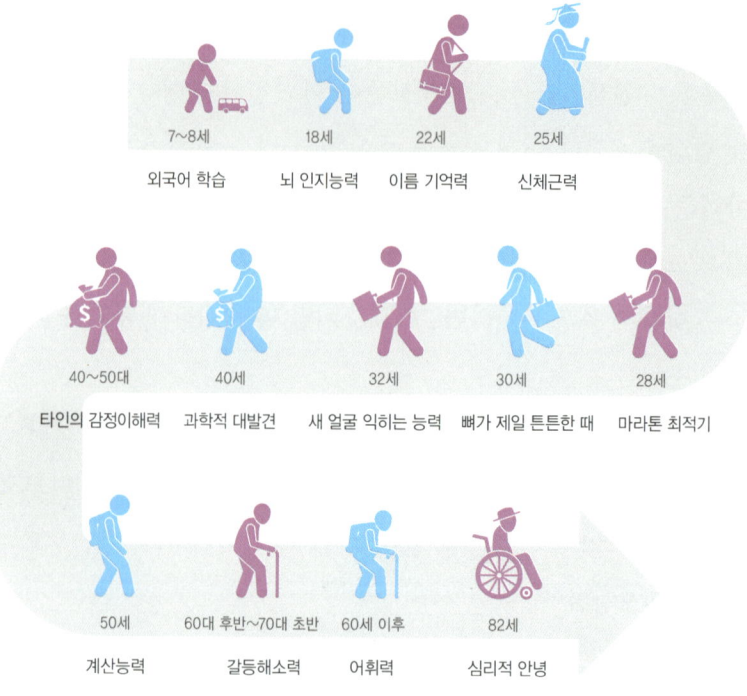

　사실 이 연구 결과에 많은 사람이 관심을 보인 이유는 나이가 들어서도 계속 발달하는 능력이 존재한다는 데 있다. 대부분 능력이 최소 20대가 지나면 퇴화한다고 알고 있던 사람들에게 40~50대 이후에도 더 크게 발달할 수 있는 능력이 있다는 새로운 사실은 충격과 희망을 동시에 느끼게 했다.

　이 연구 결과는 공부지능을 어떻게 개발할 것인가에 대한 답을 찾을 때도 도움이 되었다. 공부지능 측면에서 보면 IQ와 밀접한 관련이 있는 뇌 인지능력은 18세에 정점을 찍고, EQ와 관련된 타인의 감정이해력은 40~50대, 갈등해소력은 60세 이후에 최고치에 달한다. 공부지능 중 창의력과 연결시킬 수 있는 과학적 대발견은 40세가 정점이다. 정점을 찍는 시기가 언제인지를 알면 대략적으로나마 언제 개발을 시작해야 하는지 유추할 수 있다. 능력은 하루아침에 정점을 찍을 수 없다. 서서히 상승 곡선을 그리며 발달하다 정점을 찍고 하향 곡선을 그리며 발달이 더뎌지기 시작한다. 오랜 시간에 걸쳐 능력을 개발시키려 노력한 시간들이 있어야 정점을 찍을 수 있다는 얘기다.

이런 관점에서 보면 초등학교에 들어가기 전에 영어를 가르치는 것도 '적기 교육'일 수 있다. 미국 국립과학원 회보에 실린 연구 결과에 의하면 외국어 학습 능력이 정점을 찍는 나이가 '7~8세'다. 이는 1967년 미국 에릭 레넨버그 교수의 연구에 근거를 둔 것이다. 그는 일본에서 태어나 미국에서 자란 아이들을 조사한 결과, 미국에 도착한 시기가 늦을수록 학습 능력이 떨어졌는데, 그 나이가 7세라고 밝혔다. 그렇다면 5~6세에 영어 교육을 시작해 초등학교에 들어가면서 집중적으로 몰입 교육을 하는 것이 효과적일 수 있다. 이 경우 조기이면서도 적기 교육을 동시에 하는 것이라 봐도 무방하다.

인지능력은 태어날 때부터 시작해 초등학교 때 가장 활발하게 발달한다. 인지 과학자들이 뇌의 정보처리 능력을 테스트하는 핵심적인 방법 가운데 하나가 이른바 '숫자-기호 바꿔 쓰기' 시험이다. 특정 숫자와 특정 기호를 짝지은 다음 일련의 숫자를 주고, 이 숫자를 그에 맞는 기호로 바꾸게 하는 시험이다. 2016년에 발표된 한 연구에 따르면 4만 8천여 명의 온라인 실험 참가자들을 대상으로 조사한 결과, 평균 18세 청년들이 이 일을 가장 잘 수행했다고 한다. 미국 국립과학원 회보에서 인지능력이 정점을 찍는 시기를 18세로 잡은 것은 바로 이 연구 결과를 근거로 한 것이다.

18세면 우리나라를 기준으로 했을 때 고등학교 2학년 때다. 결국 공부를 잘하려면 본격적으로 공부를 시작하는 초등학교 때는 물론 중학교 때까지도 열심히 공부지능을 개발해야 한다. 특히 스펀지처럼 자극을 쑥쑥 빨아들이는 초등학교 때는 다양한 방법으로 인지능력을 개발할 필요가 있다.

EQ나 창의력처럼 오랜 시간에 걸쳐 꾸준히 발전하는 능력은 좀 더 장기적인 계획이 필요하다. 물론 EQ나 창의력 개발도 어렸을 때부터 신경 써주면 좋지만 창의력은 40세, 타인의 감정이해력은 40~50대에 정점을 찍는다. 이는 1~2년 집중적으로 교육한다고 금방 발달할 수 없는 능력임을 의미한다. 오랜 시간을 두고 꾸준하게 노력했을 때 능력 또한 꾸준히 개발돼 뒤늦게 만발하는 것이니만큼 서두르면 안 된다. 교육 효과가 빨리 나타나지 않는다고 해서 실망하기보다는 충분한 시간을 두고 단계별로 교육을 시키면서 능력이 절정에 오를 때까지 기다려 주어야 한다.

능력은 아무 때나 지속적으로 발전하는 것이 아니고, 각각의 능력마다 적은 노력으로 최대의 효과를 얻을 수 있는 적기가 있다. 공부지능도 마찬가지다. 아이의 뇌가 어떤 과정을 통해 발달하는지 잘 이해하고, 그에 맞는 적기 교육을 해야 한다. 적기 교육을 놓쳐

활짝 꽃피울 수 있었던 능력이 미처 싹을 틔우기도 전에 시들지 않도록 말이다.

초등 6년, 공부 잘하는 아이로 만드는 최적의 시기

공부지능 개발의 적기는 초등학교 6년이라 보면 된다. 조금 더 넓게 잡으면 3~4세 유치원에 다닐 때부터 고등학교 때까지도 포함되지만, 적기를 최소의 노력으로 최대의 효과를 얻을 수 있는 기간이라 본다면 초등학교 6년이라 할 수 있다.

나는 공부지능을 기반으로 한 학습으로 초등학생들을 시도하고 있다. 오랫동안 아이들을 가르치면서 공부지능은 타고나는 요인이 분명 있지만 교육과 훈련을 통해 얼마든지 개발될 수 있다는 것을 확인하곤 한다.

내가 진행하는 공부지능 기반 학습은 선천적으로 타고나는 공부지능 중 강점 지능과 약점 지능을 파악하는 것으로부터 시작한다. 그런 다음 나이가 기준이 아닌 아이의 공부지능에 맞춰 비슷한 수준의 아이들끼리 묶는다. 그리고 각 집단마다 현재 수준에 맞는 난이도와 진도를 설계해 수업을 진행한다.

보통 강점과 약점을 이야기할 때 약점을 보완하기보다 강점에 집중해야 한다고 말한다. 하지만 이는 어디까지나 성인에 국한된 이야기다. 자기계발할 시간도 많지 않고, 능력을 더 발전시키려 해도 개발 적기가 지나 효과가 미미할 때는 약점보다 강점에 집중하는 것이 성과를 내는 데 유리하다.

아이들의 공부지능을 효과적으로 개발할 수 있는 적기에는 어느 한두 가지 두각을 나타내는 능력에만 집중해서는 곤란하다. 여러 공부지능 중 강점 지능은 더욱 강화하고, 약점 지능은 보완하려는 노력을 병행해 각 부분별 지능 간에 균형을 잡는 것이 중요하다. 공부지능 개발 적기는 충분히 긴 시간이므로 당장 결과가 나오지 않는다고 해서 조급하게 생각할 필요가 없다. 이 시기에는 오히려 IQ, EQ, 집중력, 창의력 이 4가지 영역을 골고루 개발시키는 데 방점을 두어야 한다.

초등학교 때 어떤 지능이 강점이고 약점이라고 단정 짓기에는 아이들의 잠재력이 무한하다. 그래서 다양한 가능성을 열어 두고 공부지능을 개발시키는 것이 중요하다. 언어에 대한 가능성을 개발해 독해력을 키우거나 잠재해 있는 연산 능력을 끄집어 내어 어려운 수학 문제를 척척 풀 수 있을 정도로 연산력과 추론력을 키울 수 있다. 이런 모든 노력들이 공부지능을 높여 주고, 스스로도 공부를 잘 할 수 있는 아이를 만든다.

TIP

학교에 들어가기 전에 국어, 영어, 수학은 얼마만큼 공부해야 하나요?

미취학 아이를 자녀로 둔 부모들로부터 많이 듣는 질문이다. 결론부터 말하면 사는 지역에 따라 다르다. 만약 사는 곳이 대체적으로 교육열이 높아서 아이들이 곱셈과 한글을 뗀 채로 입학하거나 독서량 또는 기본적인 영어 구사력이 높은 수준이라면, 부모의 교육철학이 어떻든 간에 우리 아이도 다른 아이들만큼은 공부하고 들어가는 것이 좋다. 반면 학교에 들어가서 한글과 알파벳을 배우고, 숫자 세기 및 더하기 빼기부터 차근차근 배우는 분위기라면 그저 학교 들어가는 시점만 늦추면 된다.

공부지능은 유전적인 요인과 환경적인 요인이 합해져 실현되므로 일찍 자극을 받으면 더 좋아질 가능성이 크다. 그런데 대책 없이 조기 입학하거나 우리 아이만 방치된 상태에서 학교를 간다면 시작부터 '열등한 아이'라는 부정적 평가를 받아 공부 잘할 수 있는 기회를 놓칠 수 있다. 초등학교 시기에 부모가 해주어야 할 것은 아이에게 '공부는 즐거운 일'이라는 인식을 심어주는 일이다. '공부는 나를 괴롭히는 재미없는 것'으로 여기는 순간 아이는 무의식적으로 두뇌의 자극을 거부하고, 이는 결과적으로 초등 6년 동안 가장 주력해야 할 공부지능의 발달을 저해할 것이다.

Chapter.02

'뇌'를 알면 공부지능이 보인다

 뇌는 환경에 따라 끊임없이 변한다

공부지능은 분명 타고나는 부분이 있다. 그럼에도 후천적인 노력으로 충분히 공부지능을 올릴 수 있다고 말하는 근거는 바로 '뇌가소성'에 있다. 뇌가소성이란 뇌는 성장을 다하면 고정불변한 것이 아니라 환경에 따라 끊임없이 변하는 것을 말한다. 즉, 예전에는 뇌를 구성하는 뇌세포가 죽으면 그걸로 끝이라고 생각했지만 최근의 연구 결과에 따르면 학습이나 환경에 따라 뇌세포가 계속 성장하거나 쇠퇴한다는 것이 밝혀졌다.

물론 뇌는 태어날 때부터 이미 생각보다 많은 부분이 완성되어 있다. 뇌에 대해 잘 알지 못하던 과거에는 아이의 뇌를 새하얀 도화지와 같다고 생각하는 사람들이 많았다. 아이의 지능이 타고나기보다 태어난 이후 부모와 환경에 따라 변화한다고 생각한 것이다. 하지만 과학의 발달에 힘입어 뇌의 구조가 알려지면서 아이의 뇌가 하얀 도화지가 아니라 처음부터 많은 것이 채워져 있다는 사실이 밝혀졌다.

인간의 뇌는 '뉴런'이라는 신경세포로 이루어져 있는데, 이 뉴런은 임신 6개월 때부터 만들어지기 시작해 아이가 태어날 때는 1000억 개 가량이 완성된다. 이는 성인과 큰 차이가 나지 않는 개수다. 즉, 신생아의 뇌와 성인의 뇌는 적어도 기본 구조에서만큼은 큰 차이가 없다고 봐야 한다. 결국 아이는 텅 빈 도화지 같은 뇌가 아니라 이미 밑그림이 그려져 있는 도화지 같은 뇌를 가지고 태어난다고 보는 것이 많은 사람의 견해다. 공부지능이 반은 타고난다고 보는 근거도 여기에 있다.

그렇다면 부모의 역할은 무엇일까? 태어날 때 이미 뇌가 꽤 정교한 밑그림을 갖춘 상태라면, 부모가 그저 가만히 지켜보고만 있어도 뇌가 알아서 발달할까? 밑그림이 아무리 정교해도 그 자체가 완성된 그림은 아니다. 태어날 때 뉴런의 개수가 성인과 비슷하다고 해서 태어나자마자 성인처럼 유창하게 말을 하거나 일어나 걸을 수 없는 것과 같다.

뉴런은 뇌를 구성하는 가장 기본적이고 중요한 신경세포지만 뉴런만으로 뇌가 발달하지는 않는다. 뉴런이 뇌의 기본적인 성능을 결정한다면, 세밀하고 치밀한 행동은 뇌에 있는 뉴런들을 이어 주는 시냅스의 수에 따라 결정된다고 할 수 있다.

시냅스는 생후 4개월까지 급속하게 늘어나며, 다양한 경험을 하면 시냅스의 수가 많아진다. 아이가 생후 한 살이 지나면 뇌에서 쓰지 않는 시냅스를 없애기 시작하는데 이를 '가지치기'라고 한다. 시냅스가 많을수록 뇌가 할 수 있는 능력도 높아지는 것은 사실이지만 시냅스 수가 줄어든다고 해서 부정적으로만 볼 것은 아니다.

가지치기는 시냅스를 만드는 일만큼이나 중요하다. 쓰지 않는 시냅스를 버리는 일은 아이의 뇌가 중요한 내용과 그렇지 않은 내용을 구분해서 선택한다는 뜻이다. 컴퓨터와 달리 뇌는 환경에서 중요한 것을 골라 스스로 발전하고 변화한다.

결국 뇌는 비교적 정교한 밑그림이 그려져 있는 도화지와도 같지만 그 밑그림을 어떻게 발전시키는가에 따라 결과는 크게 달라질 수 있다. 그래서 부모의 역할이 중요하다. 적절한 시기에 다양한 경험을 통해 자극을 주면 아이의 뇌는 좋은 방향으로 눈부시게 발전할 것이다. 반대로 꼭 필요한 시기에 제대로 좋은 자극을 주지 않으면 아이는 밑그림 단계에서 머물 수도 있다. 자극을 받더라도 스트레스나 상처와 같은 부정적인 자극을 받으면 EQ에 치명적인 문제가 생기기도 한다.

뇌가소성을 이해한다면 반복과 강화를 통해서 뇌가 활성화된다는 것을 알게 된다. 수학에서의 연산, 어휘 학습, 암기 훈련 등이 뇌를 효과적으로 발달시키는 것도 이 때문이다. 즉, 반복하기 좋은 교육이 빨리 그리고 효과적으로 지능을 발달시킨다.

사고력 수학을 하면 머리가 좋아진다는 얘기를 많이 하는데, 그

것은 중학교 이상인 아이들에게나 가능한 얘기다. 적어도 초등학교 때까지는 뇌를 발달시키는 데 사고력 수학보다는 연산이 효과적이다. 언어도 마찬가지다. 초등학교 때까지는 단어를 많이 외우는 것이 지능을 개발하는 데 도움이 된다. 글쓰기와 같이 표현하는 훈련은 중고등학교 이후에 하는 것이 좋다. 그런 관점에서 본다면 논술 교육 역시 중학교 이후에 하는 편이 더 효과적이다.

이처럼 아이의 뇌는 어떤 자극을 주느냐에 따라 얼마든지 발달할 수 있다. 뇌가소성을 이해하고 적기에 적절한 자극을 줄 수 있도록 부모가 도움을 주어야 한다.

 공부지능의 사령탑, 뇌의 구조

공부지능을 발달시키기 위해서는 뇌부터 제대로 이해해야 한다. 뇌는 우리 몸을 움직이고, 다양한 감정을 느끼게 하고, 지식을 받아들이고, 사고할 수 있게 만들어주는 사령탑과도 같다. 뇌에 대해 잘 몰랐을 때는 사고하고 판단하고 학습하는 기능은 머리로 하고, 감정을 느끼고 공감하는 기능은 마음으로 한다고 생각했다. 하지만 과학이 발달하면서 뇌가 이성적인 역할은 물론 감정적인 역할까지 모두 관장하고 있다는 것이 밝혀졌다. 이는 공부지능의 비밀 역시 뇌의 신비와 연결되어 있다는 것을 방증한다.

우선 뇌의 구조부터 살펴보자. 뇌는 크게 대뇌, 변연계, 소뇌, 뇌

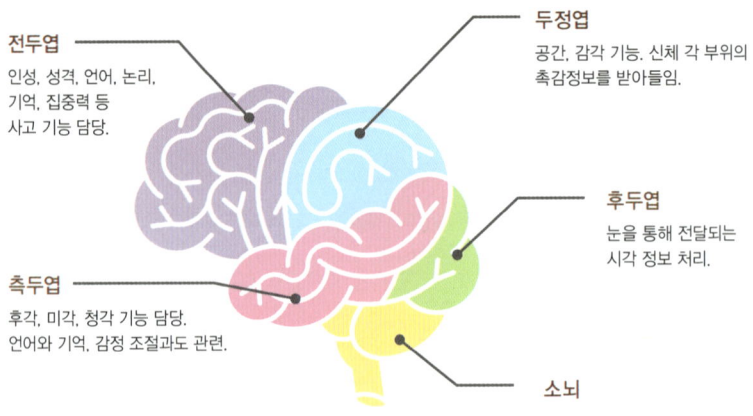

뇌 세로 단면도

간 등으로 구성되어 있다. 뇌간은 호흡, 혈압 조절, 체온 조절, 심장 박동 등 생명을 유지하는 데 꼭 필요한 기능을 담당한다. 뇌간은 생명을 주관하는 부분인 만큼 태어날 때 이미 완성되어 있다. 소뇌는 우리 몸의 균형과 움직임을 조절하는 역할을 한다.

공부지능과 밀접한 관련이 있는 영역은 변연계와 대뇌다. 변연계는 '중뇌'라고도 불리는데 주로 감정을 다스리고, 기억을 주관하며 호르몬을 조절한다. 기쁨, 즐거움, 분노, 슬픔 등의 감정뿐만 아니라 식욕과 성욕 등 인간의 기본적인 욕구도 변연계가 처리한다. 그래서 변연계를 '감정의 뇌'라고도 부른다.

마지막으로 뇌의 가장 넓은 영역을 차지하는 것이 대뇌다. 운동, 감각, 언어, 기억 및 고도의 정신 기능을 수행하는 중요한 뇌다. 대뇌를 감싸고 있는 쭈글쭈글한 회색 거죽을 '대뇌피질'이라고 하는데, 이 대뇌피질이 바로 뇌의 핵심이다. 대뇌피질에는 어마어마한 수의 신경세포가 있어서 머리가 좋아지려면 대뇌피질을 고루 잘 발달시켜야 한다. 대뇌피질은 역할에 따라 크게 전두엽, 두정엽, 측두엽, 후두엽으로 나눌 수 있다. 전두엽은 대뇌피질의 가장 앞쪽 부분으로 소위 '생각의 뇌', '이성의 뇌'라고도 부른다. 전두엽 중에서도 가장 앞부분인 전전두엽은 생각하고 판단, 추리, 유추 등과 같은 고차원적인 사고를 할 수 있게 해주고, 몸의 움직임을 조절해주는 영역이다. ADHD와 같은 주의력이 부족해지는 정신적 장애는 전두엽에 문제가 있을 때 주로 발생한다. 또한 전두엽은 인성, 성격, 자아를 담당하기도 한다.

전두엽 뒤쪽에 자리잡은 두정엽은 촉감 정보를 담당한다. 우리가 얼음을 만졌을 때 차갑다고 느끼거나, 불 근처에 갔을 때 뜨겁다고 느끼는 것은 두정엽이 있어서 가능하다. 두정엽은 단순히 촉감 정보를 받아들이는 것을 넘어 공간지각, 인식, 이해를 담당한다. 전두엽 못지않게 공부를 하는 데 중요한 역할을 하는 부위다.

측두엽은 우리의 양쪽 귀 주변에 넓게 퍼져 있는 부위다. 측두엽의 대표 능력은 언어능력과 청각 정보를 처리하는 능력이다. 언어를 포함한 모든 소리를 듣고 처리하는 게 측두엽이 하는 일이다. 그 외에도 후각, 미각 기능을 담당하고 있다. 또, 어떤 감각을 기억해 두었다가 그 감각이 들어올 때 반사적인 행동을 하게 만들기도 한다.

마지막으로 가장 뒤쪽의 후두엽은 사람의 시각을 담당한다. 후두엽이 손상되면 눈에 문제가 없어도 들어오는 시각 정보를 처리하지 못해 앞을 볼 수 없게 된다.

이처럼 뇌는 다양한 영역으로 구성되어 있고, 각 영역별로 하는 일이 다르다. 뇌의 구조를 살펴보면 공부지능을 구성하는 IQ, EQ, 집중력, 창의력이 뇌의 어느 부분과 특히 더 관련이 많은지를 알 수 있다. 각 영역별로 발달 시기가 다르므로 시기별로 해당 뇌 영역이 활성화될 수 있도록 적절한 자극을 주면 공부지능을 높이는 데 도움이 된다.

Chapter.03 공부지능의 영역별 적기는 다르다

 공부지능을 어떻게 발달시킬까?

공부지능을 개발하려면 뇌를 반복적으로 자극해 뇌의 기본 단위인 뉴런과 뉴런을 연결해주는 시냅스를 활성화시켜야 한다. 하지만 뇌는 동시에 여러 기능이 발달하지 않는다. 즉, 아이의 언어능력, 사회성, 정서지능, 집중력, 감정표현능력 등이 전부 동시에 발달하는 것이 아니라 순차적으로 발달한다. 이는 뇌가 영역별로 서로 다른 기능을 담당하고, 각 영역이 집중적으로 발달하는 시기가 다르기 때문에 그렇다.

뇌가 한꺼번에 발달하지 않고, 순차적으로 발달한다는 것은 이미 많은 연구에서 입증되었다. 특히 공부지능 중 가장 큰 비중을 차지하는 IQ에 대한 연구가 많이 이루어졌는데, 그중에서 많은 사람이 공감하고, 아이들을 교육할 때 자주 참조하는 내용이 '피아제의 인지발달 이론'이다.

스위스의 심리학자인 피아제는 아이의 지능을 검사하면서 새로운 환경에 적응할 수 있는 정신적 성숙, 다시 말해 아이의 인지발달이 한꺼번에 일어나는 것이 아니라 일정한 단계를 거쳐 순서대로 발생한다는 연구 결과를 발표했다.

피아제가 정리한 인지발달 단계는 크게 감각운동기, 전조작기, 구체적 조작기, 형식적 조작기로 구분된다. 감각운동기는 0~2세, 전조작기는 2~7세, 구체적 조작기는 6~7세경부터 11~12세, 마지막으로 형식적 조작기는 11~12세부터 성인기 초기까지에 해당한다. 각 단계별로 주로 발달하는 인지능력이 다른데, 이는 뇌가 발달하는 과정과 거의 일치한다.

반면 공부지능을 구성하는 또 다른 핵심 요소 EQ의 발달 단계에 대한 연구는 상대적으로 미흡한 편이다. EQ가 성인이 된 이후에도 오랜 기간을 두고 발달할 수 있는 지능이기도 하고, EQ라는 개념이 1990년 미국 예일대 심리학 교수인 피터 샐로비와 뉴햄프셔대 존 메이어 교수에 의해 처음 정의되었기 때문에 충분한 연구를 할 시간이 부족했기 때문이다.

하지만 EQ 역시 큰 틀에서 보면 순차적으로 발달한다. 아이는 태어난 후 처음부터 세상에 존재하는 모든 감정을 느끼는 것이 아니라 여러 가지 상황을 경험하면서 다양한 감정을 느끼고 이해한다. 또한 동생이 태어나거나 유치원에서 또래와 어울리면서 사회성을 키우고, 다른 사람의 마음을 살피기도 한다. 이처럼 성장하면서 자연스럽게 EQ 또한 발달할 수 있지만 아이 혼자서는 어렵다. 아이들의 EQ는 부모가 어떻게 도와주느냐에 따라 큰 차이가 난다.

뇌와 공부지능은 기본적으로 각 영역별로 발달하는 시기가 다르지만 각 영역이 비슷한 시기에 한꺼번에 골고루 발달하기도 한다. 여기서는 피아제의 인지발달 단계를 기준으로 각 단계별로 인지능력뿐만 아니라 EQ, 집중력, 창의력 등의 공부지능이 어떻게 발달하는지를 정리해보았다.

한 가지 주의할 점은 모든 아이들이 피아제의 4단계에 완벽히 일치하지는 않는다는 것이다. 나는 직접 아이들을 가르치면서 자신이 속한 단계에서 할 수 있는 일을 하지 못하거나 배우는 것이 느린 아이, 반대로 훨씬 빨리 배우는 아이를 모두 보았다. 이는 생체연령과 정신연령이 달라 생기는 문제다.

이런 아이들은 인지발달 단계에서 예외적인 아이들로, 선생님과 부모가 면밀한 관찰을 통해 아이가 어떤 단계에 속해 있는지 확인해야 한다. 그런 다음 아이의 단계에 맞는 교육을 해야 인지능력을 발달시키고, 더 나아가 공부지능까지 연결해 개발시킬 수 있다.

 감각운동기(0~2세) : IQ와 EQ, 신체능력 고루 발달

감각운동기는 피아제 인지발달의 첫 단계로 0~2세까지가 여기에 해당한다. 이 시기는 뇌가 가장 빠르고 활발하게 발달하는 시기다. 전두엽, 두정엽, 측두엽 등 뇌의 전 영역이 고루 발달하면서 IQ와 EQ의 바탕이 형성되기 시작하는 때이기도 하다. IQ와 EQ는 물론 신체능력도 골고루 발달한다. 이처럼 0~2세까지는 뇌의 어느 한 부분만 발달하는 것이 아니므로 공부지능 전 영역이 고루 발달할 수 있게 도와주어야 한다.

가장 좋은 방법은 오감을 자극해 주는 것이다. 이 시기에 일찌감치 한글을 가르치는 부모들도 많은데, 그림책을 보여만 주기보다는 읽어주거나 책을 직접 만져보게 하는 등 오감을 모두 활용하면 IQ과 EQ를 동시에 발달시킬 수 있다.

특히 생후 18개월 전까지는 신체를 많이 사용하는 체험을 통해 다양한 감각을 경험하도록 해주는 것이 좋다. 감각 기관이 활발하게 발달하는 시기이기도 하고, 다양한 감각을 체험하는 것이 뇌의 발달에 큰 도움이 되기 때문이다. 아이가 물건이나 음식을 빨고, 만지고, 던지는 것을 방해하지 말고, 위험하지 않은 이상 적극적으로 도와주면 아이의 소근육이 성장하고 감각을 사용하는 방법을 쉽게 배울 수 있을 것이다.

이 단계에서는 우선 새로운 환경에서 단순한 반사를 한다. 신생아가 입술에 닿는 것은 무엇이든 빨아대는 '빨기 반사'가 대표적이다. 이미 이 단계의 신생아들도 그들의 반사를 도식화한다. 즉 신생아들이 머리와 입술을 동시에 움직여서 움직임이 엉키지 않도록 행동의 과정을 정한다는 뜻이다. 신생아들은 젖꼭지나 입안에 닿은 물체의 크기에 맞추어서 빨기 반사를 조절하기도 하며, 젖을 찾기 위해 머리와 입술의 움직임을 조정하고, 심지어 젖병이 입에 닿기 직전에 미리 이를 예측하여 입을 벌리는 행동을 보이기도 한다.

이 반사적으로 한 행동을 계속 반복해서 완벽히 익숙해지면 이것을 기초로 의도적으로 다른 행동을 할 수 있게 된다. 다른 행동에까지 익숙해진 다음에는 스스로 다양한 행동을 해서 어떤 결과가 나오는지 확인해 보려고 한다.

이렇게 발달한 아이는 대상 영속성 개념을 가진다. 자기 자신을 포함한 모든 사물이 눈에 보이지 않아도, 사라지지 않고 존재하고 있다는 사실을 인지하는 것이다. 예를 들어서, 엄마가 아이 앞에서 손으로 얼굴을 가리면 아이는 두리번거리면서 엄마를 찾는다. 그러다가 엄마가 손을 치우면 엄마가 갑자기 나타난 것으로 생각하고 재미있어하는 반응을 보인다. 이때는 대상 영속성이 아직 발달하지 않아서 엄마의 얼굴이 손으로 가려져도 존재하고 있다는 사실을 깨닫지 못하는 것이다.

무엇보다 감각운동기에는 아이를 많이 안아주고 사랑해 주어야 하는데, 이를 심리학 용어로 '애착'이라고 한다. 엄마가 아이를 보고 행복해하고, 아이가 웃으면 함께 웃고, 엄마의 체온을 느끼게 하는 행동은 훗날 아이의 언어능력과 정서적 안정, 대인 관계에 긍정적인 영향을 미친다. 모유를 먹고 자란 아이가 분유를 먹고 자란 아이보다 지능이 높다는 연구 결과가 많은데, 이는 모유와 분유의 성분 차이보다는 엄마와의 신체적 접촉을 통한 안정감 때문이라고 보는 것이 타당하다. 따라서 분유를 먹이더라도 아이를 품에 꼭 안고 눈을 맞추면서 충분한 교감을 나누면, 모유를 먹은 아이들 못지않게 지능이 발달할 수 있다.

부모뿐만 아니라 가족 구성원 모두가 아이에게 아낌없는 사랑을 주고, 가능한 많은 시간을 함께하는 것이 무엇보다 중요하다. 여러 사람과 교감하면서 언어를 배우고 다양한 종류의 시각적, 청각적 자극을 통해서 사회성을 배울 수 있기 때문이다. IQ는 물론 EQ가 동시에 발달하는 셈이다.

뇌는 심리적으로 안정된 상태에서 발달한다. 긴장이 심하면 뇌가 쪼그라들어 활성화하기 힘들다. 따라서 아이들의 심리 상태를 편하게 만드는 환경을 조성해야 한다. 그럴수록 뇌가 편해져서 정서적으로는 물론 인지능력을 발달시키는 데도 큰 도움이 된다.

 전조작기(2~7세) : 언어가 집중적으로 발달하는 시기

피아제의 인지발달 두 번째 단계인 전조작기는 약 2~7세에 해당하는 시기다. 뇌의 발달 측면에서 보면 측두엽과 후두엽이 가장 활발하게 발달하는 시기이기도 하다. 앞서 말했듯이 측두엽은 언어능력을 담당하고 후두엽은 시각 정보처리를 담당한다. 즉 언어능력이 폭발적으로 늘어나는 시기여서 이때 다양한 언어를 반복적으로 접하게 도와주면 아이가 빠르고 쉽게 언어를 배울 수 있다.

부모의 관심과 사랑은 전조작기에 들어선 이후에도 여전히 IQ와 EQ를 동시에 개발하는 데 큰 영향을 미친다. 아이가 본격적으로 말을 배울 때 부모가 아이들에게 말을 자주 걸고 아이가 하는 말을 귀 기울여 듣고 반응하면, 아이의 언어능력이 발달하는 것뿐만 아니라 자존감도 높아진다. 부모의 사랑과 관심을 충분히 받고 있다는 느낌이 아이로 하여금 긍정적인 자아를 갖게 한다.

측두엽과 함께 시각 정보를 담당하는 후두엽도 활발하게 발달하므로 다양한 시각 자료를 활용하는 것이 좋다. 예를 들어 말을 가르칠 때 동물 그림을 활용하면 훨씬 빨리 언어를 익힐 수 있고, 측두엽과 후두엽이 자극을 받아 더욱 발달할 수 있다.

동화책 읽어주기도 언어능력을 개발하는 데 도움이 된다. 특히 엄마가 읽어주는 것이 좋은데, 이는 아이가 엄마의 목소리에서 심리적 안정을 느끼기 때문이다.

전조작기는 2~4세의 '전개념적 사고 단계'와 4~7세의 '직관적 사고 단계'로 나뉜다. 4세 이전의 아이들에게 "토끼가 무엇인지 아니?" 하고 물으면 대부분 '털이 하얘요', '귀가 길어요' 등 토끼의 모습을 묘사하는 대답을 하지, '토끼는 동물의 한 종류예요' 같이 토끼의 개념을 언어적으로 말하는 것은 어려워한다. 이 무렵 아이들은 보통 눈으로 확인할 수 있는 이미지에 집중하는 전개념적 사고를 하기 때문이다. 전개념적 사고 단계에서는 시각적인 교구나 책이 지능 발달에 효과적이고, 4~7세의 직관적 사고 단계에서는 일정한 줄거리를 담고 있는 책들이 도움이 된다. 만일 우리 아이가 4세인데 전

개념적 사고를 넘어 6세의 직관적 사고를 한다면 신체연령은 4세지만 정신연령은 6세라고 볼 수 있으므로 6세에 맞는 지적 자극을 주어야 한다. 그래서 부모의 세심한 관찰을 통해 정신연령에 맞는 훈련을 시키는 것이 중요하다. 시중에는 많은 종류의 시각적 자극을 줄 수 있는 책과 교구재 등이 있다. 이를 적극 활용하면 공간지각 능력, 집중력, 단기기억력 등의 동작성 지능이 효과적으로 발달한다. 가베, 팩토, 오르다 등이 대표적인 교구다.

아이들을 위한 동화책도 난이도에 따라 수준을 분류한 것을 선택하면 보다 효과적으로 언어성을 발달시킬 수 있다. 미국에서는 아동 도서의 난이도를 매우 정밀하게 분류한다. 책에 쓰인 내용과 단어의 난이도, 문장의 길이 등을 기준으로 평가하여 아이의 영어 독서 능력 수준을 측정할 수 있는 '렉사일 지수', 'AR지수', 'RL지수' 등으로 구분한다. 특히 미국의 아동 전문 출판사 스콜라틱스의 책은 지수에 맞게 난이도를 높여 가며 읽히면 언어성을 키워주는 데 매우 효과적이다. 우리나라에서는 이런 지수를 사용하지 않지만 아동 전문 출판사인 교원이 발달 단계와 읽기 수준에 따라 분류한 책들을 출간하고 있다. 같은 제목의 동화책이더라도 5세, 7세, 10세 연령별 눈높이에 맞춰 재구성하였는데, 이는 책의 난이도를 고려하였다는 뜻이다. 아이에게 읽어줄 책을 선정할 때도 아이의 신체연령이 아닌 정신연령에 맞는 책을 골라주는 것이 좋다.

구체적 조작기(6~12세) : IQ 전 영역과 집중력 발달 시기

구체적 조작기는 6~7세부터 11~12세까지, 일반적으로 초등학교 6년이 바로 이 시기에 속한다. 또 '생각하는 뇌'라고 불리는 전두엽과 전두엽 중에서도 가장 앞부분에 있는 전전두엽이 활발하게 발달하는 시기다. 공부지능 중 많은 비중을 차지하는 IQ와 EQ는 이 전전두엽, 전두엽과 밀접한 관련이 있다. 초등학교 6년이 공부지능을 개발하는 최적의 시기라고 말한 것도 이 때문이다. 공부지능의 부가적인 요소인 집중력도 만 6세 이후부터 발달하기 시작한다.

이 시기 아이들은 인지적, 논리적인 면에서 매우 극적인 변화를 겪는다. 전 단계에서 이해하지 못했던 '형태가 변해도 양과 부피는 보존된다'는 사실을 이해한다. 따라서 아이들은 눈에 보이는 사물의 특징을 넘어서 물체들을 색깔과 형태에 따라 상위 항목과 하위 항목으로 분류할 수 있다. 크기나 무게에 따라 순서대로 배열할 수 있으며 논리적인 추론도 가능하다. 하지만 이 시기 아이들의 논리적 사고는 자신의 경험과 많이 관련되어 있어서 성인처럼 추상적인 내용을 추리하지는 못한다. 만약 신체연령이 5세인데도 논리적인 추론을 할 수 있다면 그 아이의 정신연령은 5세가 아니다. 구체적 조작기에 이미 도달하였기 때문에 그 때에 맞는 교육을 시켜야 적기 교육인 것이다.

10세 이상인 아이의 뇌는 반복적인 행동을 했을 때 시냅스가 발달하고 정교해지기 때문에 이 시기에는 특히 적기를 잘 생각해서 다양한 체험을 하도록 도와주어야 한다. 나는 특히 이 시기에 수학과 국어 교육이 중요하다고 강조한다. 수학과 국어 공부를 통해서 구체적 조작기의 뇌를 매우 정교하게 발달시킬 수 있다.

단, 구체적 조작기에는 생체연령과 정신연령을 동일시하지 않도록 조심해야 한다. 전조작기까지는 생체연령과 정신연령의 차이가 크지 않다. 하지만 구체적 조작기에 접어들면 뇌의 기능이 폭발적으로 개발되어 같은 나이라도 정신연령이 크게 차이 날 수 있다. 아이의 생체연령은 8세지만 정신연령은 다를 수 있으므로 내 아이의 정신연령이 몇 세인지를 찾아내는 일도 부모의 가장 중요한 역할 중 하나다. 난이도에 따라 분류된 교재나 교구 중에서 아이가 다소 힘들어하는 부분을 찾거나 정기적인 지능검사를 통해 아이의 정신연령을 파악하는 것이 좋다. 만일 아이의 수준보다 쉬운 책을 반복해서 읽어준다면 적기에 지능이 발달할 수 있는 기회를 놓치게 된다.

나는 연구소에서 초등학생들을 가르칠 때, 공부지능의 발달을 돕기 위해 독일에서 개발된 '루크'를 사용한다. 이 프로그램은 언어성과 동작성, 집중력을 골고루 개발할 수 있는 뇌 과학에 기반을 둔 프로그램이다. 연산력과 작업기억력을 발달시키기 위해서는 서울교대 배종수 교수가 개발한 18단계로 이루어진 '머리셈 교재'를 함께 활용한다. 기억력과 집중력을 함께 키워주기 위해 뇌가소성 이론을 근간으로 개발된 '브레인 HQ 프로그램'도 사용한다.

다시 강조하지만 구체적 조작기는 아이들의 지능이 매우 급속도로 발달하는 시기다. 이때 얼마만큼 지능을 발달시키느냐에 따라 이후 추상적이고 고차원적인 사고가 얼마나 가능하느냐가 판가름 나기 때문에 그 어느 때보다도 집중적으로 지능을 개발해야 한다. 구체적 조작기에 해당하는 약 6~9년 동안 그때그때 적기에 맞는 책, 교구, 교재 등을 활용하면 유전적으로 타고난 지능을 강화하거나 부족한 부분을 충분히 보완할 수 있다.

형식적 조작기(11~18세) : 논리적 추리력 발달 시기

형식적 조작기는 피아제 인지발달의 마지막 단계로, 11~12세경부터 성인기 초기까지 계속된다. 사춘기에 접어들면서 아이들의 사고는 성인들처럼 발달하는데, 가장 대표적인 특징이 추상적인 내용으로 논리적인 추리를 할 수 있다는 점이다. 이때부터는 '여기, 그리고 지금'의 상황뿐만 아니라 그 이상의 '가능성'을 생각할 수 있다.

한 아이가 울고 있다고 가정해 보자. 이 상황을 보고 구체적 조작기의 아이는 '나도 예전에 넘어져 운 적이 있어. 아마 저 아이도 넘어져서 우는 걸 거야'라고 생각한다. 반면 형식적 조작기의 아이는 '배를 잡고 우는 것을 보니 배가 아픈가 봐', '큰 아이가 들고 있는 장난감을 보면서 우는 것을 보니 장난감을 빼앗겼을 거야' 등 자신의 경험과 상관없는 추리도 할 수 있다. 형식적 조작기의 아이는 명제를 이해할 수 있어 성인과 크게 다르지 않은 인지능력을 갖췄다고 볼 수 있다. 이 시기 역시 생체연령으로 발달단계를 규정해서는 안 된다. 요즘은 특히 생체연령은 구체적 조작기(6~12세)에 해당하는데 정신연령이 형식적 조작기 수준(11~18세)인 아이들이 많다. 피아제가 인지발달 단계를 연구했을 때보다 뇌와 인지능력을 측정할 수 있는 기술이 더 발달하기도 했고, 충분한 영양 공급, 조기교육, 교육기관의 발달, 교수방법의 발달, 교육열 증가로 인해 아이들의 정신연령이 높아지고 있기 때문이다.

언어교육에 있어 독해력과 어휘력을 집중적으로 키우는 공부는 구체적 조작기에 맞는 학습이고, 논리적으로 표현하는 공부는 형식적 조작기에 하는 것이 좋다. 수학에서도 11세까지는 연산이나 계통 수학 개념 위주의 공부가 수학적 사고력과 지능 개발에 도움이 되고, 사고력 수학이나 문제해결력을 요구하는 심화 문제는 고학년이 되어서 접근하는 것이 훨씬 효과적이다.

그런데 종종 초등학교 3학년 아이가 심화 문제를 풀고 사고력 수학을 재미있어하는 경우가 있다. 이런 아이의 지능을 검사해 보면 상위 2퍼센트 이내인 경우가 많은데, 이는 정신연령으로 보면 6학년 수준인 셈이다. 이 아이의 경우 신체연령은 구체적 조작기이지만 정신연령은 형식적 조작기이기 때문에 사고력 수학을 공부해도 적기 교육이라 할 수 있다. 하지만 정신연령이 형식적 조작기에 미치지 않는 아이들이 심화 문제와 사고력 수학을 한다면 별 효과가 없는 수준의 학습이 되고 만다.

이처럼 생체연령과 정신연령이 다른 경우가 많으므로 생체연령의 기준에 연연해하지 말고 정신연령을 기준으로 내 아이에게 맞는 수준의 교육을 시키는 것이 바람직하다. 그래야 뇌를 최대한 발달시켜 공부지능을 최대치로 끌어올릴 수 있다.

TIP

발이 큰 아이가 수학을 잘한다?

한 연구팀에서 100명의 아이들을 모아 놓고 수학 문제를 풀게 하였더니 발이 클수록 성적이 높았다. 왜 이런 현상이 일어났을까? 도대체 발의 크기가 수학과 무슨 연관이 있다는 말인가?

연구팀은 100명의 아이들을 모았을 당시 나이를 물어보지 않았다. 대체로 나이가 많은 아이들이 발이 컸고, 나이가 많으면 어린 아이들보다 상대적으로 지능이 높으니 당연한 결과라고 할 수 있다.

『아웃라이어』의 저자 말콤 글래드웰은 '캐나다 하키를 지배하는 철의 법칙'이라는 챕터에서 최우수 선수들의 명단을 확인한 결과, 1월에 태어난 선수가 가장 많았고 그다음이 2월이었다고 밝혔다. 세 번째는 흥미롭게도 3월생이었고, 1월생은 11월생보다 5배나 많다는 사실도 발견했다. 그런 다음에는 11세와 13세의 올스타팀 선수들을 살펴보았다. 결과는 마찬가지였다. 내셔널 하키 리그의 선수들도 결과는 똑같았다.

자료를 보면 볼수록 그것은 우연한 결과가 아니라 캐나다 하키를 지배하는 철의 법칙이라는 확신이 들었다. 최고 중의 최고로 구성된 어떤 엘리트 하키 선수팀을 선택하더라도 그들의 40퍼센트는 1~3월, 30퍼센트는 4~6월, 20퍼센트는 7~9월, 10퍼센트는 10~12월에 태어났다는 것이다. 로버트 머튼은 이런 현상을 마태복음의 유명한 구절, "무릇 있는 자는 받아 풍족하게 되고 없는 자는 그 있는 것까지 빼앗기리라"를 따서 '마태복음 효과'라고 불렀다.

이는 스포츠뿐만 아니라 학습에서도 나타날 수 있는 현상이다. 초등학교 저학년에서 운동이나 공부를 처음으로 하는 나이에 1월생은 12

월생보다 일 년이나 차이가 난다. 이는 지적인 수행 능력이나 운동 수행 능력에서도 같은 차이가 날 가능성이 높다는 뜻이다. 운동이나 학습에 성취는 사회학자들이 '누적적 이득' 이라고 부르는 것과 같다. 출발 시점에서 작은 차이는 큰 차이를 낳고, 그것은 또 다른 기회를 만들어 결과적으로 더 큰 성취를 이룰 수 있다는 것이다.

예를 들면 한 살이 더 많은 아이는 또래보다 달리기를 잘할 가능성이 더 높다. 만약 이 아이가 체육 시간에 두각을 나타내어 선생님 눈에 띄었다고 가정해 보자. 선생님은 아이를 축구부로 데려올 것이고 그 아이에게는 축구공을 찰 수 있는 기회가 더 많이 생긴다. 친구들로부터는 축구를 잘한다는 평까지 듣기 때문에 더욱더 동기부여가 될 것이다. 결국 이 아이는 나중에 커서 축구선수가 될 가능성이 12월생보다 높다.

공부에서도 마찬가지다. 7세의 IQ 130은 6세의 130과 다르다. 안전히 정확한 것은 아니지만 IQ 10을 대략 한 학년으로 보면 된다. 즉, 6세 IQ가 130이라면 이를 7세를 기준으로 환산했을 때 120정도인 셈이다. 그렇다면 같은 학년이라도 1월생과 12월생은 거의 일 년이나 차이가 나므로 둘의 지능이 모두 130으로 나와도 실제로는 1월생의 지능이 12월생의 지능보다 10점이 더 높다는 것을 의미한다.

그러므로 교실에서 선생님이 문제를 냈을 때 1월생이 발표할 가능성이 더 높고, 선생님은 그 아이에게 칭찬과 같은 동기부여를 할 것이고, 친구들은 그 아이를 공부 잘하는 아이로 인정할 것이다. 단지 시작에서의 작은 유리함이 학년이 올라갈수록 누적적으로 강화되어 학교를 대표하여 수학경시 대회를 나갈 수 있는 기회도 생기게 된다.

지능에 대한 이해가 있다면 교육에서 우리 아이가 받을 누적적 강화 효과를 누리기 위해서 결코 조기에 입학하는 우를 범해선 안 된다. 한 교실에 있는 아이들 간의 지능 편차가 크면 클수록 긍정적 누적 효과가 생길 수 있다. 반대도 가능하다. 지능이 낮은 아이들에게는 흔히 '낙인 효과'라고 부르는 부정적 누적 효과 또한 발생할 수 있다.

학년이 올라갈수록 태어난 달에 따른 지능의 편차는 학습 습관과 환경 등에 의해 줄어든다. 하지만 저학년에서는 아직 많은 양의 학습을 하지 않은 상황이므로 생활 연령에 따른 유전적 지능의 의미가 크다. 그럼에도 불구하고 학급 배치를 '가나다' 순으로 하여 한 학급에 1월생부터 12월생까지 골고루 배치하는 것은 관성적 관료주의의 타성이라고 볼 수밖에 없다. 『아웃라이어』에서 말콤 글래드웰은 엘리자베스 듀이의 말을 인용하여 이렇게 표현했다.

"정말 이해할 수가 없어요. 학년을 나누는 날짜에 따라 아이들을 분류하는 것이 이토록 장기적인 차이를 낳는데 아무도 거기에 신경 쓰지 않잖아요."

말콤 글래드웰은 학급을 나눌 때 학교에서는 초등학교와 중학교에서 1~4월생, 5~8월생, 9~12월생 단위로 끊어서 학급을 운영하는 것이 공정하고 경쟁한 여건을 만들어 줄 수 있는 방안이라고 말했다. 나도 여기에 동의한다. 지능에 대한 이해가 있는 학부모라면 내 아이가 입학하는 학교의 평균 지능 및 학습 정도를 미리 파악하여 얼마만큼 아이를 교육시키고 들어가는 것이 바람직한지를 반드시 파악해야 한다.

Chapter.04

적기 교육에 도움이 되는 좋은 생활습관

 좋은 생활습관은 공부지능과 통한다

　공부지능을 폭발적으로 개발할 수 있는 시기는 초등학교 6년이지만 태어날 때부터 고등학교 때까지, 아니 그보다 훨씬 오랜 시간 동안 개발되는 지능이라 할 수 있다. 정서지능과 관련된 능력 중에는 60대에 정점을 찍는 것들도 있으니 평생에 걸쳐 개발되는 지능이라 해도 무방하다.

　긴 세월 동안 공부지능 영역별로 집중 개발해 주어야 하는 적기는 제각각 다르다. 하지만 공부지능을 개발하는 내내 공통적으로 필요한 것들이 있다. 바로 잘 먹고, 잘 자고, 꾸준히 운동하는 좋은 생활습관이다.

　생활습관이 공부지능과 무슨 상관이 있나 의아할 수도 있지만 꽤 밀접한 관련이 있다. 공부지능을 관장하는 뇌는 균형 있는 영양소 섭취, 충분한 수면 시간, 꾸준한 운동을 통해 그 잠재력이 발휘된다. 그중 잘 먹는 것은 기본 중의 기본이다. 뇌는 우리가 하루에 섭취하는 열량의 약 18퍼센트를 소모할 정도로 신체 기관 중 가장 많은 에너지를 소비한다. 그도 그럴 것이 뇌는 24시간 내내 쉬지 않고 일한다. 잠을 자는 동안에도 우리가 생명을 유지할 수 있도록 뇌간을 풀가동한다. 그렇게 많은 일을 하니 충분한 에너지를 공급받아야 지치지 않고 일을 할 수 있다.

뇌에 에너지를 공급하려면 하루 세끼 규칙적인 식사를 해야 한다. 특히 아침밥은 거르지 않는 편이 좋다. 잠을 자는 동안 뇌는 주 에너지원인 포도당을 다 소모해 아침이면 무척 배고픈 상태가 된다. 밥을 굶으면 기운이 없듯이 뇌도 에너지를 공급받지 못하면 인지능력도 떨어지고 집중력과 주의력도 떨어진다.

좋은 식습관과 더불어 운동과 수면도 공부지능을 개발하는 데 큰 영향을 미친다. 즉, 생활습관은 후천적으로 공부지능을 높여 주는 환경적 요인인 셈이다. 그것도 어느 특정 기간에만 작용하는 요인이 아니라 공부지능 개발 적기 내내 꼭 필요한 요인이다.

 매일 30분만 운동해도 머리가 좋아진다

공부 잘하는 아이들은 운동을 못할 것이라는 편견을 가진 사람들이 많다. 정말 그럴까? 2007년 3월 26일자 미국 시사 주간지 「뉴스위크」에 실린 내용은 이런 편견을 깨기에 충분하다. 일리노이 대학교 찰스 힐먼 박사는 초등학교 3학년과 5학년 259명을 대상으로 체질량을 측정한 뒤 앉은 채 팔 뻗기, 달리기, 팔굽혀펴기와 윗몸일으키기 등의 기초 운동을 시켰다. 이후 아이들의 운동 능력과 일리노이주 학년 표준 시험에서 거둔 그들의 수학, 읽기 성적을 서로 비교했다. 결과는 운동 능력이 뛰어난 아이들이 공부를 더 잘하는 것으로 나타났다. 또한 비만인 아이들은 그렇지 않은 아이들에 비해 성취도가 낮았다.

운동을 하면 뇌 세포에 혈액과 영양이 잘 공급돼 뇌의 신경세포인 뉴런들을 이어 주는 시냅스를 많이 만들어낸다. 시냅스 수의 증가는 그만큼 두뇌의 기능이 발달한다는 것을 의미한다.

또한 운동을 할수록 지적 능력을 향상시키는 향신경성물질이 많이 생긴다. 이 물질이 많을수록 더 많은 양의 지식을 습득할 수 있고, 고차원적인 사고도 가능해진다.

조지아 대학의 운동과학 교수 필 톰포로프스키도 운동이 뇌를 발달시키는 데 중대한 역할을 한다고 주장했다. 운동을 하면 뇌의 전 영역이 두루두루 발달하지만 특히 전두엽에 엄청난 양의 뇌 조직이 성장한다. 그의 주장에 따르면 현재 운동과 지능에 관한 연구는 대부분 노년층에 초점이 맞춰져 있는데, 신체 운동이 뇌에 미치는 효과는 사실 어린아이에게 미치는 효과가 훨씬 더 강력하다. 전두엽은 약 20세가 될 때까지도 개발될 여지가 많이 남아 있으므로 적당량의 운동, 심지어 발야구 시합을 한 차례만 해도 뇌가 효과적으로 발달할 수 있다고 본다.

이런 연구 결과에 따라 미국 켄터키주 상원의원 케이티스타인은 8학년생 우리나라의 중학교 2학년생까지 매일 30분씩 운동하도록 하는 법안을 통과시켰다. 일리노이주 네퍼빌에서는 언어능력이 떨어지는 학생들에게 읽기 수업을 하기 전에 체육 수업을 먼저 했는데, 그 결과 아이들의 성적이 많이 향상되었다. 그 밖에도 운동을 할수록 머리가 좋아진다는 연구 결과가 속속 발표되면서 미국은 체육 수업을 강화해 매일 1시간씩 운동을 시키는 추세다. 미국뿐만 아니라 세계 많은 나라가 체육 수업의 중요성을 인식하고 있다.

공부지능을 개발하는 데 있어 운동은 선택이 아닌 필수다. 많은 부모가 아이가 책상 앞에 앉아 공부만 하기를 원하는데, 정말 아이가 공부를 잘하기 바란다면 매일 조금씩이라도 운동하는 습관을 들일 수 있도록 시간을 주어야 한다. 밖에 나가 30분만이라도 신나게 운동하면 오히려 공부지능이 개발되고 공부도 더 잘할 수 있다.

잘 자는 아이가 공부도 잘한다

내가 고등학교에 다닐 때는 '4당5락'이라는 말이 공공연히 나돌았다. 4시간 자면 합격이고 5시간 자면 떨어진다는 말로, 지금도 여전히 입시를 앞둔 학생들 사이에 떠도는 것 같다.

하지만 잠을 줄여 공부를 잘하겠다는 것만큼 어리석은 일도 없다. 특히 뇌가 활발히 발달하는 시기인 초등학교 6학년 때까지는 잠을 충분히, 잘 자야 한다. 그래야 뇌가 발달하고 공부지능을 효과적으로 개발할 수 있다.

『수면 밸런스』의 저자 한진규 박사에 의하면 수면은 몸의 휴식과 회복, 학습 능력 향상에 많은 영향을 미친다고 한다. 인간이 최고의 능력을 발휘하려면 하루 중 3분의 1에 해당하는 시간은 반드시 잠에 투자해야 하는 것이다.

잠은 몸과 마음의 피로를 풀어주는 동시에 기억력과 집중력을 향상시키는 데 절대적인 역할을 한다. 뇌에 계속 자극을 주면 더 발달할 것 같지만 그렇지가 않다. 인간의 대뇌 신경세포는 일정 시간 이상 계속 자극을 받으면 더 이상 반응하지 않는다. 이 시기를 '불응기'라고 하는데, 이때가 바로 지친 대뇌 신경세포들이 잠시 쉬는 시간이다. 뇌가 스스로 쌓인 피로를 풀기 위한 자구책인 셈이다.

인간의 뇌는 잠을 자는 동안 기억과 학습, 문제해결과 창의력, 비판 능력에 필요한 신경 네트워크를 자극하고 조직하는 데 꼭 필요한 신경전달 물질을 생성한다. 잠을 자는 동안 인간의 뇌는 외부의 자극이 없는 상태에서 낮에 익힌 지식이나 기술 등의 방법을 다시 반복하며 저장한다. 낮에 짧은 시간 동안 기억한 단기 정보들을 잠을 자면서 장기 기억장소로 옮기는 작업을 하는 것이다. 단기 기억을 장기 기억으로 전환하는 것은 꿈을 꾸는 '렘 수면'을 하는 동안 주로 이루어진다.

렘 수면은 몸은 자고 있지만 뇌는 깨어있는 상태이다. 보통 잠이 든 뒤 약 90~120분 사이에 이루어진다. 잠자리에 누우면 서서히 잠이 들어 몸도 뇌도 모두 잠자는 깊은 잠에 빠졌다가 다시 서서히 뇌가 깨면서 렘 수면 상태가 되는 것이다. 잠을 푹 자야 렘 수면도 할 수 있다고 보면 된다. 렘 수면은 하룻밤에 4~7회씩 약 77분 간격으로 나타나고 사람마다 차이는 있으나 2~4회 정도 계속 반복된다. 기억을 잘 저장하고, 감정과 감성을 심리적으로 안정시키는 과정도 이때 일어난다고 한다.

이처럼 잠은 공부지능과도 밀접한 관련이 있다. 실제로 전날 낮에 공부를 한 뒤 밤에 충분히 잠을 자고 시험을 본 학생과, 밤을 새워 공부한 학생을 놓고 비교 분석을 했더니 충분히 잠을 자고 시험을 본 학생의 성적이 훨씬 더 좋게 나왔다.

특히 유아기 때 잠은 성장, 뇌 발육, 면역 기능 그리고 감성을 형성하는 데 매우 중요한 역할을 한다. 키가 작고, 집중력이 떨어지거나 주의력이 산만한 아이들의 약 40~50퍼센트가 수면 장애를 호소한다는 연구 결과가 이러한 사실을 입증한다.

부모들은 대부분 아이가 부산한 행동을 하면 아이 탓으로 돌리며 주의력 결핍 과잉행동장애ADHD가 아닌가 걱정하는데, 이럴 경우 먼저 아이에게 수면 장애가 있는지 살펴보는 게 좋다. 아이가 코를 골거나 입을 벌리고 자면 축농증, 비염, 소아 코골이를 의심해 볼 필요가 있다. 이런 질병이 있으면 잠을 푹 자지 못해 성장호르몬이 잘 분비되지 않는다. 성장호르몬은 깊은 잠을 자는 첫 단계 즉, 잠들고 나서 1시간 정도 지난 뒤에 가장 많이 분비되므로 아이의 숙면을 방해하는 질병을 치료해주는 것이 급선무다. 그래야 키도 잘 크고, 면역력이 좋아지고, 공부지능도 좋아질 수 있다.

올바른 수면 습관을 길러주는 일도 중요하다. 성장호르몬은 밤 10시부터 새벽 2시에 가장 활발하게 분비되므로 아이들이 늦게 자지 않도록 해야 한다. 밤에 늦게 자는 아이들의 수면 습관을 고치기 위해서는 낮에는 가능하면 햇볕을 많이 쬐게 하고, 밤에는 형광등을 끈 뒤 암막 커튼 등으로 빛을 차단해 숙면을 취할 수 있는 환경을 만들어 주는 것이 좋다.

Study Quotient

PART 3

공부지능 개발의 4단계
'발견→반복→강화→실현'

Chapter. 01
'발견'은 부모의 가장 중요한 역할이다

 일찍 발견할수록 유리하다

김연아 선수는 만 5세 때 처음 피겨스케이팅을 시작했다. 계기는 단순했다. 엄마가 다른 사람이 버리려고 했던 스케이트화를 김연아 선수에게 맞을 것 같다며 가져왔고, 언니와 함께 방학 동안 피겨스케이팅을 배울 수 있도록 특강을 신청해 주었다. 특강이 끝나자 엄마는 언니와 김연아 선수를 다시 마스터 과정에 등록했고, 마스터 과정이 끝날 즈음 코치가 엄마에게 말했다.

"연아가 피겨에 재능이 있습니다."

김연아 선수의 재능을 발견하는 순간이었다. 그때부터 김연아 선수는 2010년 밴쿠버 올림픽에서 금메달을 딸 때까지 피나는 노력을 했다. 허리가 틀어지고, 다리가 휠 정도로 혹독한 훈련을 받았다. 어린 나이에 피겨스케이팅을 시작해 친구들과 놀지도 못하고, 혼자서 고독한 훈련을 거듭해야 했다. 김연아 선수의 금메달은 십수 년 동안 흘린 땀과 눈물의 결정체나 다름없다.

만약 김연아 선수가 더 늦은 나이에 피겨스케이팅을 시작했다면 어떻게 되었을까? 재능을 늦게 발견해 만 10세쯤 시작했어도 세계 정상의 자리에 오를 수 있었을까? 타고난 재능이 뛰어나면 조금 늦게 시작해도 충분히 재능을 꽃피울 수 있다. 하지만 늦게 시작했다면 아시아 선수권 대회에서 금메달을 딸 수는 있었어도 세계 선수권 대회에서는 우승하지 못했을지 모른다. 아무리 재능이 뛰어나도 그 재능을 최고의 수준까지 끌어올리는 데는 절대적인 시간이 필요하기 때문이다.

많은 사람이 타고난 부분이 뛰어나면 남들보다 덜 노력해도 높은 수준의 성취를 이룰 수 있을 것이라 착각하는데 그렇지 않다. 밴쿠버 올림픽에서 금메달을 딴 후 2013년 또다시 세계 정상에 오른 김연아 선수의 인터뷰가 의미심장하다.

김연아 선수는 "힘든 훈련을 이겨낸 게 우승으로 이어졌다"고 솔직하게 말했다. 그리고 세계 최고 수준을 달성한 자신의 기량은 타고난 재능 반과 노력 반이 합쳐진 결과라고 자평했다. 그녀는 "타고난 재능이 많아도 노력하지 않는 선수도 있고, 타고난 재능이 적어도 정말 열심히 노력하는 선수도 있다"면서 "나는 타고난 게 절반, 노력이 절반이며 그 타고난 재능을 찾아서 살리기 위해서 열심히 노력하고 있다"고 설명했다. 또 연습을 철저하게 해서 자신감이 생기면 불안하지 않고 실전에서도 실수 없이 잘할 수 있다며 평소 노력의 중요성을 강조하였다.

또 다른 인터뷰에서 김연아 선수는 "어린 시절 같이 훈련하던 아이들과 새로운 동작을 배웠는데, 그들도 열심히 연습하였지만 시간이 지나고 나면 자신이 더 빨리 그 동작을 익히는 것을 보고 자신이 다른 사람들 보다 타고난 재능이 더 뛰어나다고 생각하게 되었다"고 말한 적이 있다. 자신에게 남들보다 뛰어난 재능이 있다는 사실을 알았으면서도 그 누구보다 열심히 노력한 것을 보면, 김연아 선수는 일찌감치 재능과 노력의 중요성에 대해 제대로 파악한 것으로 보인다. 그녀는 후배들을 응원하면서도 "지금 후배들은 나보다 좋은 환경에서 운동하는데 너무 우물 안 개구리처럼 보인다"면서 "때로는 스파르타식 훈련도 필요하다"는 충고도 잊지 않았다. 뛰어난 재능을 타고 났음에도 노력으로 힘든 훈련을 이겨내어 세계 정상에 오른 김연아 선수이기에 그 충고가 더욱 무겁게 느껴진다.

김연아 선수가 올림픽 금메달리스트가 된 것은 뛰어난 재능을 일찍 발견하고 열심히 노력한 삼박자가 맞아떨어졌기에 가능한 일이었다. 이처럼 타고난 능력이 같다면 일찍 발견하여 훈련할수록 더 높은 수준의 성취를 이룰 수 있다. 공부지능을 개발하는 첫 번째 원칙이 '발견'인 것도 이 때문이다. 아이들은 공부지능 영역 중 남들보다 뛰어난 수준으로 타고나는 지능도 있고, 다소 부족한 지능도 있다. 공부지능을 최대한 높이려면 강점 지능을 더 강화하고 약점 지능을 보완해주어야 한다. 특히 강점 지능은 가능한 한 일찍 발견하는 것이 유리하다. 공부지능 영역을 효과적으로 개발할 수 있는 적기 내에서 가능한 일찍 개발을 시작해야 충분한 시간을 두고 체계적으로 공부지능을 높일 수 있기 때문이다.

 부모야말로 가장 뛰어난 전문가

김연아 선수는 코치가 재능을 발견했지만 아주 운이 좋은 경우이다. 보통 아이의 재능을 가장 잘 발견할 수 있는 사람은 늘 가까이서 관심을 갖고 아이를 지켜볼 수 있는 '부모'다. 또한 아이의 재능과 강점 지능을 발견하는 것은 부모가 해야 할 중요한 역할이자 의무이기도 하다.

다만 아이의 재능과 강점 지능을 발견하기 위해서는 부모가 어느 정도 전문성이 있어야 한다. 음악가 부모가 자식을 음악가로 키우고, 운동선수인 부모가 자식을 운동선수로 키우는 경우는 아주 흔하다. 모차르트의 아버지인 레오폴트 모차르트는 음악가였고, 타이거 우즈의 아버지인 얼 우즈도 전문가 수준의 골퍼였다. 부모가 어느 정도 그 분야 전문가였기에 자녀의 능력을 일찍 발견하고 빨리 훈련을 시킬 수 있었다. 그런 덕분에 자녀들이 그 분야 최고가 될 수 있던 것이다. 부모의 유전자를 물려받아 타고난 능력도 우수한데다 일찌감치 훈련을 시작한 것이 핵심이다.

운동을 예로 들어보자. 부모가 운동에 관심이 있고 운동을 잘하는 경우 아이에게도 좋아하는 운동을 배울 수 있는 기회를 제공하고, 그 과정에서 재능을 발견할 수 있다. 타이거 우즈의 아버지도 우즈가 어렸을 때 유아용 골프채를 사주고 함께 골프를 쳤다. 아이의 재능을 발견한 우즈의 아버지는 우즈가 체계적으로 골프를 배울 수 있도록 지원했고, 그 결과 오랫동안 골프 황제로 군림할 수 있었다.

공부에서도 이와 비슷한 현상이 존재한다. 부모가 상속이 아닌 스스로의 노력으로 의사나 변호사, 고위직 공무원, 대기업 임원 등 소위 고소득 직업군에 종사하는 경우도 자신이 열심히 공부해 성공했기 때문에 자녀에게 공부할 수 있는 기회를 주려고 한다. 이런 시도는 상대적으로 더욱 빨리 자녀의 지적 능력을 발견하고 개발하는 데 일조한다. 『인텔리전스』의 저자 니스벳 교수는 경제력이 높은 수준의 가정에서는 좀 더 일찍 자녀에 대한 체계적인 교육을 할 수 있기 때문에 경제력이 열악한 환경의 가정보다 더 일찍감치 지능을 개발할 기회를 가질 수 있다고 본다. 모두가 못 살던 시절에는 우연적 계기 혹은 우연한 동기에 의해서 자녀 스스로가 학습하여 자신의 능력을 개발할 수 있던 것과는 대조된다.

하지만 이 말은 어디까지나 상대적으로 쉽다는 것일뿐 부모가 전문성이 없다고 해서 실망할 필요는 없다. 아이에게 다양한 경험을 할 수 있는 기회를 제공하며 관심 있게 지켜보다 보면, 어떤 부모라도 아이의 재능이나 강점 지능을 발견할 수 있다.

아이의 재능이나 강점 지능을 발견할 때는 있는 그대로의 아이를 보려고 노력하는 것이 중요하다. 많은 부모가 아이들을 과대평가하는 경향이 있다. 다른 아이들보다 노래를 조금 더 잘하는 수준인데, 아이가 가수에 소질이 있다며 흥분한다. 다른 아이들보다 조금 일찍 말을 배웠을 뿐인데, 언어 천재가 탄생했다며 호들갑을 떠는 부모들이 허다하다.

아이에 대한 과대평가는 오히려 '발견'을 방해하는 경우가 많다. 우리 아이는 머리가 좋다는 믿음이 공부지능을 개발해 주어야 할 적기를 놓치게 만들고, 반대로 강점 지능과 약점 지능을 잘못 파악해 헛수고만 하는 경우도 생긴다. 반대로 필요 이상으로 비관적으로 보는 것도 문제다. 아이에게 아무 문제가 없는데도 걱정이 앞서 큰 문제가 있는 것처럼 생각하는 부모들도 많다.

부모는 자식을 가장 잘 알 수 있는 사람이면서 동시에 가장 모르는 사람이기도 하다. 부모의 잣대로 아이를 평가하고, 기대하기 때문에 오히려 다른 사람보다 객관적으로 아이를 보기 어렵다. 학교에서 아이가 말썽을 부려 선생님과 면담을 할 때 부모가 가장 많이 하는 말이 "우리 아이는 그런 아이가 아니에요"라고 한다. 아이에게서 부모가 보고 싶어 하는 모습만 선택적으로 보기 때문에 미처 보지 못한 아이의 모습을 인정하지 못하고 부정하는 것이다.

이런 우를 범하지 않기 위해서는 전문적인 검사를 받아보거나 아이가 재능을 보이는 분야의 전문가를 찾아가 평가를 받아보는 것도 도움이 된다. 부모가 발견한 강점 지능이 다른 아이들에 비해 얼마나 우수한 것인지를 파악할 수도 있고, 부모가 미처 발견하지 못했던 강점 지능을 전문가가 발견할 수도 있기 때문이다.

 발견을 하려면 다양한 자극이 필요

아이들이 성장하는 과정은 비슷하면서도 저마다 다르다. 큰 범주에서 보면 대체적으로 비슷한 발달 과정을 거치지만 아이에 따라 좀 더 빨리 발달하기도 하고, 평균보다 더 늦게 발달하기도 한다. 예를 들어 다른 아이들에 비해 신체발육이 남다른 경우도 있고, 또래보다 음악적으로 민감하게 반응하는 아이들도 있다. 언어적으로 빨리 발달하는 아이가 있는가 하면 숫자를 보고 좋아하는 아이들도 있기 마련이다.

우리 아이가 어떤 부분에 더 빨리 반응하는지 발견하는 일은 아주 중요하다. 빨리 반응하는 영역이 유전적으로 다른 영역에 비해 강점 영역일 가능성이 높기 때문이다. 물론 공부지능을 개발하려면 강점 영역뿐만 아니라 약점 영역까지 관심을 가져야 하지만 시작은 강점 영역부터 하는 것이 좋다. 그래야 아이가 흥미를 느끼고, 조금만 도와줘도 비교적 쉽게 잘 해낸다. 잘하면 더 좋아하게 되고, 좋아하니까 더 잘하게 되는 선순환이 이루어진다.

내 아이가 어느 부분에 빨리 반응하는지를 알려면 다양한 자극을 주어야 한다. 언어 자극, 음악 자극, 그림이나 색종이 같은 시각 자극, 블록이나 야외활동 같은 공간 자극 등 다양한 종류의 자극을 주는 것이 좋다.

다양한 자극을 주는 좋은 방법 중 하나가 책을 읽히는 것이다. 책을 읽을 때는 글자를 단순히 눈으로만 보지 말고 오감을 동원하도록 한다. 눈으로 보고, 입으로 소리를 내고, 귀로 듣고, 손으로 만지는 오감을 동원하면 각각의 감각기관을 통해 뇌에 정보를 전달하면서 좀 더 효과적으로 뇌의 전 영역을 고루 자극시킬 수 있다.

책과 함께 빼놓을 수 없는 도구가 장난감이다. 장난감은 아이의 공부지능을 개발하는 데 아주 중요한 역할을 하는 도구다. 장난감 중에서도 아이 스스로 여러 크기와 모양을 만들어 볼 수 있는 찰흙이나 블록이 좋다. 모든 장난감은 알록달록 색깔이 다양할수록 시각을 더 효과적으로 자극할 수 있다.

도화지에 크레파스나 물감 등으로 그림을 그리거나 피아노 건반을 아무렇게나 두드리는 것도 아이들에게는 아주 좋은 시각적, 청각적 자극이다. 그래서 나는 유아 자녀를 둔 부모들에게는 한글이나 숫자를 가르치는 것만큼 아이들이 피아노를 두들기거나 그림을 그리면서 음악적, 미술적 자극을 줄 것을 권한다.

아이를 화가나 음악가로 키우라는 말이 아니다. 이런 다양한 자극은 뇌를 자극해 아이의 지능을 높여준다. 적어도 아이가 초등학교에 들어가기 전에는 한글이나 숫자 등 너무 많은 양의 학습을 시키는 것보다 놀이를 통한 다양한 자극이 공부지능을 개발하는 데 도움이 된다.

동시에 책이나 숫자를 읽는 활동을 병행하면 더욱 좋다. 과하지 않는 범주 내에서 꾸준히 하면 뇌를 자극하여 언어적 지능과 동작성 지능이 균형 있게 발달한다. 특히 공간지각능력을 포함한 동작성 지능은 나이가 들면 들수록 개발하기가 쉽지 않은 영역이므로 초등학교에 들어가기 전에 충분한 자극을 주는 것이 좋다. 동작성 지능은 책을 읽는 것보다는 야외활동을 많이 하고, 장난감 등을 활용한 다양한 놀이를 할 때 더 효과적으로 발달한다.

동작성 지능은 물론 공부지능을 효과적으로 개발하는 데 도움이 되는 대표적인 교구재 중 하나가 독일의 교육학자 프리드리히 프뢰벨이 만든 '가베'라는 놀이기구다. 프뢰벨은 모든 아이들이 창조적, 구성적 능력을 가지고 태어난다고 보았다. 그래서 사물과 사물 간의 상호관계, 사물과 인간과의 관계를 아이들에게 올바르게 이해시키기 위해 이들의 모양, 색깔, 수를 올바르게 인식시켜야 한다고 생각했다. 또 아이들이 노는 모습을 보고, 아이들의 놀이는 무엇을 만들었다가 곧 부수고, 부수었다가 다시 또 뭔가 만드는 순간적인 행위라는 것을 깨달았다. 프뢰벨은 아이들의 이러한 특성에 맞게 극히 소박하고 기본적인 공과 세모와 네모로 이루어진 기하학적 도구를 만들었는데, 그것이 가베다.

가베는 이미 완성되어 있는 것이 아니라 아이들이 직접 만지고 조합해서 가지고 놀 수 있도록 구성되었다. 아이들은 가베로 자기가 만들려고 생각한 것을 만들었다가 부수고, 다시 만드는 것을 반복하며 새로운 것을 더욱 새롭게 만들어 낸다. 아이들이 자신이 했던 경험과 평소 관찰한 것들을 기억해내는 것이 핵심이다. 주위에서 매일 보고 만졌던 의자, 가구, 집, 건물뿐만 아니라 별 모양, 꽃, 물고기 모양 등 좀 더 조형 감각을 요구하는 것까지 다양한 모양을 조합하며 자신이 체험한 것을 스스로 만들어 볼 수 있다. 이런 과정을 통해 창의력이 발달하고 쌓거나 만드는 놀이를 하면서 높고 낮음, 넓고 좁음, 크고 작음, 많고 적음 등의 수량이나 물건의 성질에 익숙해진다.

또한 가베의 개수를 세면서 아이들은 나중에 초등학교, 중고등학교를 입학해서 배우는 수학의 기초를 자연스럽게 습득한다. 가베를 쌓고 무너뜨리면서 긍정적인 감정과 부정적인 감정을 어떻게 적절히 표현하는지 알게 되면 인내심과 집중력이 발달한다. 직접 가베를 쌓은 모양과 원래 쌓고자 했던 모양을 머릿속에서 비교해 보면서 형태 변별력이 자연스럽게 향상되기도 한다. 또 손과 손가락을 끊임없이 움직이며 가베를 쥐고, 만지작거리는 과정에서 다양한 감각을 접하고 세근육을 발달시킬 수 있다.

이처럼 가베는 IQ, EQ, 집중력, 창의력 등 공부지능 전 영역을 골고루 발달시킬 수 있는 좋은 교구재이다. '손은 제2의 뇌'라는 말이 있다. 가베가 공부지능을 개발하는 데 도움이 되는 이유는 손을 사용해 꾸준히 새로운 것을 만들어내는 놀이도구이기 때문이다. 아이가 가베를 가지고 노는 모습을 보면서 부모는 아이의 강점 영역을 발견하고, 아이는 재미있게 놀면서 공부지능을 개발할 수 있으니 일석이조가 따로 없다.

Chapter. 02

'반복'으로 공부에 자신감 심어주기

 뇌는 반복을 통해 발달한다

뇌를 구성하는 신경세포는 처음부터 다 만들어진 상태로 태어난다. 신경세포의 수는 태어날 때부터 죽을 때까지 큰 변화가 없다는 것이 여러 연구 결과의 공통된 의견이다. 그렇다면 뇌는 어떻게 발달하는 것일까? 뇌를 발달시키는 비밀은 신경세포와 신경세포를 연결하는 시냅스에 있다. 아이가 태어났을 때는 하나의 신경세포에 연결된 시냅스가 약 2,500여 개에 불과하다. 그랬던 시냅스가 생후 6개월쯤 되면 약 1만 8천개로 급증한다.

우리가 무엇을 얼마나 빨리, 얼마나 많이 배울 수 있는지는 모두 뇌가 결정한다. 정확하게 말하면 '뇌의 시냅스'에 의해 좌우된다. 시냅스는 무엇을 경험하는가에 따라 변한다. 어렸을 때부터 다양한 경험을 통해 뇌에 자극을 주어야 하는 이유도 여기에 있다. 경험이 많을수록 시냅스도 다양하게 발달하기 때문이다. 태어나서 시냅스가 충분히 생기기 전까지는 가능한 여러 경험을 통해 새로운 시냅스를 만드는 것이 중요하다. 새로운 경험은 곧 새로운 시냅스의 탄생과 연결된다. 시냅스 수가 많아진다는 것은 그만큼 뇌의 기능이 발달한다는 것을 의미한다.

다양한 자극을 주는 일만큼이나 뇌를 발달시키는 중요한 것이 또 있다. 바로 '반복'이다. 시냅스의 수는 무한정 늘어나는 것이 아니다. 생후 한 살이 지나면서부터는 시냅스의 재정비가 시작된다. 사용하지 않는 시냅스는 없어지고 자주 반복해서 쓰는 시냅스는 더욱 발달한다.

특히 10세가 넘어가면 새로운 시냅스를 만들기보다 이미 만들어진 시냅스를 더욱 정교하게 발달시키는 것이 중요하다. 뇌도 근육과 같아서 쓰면 쓸수록 강해지기 때문에 자꾸 반복해야 발달한다.

자전거 배울 때를 떠올려보자. 처음 탈 때는 서툴러서 제대로 자전거에 앉지도 못한다. 겨우 앉아도 페달을 몇 번 밟지도 못하고 쓰러진다. 하지만 자전거에 올라타고 쓰러지기를 수없이 반복하다 보면 어느새 익숙해진다. 넘어지지 않고 자전거를 탈 수 있게 되고, 나중에는 손잡이를 잡지 않고도 균형을 잡은 채 쌩쌩 달릴 수 있다. 이것이 반복의 힘이다.

뇌도 똑같다. 뇌를 발달시켜 공부지능을 높일 수 있는 궁극적인 방법도 결국은 '반복'이다. 유전적으로 타고난 지능이든, 조금 부족한 지능이든 똑같이 반복을 통해서 개발이 가능하다. 다만, 타고난 강점 지능이 약점 지능에 비해 비교적 쉽게 발달할 수 있다는 점만 다를 뿐이다. 반복하지 않으면 뇌세포가 비활성화하므로 강점 지능이든 약점 지능이든 발달하기가 어렵다.

뇌 중에서도 지능과 가장 밀접한 관련이 있는 영역이 전두엽이다. 지능을 개발한다는 것은 뇌 중에서도 전두엽을 활성화시키는 과정이라 해도 무리가 없다.

아이가 태어나서 유아기를 거쳐 초등학교에 입학할 때쯤 되면, 유전적인 요인과 약 6년 간의 환경적인 요인에 의해 전두엽의 특정 영역이 확정되거나 덜 확정된 상태로 학교에 입학한다. 어렸을 때부터 부모가 뇌에 충분한 자극을 반복적으로 주었다면 지능이 꽤 발달된 상태로 초등학교에 입학할 수 있을 것이다. 하지만 타고난 지능이 좋지 않거나 뇌가 발달할 수 있는 좋은 환경을 제공해주지 못해 아이의 지능이 덜 발달되었다 하더라도 실망할 필요가 없다. 지능은 초등학교에 입학한 이후부터 개발해도 늦지 않다. 이때라도 아이의 강점 지능과 재능을 발견하고 반복해서 훈련하고 강화하면 얼마든지 공부지능이 좋아질 수 있다.

 무조건 반복은 No! 잘 설계된 반복이 필요하다

공부지능은 반복을 통해 발전한다. 하지만 이때의 반복은 무조건 했던 것을 또 하는 단순한 반복이어서는 안 된다. 물론 무조건 열심히 반복하면 조금은 좋아질 수 있다. 숫자를 잘 세지도 못했던 아이가 계속 반복하면 익숙해져 잘 세게 된다. 노래를 못하던 아이도 매일 몇 시간씩 반복해서 연습하면 웬만큼 부를 수도 있을 것이다. 하지만 이런 식의 반복 훈련은 한계가 있다. 부단히 노래를 연습하면 음치는 면할 수 있어도 가수가 되기는 어려운 것과 같다.

『재능은 어떻게 단련되는가?』의 저자인 제프 콜빈은 '인간의 능력은 타고난 것보다 훈련에 의해 최고 수준까지 올라갈 수 있다'고 주장한다. 나 또한 제프 콜빈의 주장에 동의한다. 공부를 잘하려면 타고난 지능도 중요하지만, 후천적인 노력으로 타고난 것보다 훨씬 높은 수준까지 공부지능을 올릴 수 있다는 것을 확신한다.

13세기 자연과학자이자 위대한 스승으로 통하는 로저 베이컨은 수학에 통달하려면 약 30~40년이 걸린다고 말했다. 그때 그가 언급했던 수준의 수학을 지금 수백만 명의 고등학생들이 단 몇 년 안에 배우고 있다. 수학뿐만 아니라 모든 영역이 비슷하다. 1878년 차이콥스키는 자기가 완성한 바이올린 협주곡 악보를 들고 유명한 바이올린 연주자 레오폴드 아우어를 찾아가 초연을 부탁했다. 아우어는 악보를 검토한 뒤 차이콥스키의 제안을 거절했다. 연주가 불가능하다고 생각했기 때문이다. 오늘날 이 곡은 줄리아드 음대를 졸업한 젊은 바이올린 연주자라면 누구나 연주할 수 있다.

예전에는 불가능했던 것이 어떻게 지금은 가능할까? 13세기에는 없던 계산기 덕분에 고등학생만 되어도 수학을 잘하게 된 것일까?

하지만 지금도 특별한 경우를 제외하면 계산기를 사용하지 않고 머리와 손으로 수학 문제를 푼다. 조건이 같은 셈이다. 음악도 그렇다. 예나 지금이나 곡도, 바이올린도 똑같다.

그렇다면 무엇이 인간의 능력을 이토록 발전시킨 것일까? 나는 훈련 방법과 교육 시간이 그 답이라고 생각한다. 많은 사람이 모차르트가 타고난 천재성으로 뛰어난 음악가가 되었다고 오해하지만 그렇지 않다. 물론 모차르트가 타고난 재능을 가졌다는 사실을 부정할 수는 없으나, 그를 세계 최고의 음악가로 만든 궁극적인 비결은 '끝없는 반복'이다. 게다가 앞서 말했듯 음악가였던 아버지로부터 일찍감치 체계적인 교육을 받았기 때문에 가능했다고 본다. 타고난 능력만으로는 높은 수준의 성취를 이루기 어렵다. 개인에 따라 차이가 나기는 하지만 누구나 일정한 시간과 노력을 투자해야 한다. 만약 모차르트가 체계적인 교육을 받지 못하고 무계획적으로 피아노를 쳤다면 어떻게 되었을까? 워낙 천재적인 재능을 타고났기에 역시 뛰어난 음악가가 되었을지 모른다. 하지만 시간이 훨씬 더 많이 걸렸거나 지금처럼 세계적인 음악가는 되지 못했을 가능성이 크다.

수십 년 동안 같은 일을 열심히 하면서도 높은 수준의 성취를 이루지 못하는 사람들이 많다. 공부에 투자하는 시간과 자세만 보면 전교 1등감인데, 시험만 보면 성적이 좋지 않은 아이들도 수두룩하다. 여러 가지 이유가 있겠지만 가장 큰 이유는 '신중하게 계획된 연습'을 하지 않기 때문이다.

무조건 오랜 시간 반복한다고 잘하는 것이 아니다. 제프 콜빈이 말했듯이 인간은 '신중하게 계획된 연습'으로 자신의 능력을 빠르게 발전시킬 수 있다. '신중하게 계획된 연습'이란 '최대의 성과를 내기 위해 특별히 설계된 활동'을 의미한다.

IQ가 130정도였던 학생을 상담하던 중 흥미로운 사실을 발견한 적이 있다. 아이는 일주일에 세 번 수학 학원에 다니고 있었다. 학원에서는 한 학기에 해당하는 내용을 예습시켰는데, 함께 공부하는 친구들 중 그 아이가 가장 좋은 성적을 받는다고 했다. 숙제하는 데 걸리는 시간을 물어보자 아이는 약 2시간이라고 대답했다. 꽤 많은 양의 숙제였다. 다시 "그럼 몇 개나 틀리니?" 하고 물어보았다. 아이는 "다 맞거나 하나 정도 틀려요"라고 말했다.

약 2시간 동안 수학 문제를 푸는데 다 맞거나 하나 정도 틀린다면 아이는 자신의 수준보다 낮은 학원에 다니고 있는 것이다. 일주일에 6시간 수업을 듣고, 6시간 동안 숙제를 한다면 초등학생으로서는 꽤 많은 시간을 수학에 쏟는 셈이다. 하지만 수업 시간에도, 숙제 시간에도 자신의 능력보다 훨씬 낮은 난이도의 문제를 풀고 있어서 아이는 좀처럼 수학에 흥미를 느끼지 못하고 있었다. 나는 아이의 부모에게 좀 더 수준에 맞는 학원을 보내는 편이 좋겠다고 조언했다. 적어도 숙제의 20~30퍼센트는 아이의 수준보다 어려운 난이도의 문제를 끙끙거리며 풀 수 있어야 지능이 발달하기 때문이다.

예를 들어서 2차 함수를 풀 수 있는 아이에게 분수 문제만 내준다면 수학이 재미있을 리가 없다. 아이의 지능을 효과적으로 개발시키려면 잘 설계된 프로그램에 의해 반복해야 한다. 객관적이고 정확하게 아이의 현재 능력을 파악하고, 아이의 수준에 맞게 설계된 프로그램을 제시하고, 한 발 더 나아가 학습을 지도할 수 있는 전문가의 도움을 받으면 그 효과가 배가 될 수 있다.

똑같은 시간을 연습하더라도 전문가로부터 체계적인 교육을 받았을 때와 동네 아는 사람에게 대충 배웠을 때는 결과가 크게 다르다. 공부든, 운동이든, 예술 분야든 혼자 연습해 세계 최고가 된 사람들은 내가 아는 한 없다. 세계 최고의 운동선수도 전문가 코치의 가르침을 받았고, 노벨상을 받은 대학 교수들도 뛰어난 선생님으로부터 지도를 받았다.

전문가는 어떻게 연습해야 하는지 방법을 알려주는 역할만 하는 것이 아니다. 전문가가 아무리 자신의 경험과 지식을 바탕으로 가장 효과적으로 능력을 개발할 수 있는 프로그램을 만들었다고 해도 그대로 따라하지 못하는 경우가 많다. 유명 프로 골퍼가 골프를 잘할 수 있는 훈련 방법을 알려줘도 자세가 잘 안 나오고 연습하다 보면 또 다시 잘못된 자세로 골프를 치게 되기 쉽다. 이럴 때 잘못된 부분을 짚어내 올바르게 연습할 수 있게 도와주는 것도 전문가의 중요한 역할이다.

그렇다고 사교육을 받으라는 말은 아니다. 학교 시스템도 전반적으로 지능이 골고루 발달할 수 있도록 잘 설계된 프로그램이기 때문이다. 다만 지능이 평균 수준을 넘어서거나 모자란 아이들에게는 최적화되어 있지 않을 뿐이다. 그래서 전문가의 도움이 필요할 수 있다. 아이들의 지능과 정신연령이 제각각 다른 만큼 아이들의 상황에 따라 잘 설계된 프로그램은 각각 다르게 적용해야 하기 때문이다.

 일만 시간의 법칙은 공부지능에도 유효하다

'일만 시간의 법칙'이라는 말이 있다. 한 분야에서 최고 전문가가 되려면 최소한 일만 시간은 같은 일을 반복해야 한다는 뜻이다. 일만 시간은 하루에 서너 시간씩 투자한다고 가정할 때 약 10년에 해당한다. 무언가를 반복하기에는 결코 짧지 않은 긴 시간이다.

아이들의 공부지능도 마찬가지다. 끊임없이 반복해야 지능이 발달하고, 그 과정에서 올바른 습관이 생기며 비로소 공부를 잘할 수 있는 공부지능이 완성된다.

문제는 아이들 대부분이 반복을 싫어한다는 점이다. 방송하다 보면 학부모들로부터 "어떻게 하면 우리 아이가 수학에 흥미를 가질 수 있을까요?"라는 질문을 자주 받는다. 다소 냉정하게 들릴 수도 있겠으나, 수학을 싫어하거나 흥미를 느끼지 않는 아이들은 대부분 지능이 높지 않다. 지능과 가장 관계가 높은 과목이 수학이기 때문에 일반적으로 지능이 높은 아이들은 수학을 잘한다. 이 말은 반대의 경우 즉, 수학 공부를 열심히 하면 지능이 개발된다는 뜻이기도 하다. 결국 "나는 수학이 싫어요"라는 아이의 말은 "나는 수학을 못해요"와 같은 말이고, 이는 "나는 머리가 나빠요"라는 의미와도 같으므로 부모의 역할이 중요하다.

흔히 부모들은 아이의 '싫다'는 말을 곧 '흥미가 없다'는 뜻으로 여긴다. 그러나 아이들을 가르치다 보면 그런 생각이 얼마나 큰 착각인지 깨닫게 된다. 아이들은 자신이 잘하는 것을 싫어하지 않는다. 다만 못한다고 말하고 싶지 않아서 싫다고 하는 것뿐이다.

그렇다면 답은 명확하다. 아이가 흥미를 느끼게 하려면 잘하게 도와주면 된다. 수학을 잘하면 자연스레 흥미가 많아지고 지능도 높아진다. 수학을 잘하게 하는 방법은 하나다. 일정한 시간 동안 아이가 할 수 있는 만큼의 수학 문제를 반복하여 풀게 하는 수밖에 없다. 물 바깥에서 아무리 수영하는 모습을 관찰하고 어떻게 하면 수영을 잘할 수 있을지 백날 고민해야 절대 실력이 늘지 않는다. 물을 잔뜩 마시더라도 일단 수영장에 풍덩 빠져 연습을 하고 또 해야 수영을 잘할 수 있다.

한편 IQ가 높은데도 수학을 싫어하는 아이들이 있다. 그런 아이들은 수학을 충분히 접할 수 있는 환경이 조성되지 않았거나 수학보다 훨씬 더 자극적인 게임에 빠져 있을 가능성이 크다. 이런 아이들은 수학을 자주 접하게 해주면 금세 잘하게 된다. 잘하니까 더 좋아하게 되고, 좋아하니까 더욱 잘하게 되는 선순환 고리가 만들어지면서 동시에 공부지능도 높아진다.

모든 수학이 그렇지만 특히 초등학교 때 수학은 반복만으로도 잘할 수 있다. 초등 수학의 가장 기본이 연산인데, 연산은 지능이 낮아도 반복만으로 잘할 수 있는 영역이다. 열심히 반복해 수학을 잘하게 되면 지능이 높아져 좀 더 수준 높은 수학도 잘할 수 있으므로 초등학교 때 수학에 자신감을 갖게 하는 것이 매우 중요하다.

단, 여기서도 무계획적인 반복은 역효과가 날 수 있다. 시중에 판매되는 학습지 중에는 그저 단순한 반복을 되풀이하게 하는 것들이 있는데, 주의해야 한다. 지루한 반복은 연산을 싫어하게 만들고, 이후 수학까지 싫어하게 만들 수도 있기 때문이다.

연산의 경우 오랜 시간을 들여 무조건 많은 문제를 푸는 것이 정답은 아니다. 하루에 단 10분만이라도 집중해서 정확하게, 빨리 풀려고 노력하는 것만으로 충분하다. 연산에서 아이의 정확성과 속도가 향상되는 것을 관찰했다면 과감히 낮은 수준의 연산 학습지는 쓰레기통에 버리고 다음 수준의 연산 교재를 선택해야 한다. 이것이야말로 효과적인 반복이다.

 히딩크처럼 반복하게 한다

반복적인 행위는 무척이나 효율적인 수행을 만들어낸다. 또한 오랜 세월 반복적인 행위를 한 사람만이 더 좋은 방법을 찾아낼 수 있다. 창의성과 가장 반대되는 개념이 반복인 것 같지만, 사실 반복을 통해서 익숙해진 사람만이 더 높은 수준의 성취를 위해 창의적으로 사고할 수 있는 것이다. 아벨상, 필즈상(수학 부문의 노벨상) 수상자 중에 연산을 못하는 수학자는 아무도 없다는 점을 주목해야 한다. 지능개발의 핵심이 반복이고 아이들이 싫어하는 것도 반복이기 때문에 부모들은 딜레마에 빠질 수밖에 없다. 아이의 지능을 개발시키려면 어떻게 해야 할까? 여기서 나는 히딩크의 교훈을 들고 싶다.

히딩크는 2002년 월드컵 4강 신화를 이룬 감독이다. 그가 선수들에게 집요하게 요구했던 것은 '기초 체력 강화'라는 반복 훈련이다. 지루하고도 힘든 반복 훈련을 어떤 작전보다도 중요시 여겼고, 그 결과 월드컵 4강이라는 경이적인 기록을 세울 수 있던 것이다.

아이들은 입에 달면 삼키고 쓰면 뱉는다. 대부분 지루한 반복을 견뎌내지 못한다. 그래서 아이들의 지능이 높지 않고, 수학을 못하며 나아가 공부를 잘하지 못하는 것이다. 힘들더라도 반복을 견디어 내도록 도와주어야 하는데, 그러려면 부모가 히딩크 감독 같은 코치 역할을 해주어야 한다. 히딩크는 선수들이 감당할 수 있을 정도의 약간 어려운 수준의 반복을 시켰다. 마찬가지로 아이들이 약간 숨이 찰 정도의 반복 수준을 찾아주는 것이 핵심이다.

세상에 공짜는 없다. 피아노를 연주하는 아이가 바이엘과 체르니를 수없이 반복하는 것처럼, 미술을 전공하는 화가가 초기에 데생을 수없이 반복하는 것처럼, 국가대표 선수들이 체력 훈련을 수없이 반복하는 것처럼 아이들도 연산이나 수학을 수없이 반복하고, 암기를 하고, 또 해야 한다. 지겨우면 반복하지 않아도 된다고 위로할 수는 있겠지만 반복 없이 공부를 잘한다는 것은 불가능하다.

제프 콜빈은 반복이 재미를 추구하는 일이 아니라고 말한다. 이는 한마디로 '지루하게 보내기 위한 레시피'인 것이다. 잘하는 방법을 이미 알면서 무언가를 하는 것은 즐겁다. 하지만 신중하게 계획된 연습을 통한 반복은 솔직히 재미없다. 연습할 때는 잘하지 못하는 것을 집요하게 찾아내야 한다. 그러다 보면 분명 성과 향상에는 도움이 되지만 수없이 반복해야 할 어려운 과제가 존재한다. 그것을 찾아내야 한다. 연습이 끝난 다음에는 스스로 혹은 타인의 피드백을 통해 아직 미흡한 부분이 어디인지 정확히 찾아내 다시 반복한다. 물론 지루한 반복을 계속 하다 보면 정신적인 에너지는 소모되겠으나 무언가 해냈다는 성취감을 느낄 수 있다. 이런 성취감은 긍정적 자아의 씨앗이 되고, 또다시 반복을 견디어낼 수 있는 원동력으로 작용한다.

제프 콜빈은 동양 아이들이 서양 아이들보다 수학을 잘하고 공부를 잘하는 데는 반복을 견뎌내는 힘이 있기 때문이라고 본다. 그의 말에 따르면 서양 아이들은 개인주의적인 성향이 강해서 대부분이 '나'를 위해 공부한다. 그렇기 때문에 중간에 공부를 포기하더라도 자기 스스로의 결정이 가장 중요하다. 그런데 동양 아이들은 입신양명하여 부모의 이름을 세상에 알리는 것이 공부의 목적인 경우가 많다. 공부를 하는 것도, 시험을 보는 것도 심지어 이를 중단하는 것도 가족과 상의한다. 공부를 포기하려 할 때도 자신만 생각하지 않고 그동안 기대와 지원을 아끼지 않았던 부모와 형제자매를 생각한다. 그러면서 다시 한 번 이를 악물고 공부를 하기 때문에 동양 아이들이 서양 아이들보다 힘든 것을 잘 참고 견딘다고 한다.

누군가의 기대를 저버리기 어려워 반복을 인내하는 일은 썩 바람직하지 않다. 하지만 아무런 목표나 동기 없이 지루한 반복을 견딘다는 것도 힘든 일이다. 이때 부모는 아이에게 무조건 지루한 반복을 강요하기 전에 아이 스스로 반복을 견뎌야 할 동기와 목표를 찾을 수 있게 도와줄 필요가 있다.

아이가 반복을 통해 작은 성취라도 경험할 수 있게 해주는 것도 좋다. 아주 쉬운 문제라도 스스로 풀거나 무언가를 잘했을 때 칭찬과 격려를 해주면 아이는 '나도 할 수 있다'는 자신감을 갖고 긍정적인 자아를 만들어 간다. 그리고 이것이 쌓이고 쌓여 지루한 반복을 견딜 수 있는 힘이 된다.

Chapter. 03
포기하지 않고 도전하게 만드는 '강화'

 참을 수 있을 만큼 난이도를 높여가며 반복하기

연산을 못하던 아이가 연산 문제를 수없이 반복하면 잘할 수 있다. 처음에는 한 문제를 푸는 데 10분씩 걸렸던 것을 보자마자 풀 수 있을 정도로 실력도 향상되고 익숙해진다.

하지만 반복의 목적은 익숙해지는 것이 아니다. 그다음 단계로 넘어가 끝내 아이가 오를 수 있는 최고 단계까지 올라가는 것을 목표로 삼아야 한다. 그래서 '강화'가 필요하다. 강화는 무한한 반복의 결과이다. 반복해서 잘할 수 있어야 다음 단계로 넘어갈 수 있기 때문에 반복과 강화는 대개 한 세트처럼 움직인다. 반복을 할 때는 점차적으로 난이도를 높여야 한다. 문제는 생각보다 내 아이의 공부지능을 효과적으로 개발할 수 있는 난이도가 어느 정도 수준이어야 하는지 판단하기가 어렵다는 점이다. 강화가 잘 이루어지려면 현재 아이의 능력보다 조금 더 어려운 수준이 좋다.

달리기를 예로 들어보자. 달리기를 잘하고 싶어 하면서 천천히 걷는 연습만 한다면 어떨까? 걷기만 반복해서는 달리기 실력이 좋아지기 어렵다. 달리기를 잘하려면 약간 숨이 찰 정도의 속도로 달리는 연습을 해야 한다. 처음 하면 천천히 달려도 숨이 차지만 계속 반복하면 익숙해져서 숨이 차지 않고 편안하게 달릴 수 있다. 이런 식으로 계속 난이도를 조금씩 높여 가며 반복하면, 달리기 실력이 강화되어 마라톤도 거뜬히 완주할 수 있다.

속도를 늘리는 대신 거리를 늘려 가는 것도 방법이다. 처음에는 100미터를 달리기도 힘들지만 100미터 달리기를 계속 반복하면 익숙해진다. 그러면 500미터, 1킬로미터 식으로 거리를 늘려 가며 반복해도 달리기 실력이 강화된다.

'약간 숨이 찰 정도'는 참을만한 정도의 고통을 의미한다. 다음 단계로의 발전은 고통을 동반한다. 근육 운동을 할 때 가볍게 바벨을 몇 번 드는 것으로는 근육이 생기지 않는다. 근육이 찢어질 것 같은 고통을 느낄 정도로 바벨을 반복해서 들거나 무게를 올려야 근육을 만들 수 있다. 실제로 근육은 찢어져야 발달한다. 상처를 입어야 상처 부위에 단백질이 공급되면서 새로운 근육이 생성된다. 이런 과정을 통해 근육이 커지고 질도 좋아지게 된다.

공부지능도 마찬가지다. 뇌가 조금은 힘들 정도로 자극을 주어야 발달한다. 힘들지만 참을 수 있을 정도의 고통이 느껴지는 정도가 적당하다. 실력에 비해 낮은 수준의 학습은 아무리 반복해도 능력이 개발되지 않는다. 반대로 고통이 심하면 견뎌내지 못하고 중도에 포기할 수 있다.

나는 아이들에게 난이도를 제시할 때 그 아이가 타고난 혹은 현재까지 만들어진 공부지능을 기준으로 능력을 판단한다. 공부지능 중에서도 특히 IQ를 중요시한다. IQ가 비교적 객관적으로 아이의 현재 학습 능력을 보여주는 지표이기 때문이다.

영어교육 학자 스티븐 크라센 교수의 'I+1이론'도 반복을 통한 강화와 일맥상통한다. 그는 영어가 무조건 지능이 높은 아이들이 잘하는 것이 아니라 영어를 자주 접하고 반복적으로 연습한 아이들이 잘한다고 말한다. 단, 난이도는 I+10수준이 아니라 I+1수준으로, 현재 수준에서 1정도만 높은 상태에 노출되어야 잘할 수 있다고 강조한다.

현재 수준보다 1정도 높은 수준이 중요한 이유는, 그 정도 수준이어야 도전 의식이 생기고 지속적으로 반복하면서 능력을 더 높은 수준으로 개발할 수 있기 때문이다. 이것이 '승수 효과'다. 승수 효과는 작은 성취에서 작은 차이를 만들어내고, 작은 성공 경험들이 모이고 모여 커다란 성취를 만들어내는 원리다. 작은 성취를 통해 "너는 수학을 참 잘하는구나!", "너는 수영을 잘하는구나!", "너 참 달리기를 잘하는구나!"라는 칭찬을 들으면 아이는 자신감이 붙고, 더 잘하고 싶은 마음이 생기면서 스스로 반복과 강화를 한다. 처음에는 10분 정도 반복하던 것을 30분으로 늘리고, 나중에는 1시간으로 늘리는 것이다. 심리적, 시간적으로 자연스럽게 반복과 강화를 하는 셈이다.

 결과에 대한 끊임없는 피드백이 필요하다

반복을 통해 아이의 공부지능을 효과적으로 강화시키려면 반복한 결과물에 대해 끊임없이 피드백을 해주어야 한다. 나는 학생들을 가르칠 때 수업을 한 뒤에는 스스로 익히는 시간을 주고, 그다음에는 반드시 테스트를 한다. 아이가 오늘 배운 수업 내용을 얼마나 소화하였는지 그 결과를 가장 꼼꼼하게 확인한다. 아웃풋을 올바로 관찰해야만 인풋을 조절할 수 있기 때문이다.

제프 콜빈은 신중하게 계획된 연습을 지속적으로 반복하기 위해서는 선택과 집중이 필요하다고 했다. 흔히 '노력하는 사람은 즐기는 사람을 이길 수 없다'고 하는데 개인적으로 이 말에 동의할 수 없다. 적당히 높은 수준에 오르기를 원한다면 즐기는 것으로도 충분할 수 있지만 최고 수준에 오르기를 원한다면 즐기는 수준으로는 안 된다. 고통을 견뎌야 한다.

공부지능에서 IQ 못지않게 EQ가 큰 비중을 차지하는 것도 이런 이유 때문이다. 타고난 재능과 함께 포기하지 않고 견디는 능력이 중요하다는 말이다. 높은 수준의 완성을 위해서는 이를 감내할 만한 인내력이 필요한데, 이를 위해서는 정서적으로 높은 수준의 동기가 필요하다. 실제로 일이 힘들더라도 동기가 부여된 상태에서 자신의 목적을 위해 일을 할 때는 몰입이라는 과정을 느끼게 된다.

최고 수준에 오르려면 잘하는 것을 더 잘하게 하는 것만으로는 부족하다. 못하는 것을 집요하게 찾아내서 수없이 반복해야 한다. 반복이 끝난 후에는 꼭 얼마만큼 좋아졌는지 살펴보고, 아직도 계속 안 좋은 점이 무엇인지 찾아서 또다시 반복해야 한다.

물론 아이의 약점을 찾아 알려주는 일이 부모 입장에서는 참으로 어렵다. 자칫 아이가 기라도 죽을까 봐 염려되는 것도 사실이다. 그러나 아이가 현재 자신의 학업 성취 수준보다 한 단계 더 높은 수준으로 올라가기를 원한다면 해야 한다. 잘한 것은 잘했다고 충분히 징찬하고 격려해야 하지만 잘 못하고 약한 부분은 가감 없이 확실하게 짚어주어야 한다. 그래야만 아이가 타고난 공부지능을 최대치로 끌어올릴 수 있다.

Chapter.04
의욕의 스위치를 켜주면 '실현'된다

 평범한 아이도 천재로 키우는 '요코미네 교육법'

한 번 들은 곡을 그 자리에서 똑같이 연주하는 아이, 자기 키보다 훨씬 높은 뜀틀을 단번에 뛰어넘는 아이, 세자릿수 암산을 척척 하는 아이. 모두 범상치 않다. 게다가 이 아이들은 초등학교도 들어가지 않은 8세 미만으로 한 지역에 살고 있다. 어느 한두 아이만 이런 뛰어난 능력을 보이는 것이 아니라 그 지역 아이들이 대부분 다 뛰어나다. 바로 일본 규수 지방의 한 시골마을에 있는 도리야마 어린이집 아이들 이야기다.

어떻게 아이들이 단체로 뛰어난 능력을 갖게 된 것일까? 비밀은 '요코미네 교육법'에 있다. 이는 요코미네가 약 30년 동안 유치원과 초등학생들을 위한 학원을 운영하면서 개발한 교육법이다. 어린 시절 교육과 훈련을 통해 아이들의 능력을 천재적인 수준까지 끌어올릴 수 있다는 것을 보여주면서 한국에서도 폭발적인 관심을 끌었다. 지금도 이 교육법에 관심을 갖는 부모들이 많다.

나는 초등학생 아이들의 수업을 진행하면서 요코미네 교육법이 매우 효과적이라는 사실을 인정하게 되었다. 요코미네의 교육 방식은 아이들이 공부하고 싶어지도록 의욕의 스위치를 켜주는 것이 핵심이다. 의욕의 스위치를 켜주면 아이들에게는 다음과 같은 선순환이 생긴다.

아이들은 흥미가 있으면 연습을 반복하게 되고, 반복을 하는 과정에서 재능이 점차 성장하는데, 요코미네는 이를 '재능 개화의 법칙'이라고 하고, 나는 이를 '반복적 행위의 효율성'이라고 말한다. 표

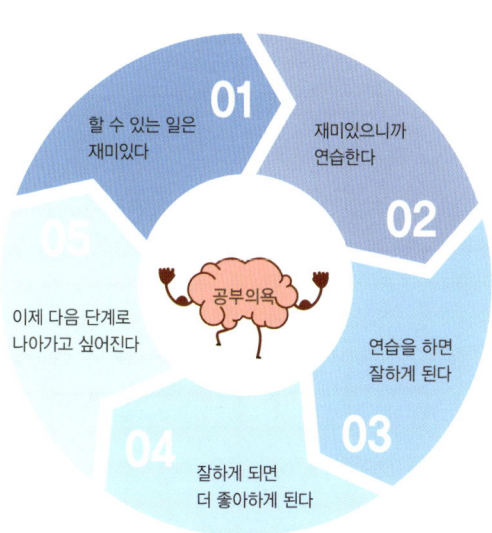

현만 다를뿐, 앞서 말한 것처럼 반복과 강화가 아이의 재능을 개발하는 기본 원칙이라는 점에서는 일맥상통한다.

부모들이 종종 하는 실수가 있다. 아이가 충분히 할 수 있음에도 불구하고 '이 아이가 할 수 있을까?' 혹은 '할 필요는 있을까?', '어릴 때는 그저 놀게 하는 게 좋다는데……'라는 생각으로 적기에 아이의 능력을 키워 줄 기회를 놓친다. 지적인 인지능력과 음악, 미술, 체육 등 다양한 능력들은 일반적으로 태어나서 16세가 될 때까지 각각의 능력에 맞게 급성장하는 때가 있다. 그것을 나는 '발전의 적기'라고 하는데, 발전의 적기 때 능력을 개발시켜 주면 그 어느 때보다도 빠르고 쉽게 발전한다. 다만 아이마다 그 적기가 일률적이지는 않아서 가르치는 사람의 세심한 관찰력이 필요하다.

요코미네는 유치원생부터 초등학교 저학년까지 일반적으로 상상하기 힘든 발전을 이루게 했다. 그 비결은 아이들이 가진 4개의 스위치에 있다고 보았다.

 경쟁하고 싶어 하는 마음이 노력을 부른다

요코미네 교육법의 첫 번째 스위치는 '아이는 경쟁하고 싶어 한다는 것'이다. 아이들은 경쟁하는 것을 좋아한다. 흔히 부모들은 경쟁을 부정적으로 받아들인다. 경쟁을 하면 아이가 다른 아이를 질투하게 만들고 부정적인 감정을 가질까 걱정스러워 아이들 간의 경쟁을 막는 경우가 종종 있다.

하지만 아이들의 경쟁은 어른이 생각하는 경쟁과는 다르다. 아이들의 경쟁은 순수하다. 아이들은 잘하는 아이를 보며 '나도 저 아이처럼 되고 싶다!' 하고 생각한다. 잘하는 아이를 미워하지 않고, 때로는 존경하기까지 한다. 이렇듯 아이들의 경쟁은 순수한 욕구에서 출발하고, 이런 욕구 때문에 경쟁을 좋아하는 것이다. 따라서 아이들에게 경쟁을 시켜도 부모가 걱정하는 부정적인 경쟁은 일어나지 않는다.

사실 이러한 아이들 간의 경쟁은 공교육에서는 일어나기 힘들다. 그 이유는 한 반에 있는 아이들의 타고난 능력의 차이가 너무 커서 최고 수준의 아이들을 하위권 아이들이 도저히 따라갈 수 없기 때문이다. 또한 공교육은 보편적 학습을 통해서 아이들의 사회성을 키우는 것이 목적이어서 경쟁이 그다지 바람직하지도 않다. 그래서 공교육과 사교육은 상호 보완재 역할을 하게 된다.

나는 초등 프리지 클래스를 운영할 때 비슷한 수준의 아이들을 모아 반 구성을 한다. 서로 엇비슷한 수준에서는 한 아이가 잘하면 다른 아이들도 그 아이를 이기기 위해 노력하게 된다. 그러면서 아이들의 능력이 향상되는 것이다. 경쟁을 통한 학습은 유사한 수준의 아이들을 모아 놓았을 때 효과를 볼 수 있다. 이는 공부지능이 높은 아이들을 모아 놓았을 때나 다소 낮은 수준의 아이들을 모아 놓았을 때에도 마찬가지다.

나는 국어 수업 시간에 시를 외우게 하는데 처음에는 아이들이 시를 외우는 것을 싫어하다가도 누군가가 시를 다 외우는 것을 보면 경쟁적으로 외우는 속도가 빨라진다. 시를 외우게 하는 목적은 언어적 단기 기억력을 발달시키는 데 있다. 수업이 진행될수록 아이들이 시를 외우는 속도도 빨라진다. 반복을 통해 아이들이 이 정도 시를 외우는 것이 별 것 아니라는 것을 깨달아 감에 따라 자신감을 갖게 되기 때문이다.

주목할 점은 원래 잘 외웠던 아이의 발전 속도보다 잘 외우지 못했던 아이들의 속도가 더 빨랐다는 것이다. 최고 수준에서 추가적인 발전은 힘들지만 일반적인 수준에서 상위 수준으로 도약하기는 어렵지 않다는 것을 보여주는 대목이다. 예를 들어 100미터를 10초에 뛰던 사람이 9초로 단축하기는 힘들지만 15초에 뛰던 사람이 14초까지는 쉽게 갈 수 있다는 얘기다. 마찬가지로 공부도 최상위권 아이들보다는 중상위권 아이들을 훈련했을 때 효과가 훨씬 좋았다.

독해를 할 때도 일일이 설명해 주지 않고 서너 페이지의 지문을 스스로 읽게 하고, 다 읽은 사람은 손을 들라고 하면 아이들은 자신이 제일 먼저 손을 들고 싶어서 빠른 속도로 책을 읽는다. 아이들이 서로 서로 빨리 읽으려고 경쟁하면서 반 아이들 모두가 책 읽는 속도가 빨라진다.

경쟁을 바탕으로 수업을 하다가도 월등히 잘 하는 아이를 발견하면 즉시 부모와 상의하여 더 높은 수준의 반으로 월반하여 자신의 능력을 더 개발할 수 있도록 하고 있다. 아이들을 더 높은 수준의 반으로 옮겨주면 아이들은 자신의 능력을 선생님이 인정해주었다고 생각하며 상당한 동기부여를 받는다.

교과 내용을 읽고 나면 반드시 문제를 풀면서 확인하는데, 이때도 나는 구태여 아이들에게 문제를 설명해 주지 않는다. 10문제 정도를 스스로 빠른 속도로 풀게 하고 답을 큰 소리로 말하게 하면서 일치되지 않는 답이 나올 때만 설명해준다. 이렇게 하면 아이들은 더 정확하고 빠르게 문제를 풀 수 있을 뿐만 아니라 공부지능도 높아진다.

아이들이 다 할 수 있는 것을 선생님이 대신 해주는 것은 친절하기는 하지만 효과적이지는 않다. 나는 국어 시간에 이런 식으로 수업을 하다 보니 처음에 계획했던 진도를 빠른 시간에 마칠 수 있었다. 아이들은 학교에서 2주 동안 해야 하는 분량을 1시간에 마치는 자신을 대견해 한다. 나는 1시간 반을 수업하면서 약 40분이 지나면 잠시 화장실을 다녀오거나 물을 마실 시간을 준다. 왜냐하면 초등학생의 집중 시간이 길지 않기 때문이다.

1시간이 지나면 고학년의 경우는 계획된 진도를 마칠 수 있어서 나머지 30분 동안은 국사의 연대표를 열 개 단위로 외우게 한다. 아직 아이들이 역사에 대한 배경 지식이 없기 때문에 그들에게는 연도와 연도의 내용 모두가 암호와 같다. 그럼에도 불구하고 연대표를 외우게 하는 이유는 숫자와 문자를 동시에 외우게 함으로써 단기 기억력과 작업 기억력을 키울 수 있기 때문이다.

물론 한국사 연표를 다 외운 후에는 세계사와 중국사 연표도 암호처럼 외우게 한다. 역사란 것이 원인과 결과를 아는 것이 중요한데 앞의 사건이 항상 뒤에 일어난 사건의 원인이 되기 때문에 아이들이 향후에 국사를 공부할 때 정확하게 이해할 수 있게 된다. 게다가 같은 시대에 중국과 서양에서는 어떤 일이 일어났었는지를 정확히 알 수 있어서 세계사, 중국사, 한국사의 관계를 입체적으로 이해할 수 있게 된다. 이는 단순 암기를 통한 배경 지식의 확대를 바탕으로 창의적이고 확산적인 학습의 밑거름이 되는 것이다.

연표를 다 외우면 90분 수업이 종료되기 전에 나는 '통과'라고 외치면서 수업을 끝내 준다. 10분 먼저 가는 것이 아이들에게는 긍정적인 경쟁에서의 승리감을 준다. 못하는 아이들이 처음에는 다소 열등감을 느끼는 듯 했으나 아이들은 경쟁을 좋아하기 때문에 외우는 속도가 모두가 빨라졌다. 초기에 이런 방법을 썼을 때 가장 늦게 외운 아이는 수업을 마치고 30분이 지나서야 겨우 외웠지만 6개월 정도 후에는 제일 잘하는 아이와 못하는 아이의 편차가 10분 이내로 줄었다.

아이들이 경쟁을 좋아하기 때문에 일대일 수업은 공부지능을 개발하는 데 별 도움이 안 된다. 비슷한 수준의 아이들이 모여 경쟁할 때 스스로 노력하게 되고, 효과적으로 능력을 개발할 수 있다. 초등 학습 프로그램인 민성원 연구소의 프리지 수업도 학부모들은 여덟 명 이하의 소규모 수업을 원했다. 하지만 나는 경쟁 속에서 아이들이 발전한다는 것을 알았기 때문에 학부모들을 설득하여 정원을 국어의 경우 16명, 수학의 경우 12명으로 늘려 잡았다. 통제가 가능하기만 하다면 적절한 수준의 인원은 오히려 공부지능을 개발하는 데 도움이 된다는 것은 수업을 통해 늘 확인한다.

 흉내를 내면서 성장한다

요코미네 교육법의 두 번째 스위치는 '흉내 내기'다. 아이들은 원래 흉내 내기를 잘하고 좋아한다. 흉내를 내고 싶어 하는 스위치를 잘 사용하면 아이들은 빠르게 배워서 따라 한다. 어떤 일이든 잘 해내는 아이가 곁에 있으면 다른 아이들은 자연스럽게 그 아이의 행동을 흉내 낸다.

예를 들어서 5살 아이들에게 물구나무서기를 하라고 하면 할 줄 아는 아이가 없기 때문에 아무도 못한다. 이때 6살 아이가 먼저 시범을 보이고 나면 5살 아이들이 그것을 흉내 내어 물구나무서기를 성공적으로 해내기 시작한다. 선생님의 수업 없이 흉내를 내는 것만으로도 알지 못했던 일을 할 수 있게 되는 것이다.

아이들은 어른과 달리 흉내 내기를 하면서 빠르게 성장할 수 있다. 처음에는 어설픈 흉내에 불과할 수도 있지만 자꾸 하다 보면 점점 완벽해지고 잘하게 된다. 심지어 창의력도 대부분 모방에서부터 출발해 발달한다. 이처럼 흉내 내고 싶어 하는 두 번째 스위치를 잘 사용하는 것도 공부지능을 높일 수 있는 좋은 방법이다.

조금 어려울수록 더 하고 싶어 한다

세 번째 스위치는 아이는 '조금 어려운 일'을 하고 싶어 한다는 것이다. 이 세 번째 스위치야말로 공부지능 개발 원칙 중 하나인 '강화'와 놀랍도록 닮은꼴이다. 반복과 강화가 공부지능을 개발하는 데 필요한 핵심 요소인데, 계속 말했듯 쉬운 수준의 반복은 강화로 이어지지 않는다.

아이에게 공부를 시키고 싶다는 욕심이 강해 처음부터 어려운 과제를 주고 해보라고 하는 경우가 있다. 물론 아이들은 딱 보아도 성공하기 어려운 일은 싫어한다. 그래서 너무 어려운 일이라고 판단되면 시도조차 하지 않는다. 반대로 너무 쉬운 과제를 주어도 처음에만 끄적거리다가 시간이 지나면 건드리지 않는다. 노력할 필요가 없으니 흥미를 느끼지 못하는 것이다.

하지만 조금 어려운 일이라면 아이들은 흥미를 보이며 그것을 해내기 위해 스스로 연습한다. 이처럼 아이의 수준보다 조금 어려운 과제를 내줘서 천천히 아이의 관심을 이끌어내는 것이 세 번째 스위치다. 아이들의 눈앞에 '조금만 노력하면 할 수 있을 것 같은' 과제를 내주면 아이들은 의욕적으로 도전하기 시작한다.

아이들의 이러한 심리를 알면 단계적으로 난이도를 높여 가며 반복하게 하는 것에 대한 부담감을 떨치기가 쉽다. 부모들은 "어려워서 아이가 싫어하면요? 못하겠다고 하면 어쩌죠?" 걱정하는데 그럴 이유가 없다. 아이들은 조금 어려운 일을 좋아하니 걱정하지 말고 현재 수준보다 조금 버거울 정도의 난이도를 반복하면서 능력을 강화할 수 있게 도와주면 된다.

인정해주는 만큼 성장한다

마지막 네 번째 스위치는 아이는 '인정받고 싶어 한다'는 것이다. 인정한다는 것은 쉽게 말해 젖먹이 취급을 멈추고 어엿한 어린이로 대한다는 뜻이다. 아이들은 부모에게 젖먹이 때처럼 대우받기보다는 성숙한 어린이로 대우받는 것을 좋아한다.

다만 인정한다는 것과 늘 칭찬한다는 것을 동일시해서는 안 된다. 칭찬은 경우에 따라 독이 되기도 한다. 처음 칭찬을 받으면 기분이 좋지만, 늘 칭찬받는 아이는 별다른 자극을 받지 못하게 된다.

칭찬보다는 인정해 주는 게 훨씬 중요한 일이다. 때로는 부모가 아이를 인정한다는 의미로 보상을 주는 방법도 사용할 수 있다. 이와 같은 방법은 소심하고 기가 약한 아이에게 사용하면 좋다.

우리 아이 공부지능,
어떻게 키울 것인가?

Study Quotient

PART 4

인지능력(IQ)과 공부지능

Chapter.01

지능검사와 해석 방법

 지속적으로 집중할 수 있다

IQ는 공부지능의 가장 중요한 영역이다. 대략 IQ가 공부의 70퍼센트를 차지하고 나머지가 30퍼센트 정도라고 보면 된다. 그러므로 IQ를 제 때 개발해주면 공부지능의 약 70퍼센트는 완성되었다고 볼 수 있다. 그만큼 IQ에 대한 이해는 중요하다. 어떻게 IQ를 검사하고 해석하는지를 알아야 내 아이에게 부족한 부분을 채워 IQ를 높이고, 결과적으로 공부지능을 높일 수 있기 때문이다.

우선 지능 검사가 어떻게 만들어졌는지부터 알아보자. 지능검사는 1890년 프랑스의 심리학자 비네가 최초로 발달 평가척도를 만들었다. 이러한 척도를 만들게 된 이유는 학업성적을 예측하기 위해서였다. 비네는 정규 학교교육에서 수업을 이해하지 못하거나 진도를 따라가지 못하는 학습 부진아를 판별할 도구로서 지능검사를 고안하였고 아이들의 기억력, 상상력, 주의집중력, 어휘력, 수리력 등을 측정하였다.

나이별로 자신의 나이보다 더 어려운 문제를 해결할 수 있는 아이를 지능이 높은 아이로 보았고, 같은 나이의 아이들이 해결할 수 있는 문제를 해결 못하는 경우를 지능이 낮은 아이로 판단한 것이다. 이러한 연구결과 생활연령Chronological Age이 아닌 정신나이 즉, 정신연령Mental Age이라는 개념이 정립되었다.

정신연령은 나이에 따라 수행하거나 이해할 수 있는 과제의 처리능력을 비교하는 것이다. 따라서 신체나이는 생년월일에 의해서 절대적으로 정해지지만 정신연령은 같은 10세의 아이라고 할지라도 12세의 정신연령의 능력을 가지고 있는 경우도 있고 8세의 정신연령의 능력을 가지고 있는 경우도 있다는 뜻이다.

비네에 의하면 정신연령의 유의미한 격차는 생활연령의 능력의 차이보다 클 수도 있다고 한다. 이후 미국의 교육 심리학자 터먼은 스탠포드 대학과 협력하여 스탠포드-비네를 표준화하였고, 최초로 'IQIntelligence Quotient'라는 용어를 사용하였다.

당시의 검사는 언어중심의 인지능력 검사였다. 이는 아이의 지적능력을 정신연령이라고 하고, 실제 나이를 생활연령이라고 할 때 IQ는 아이의 정신연령을 생활연령으로 나누고 100을 곱해서 구했다.

$$IQ = \frac{정신연령}{생활연령} \times 100$$

예를 들어 정신연령이 13살이고 생활연령이 10살인 아이는 13/10×100=130의 IQ를 가지고 있다고 보는 것이다. 이를 좀 더 풀어서 설명하자면 현재의 나이가 10살이지만 13살의 지적인 능력을 가지고 있는 아이의 IQ는 130이라는 뜻이다. 이는 IQ가 130인 10살짜리 아이는 13살 아이들이 받는 교육을 받는 것이 지적 영역에서는 적합하다는 의미이기도 하다. 생활연령과 정신연령을 구분해서 지능의 의미를 구체화한 것이다. 결국 아이의 정신연령이 실제 생활연령과 같다면 그 아이의 지능지수는 100이 되는 것이고, 정신연령이 생활연령보다 높으면 IQ는 100보다 커지는 것이다.

그런데 이런 비율로 환산된 지능검사는 아이들이 나이가 들어가면서 문제가 생긴다. 생활연령이 7세인 아이가 10세의 정신연령을 가진다고 평가하는 것은 상당한 의미가 있지만, 생활연령이 15세인 아이의 정신연령이 18세라는 것은 큰 의미가 없다. 20세, 30세가 넘으면 더욱 그렇다. 나이가 어릴 때의 3살 차이와 나이가 많을 때의 3살 차이는 그 의미가 다르다.

이러한 문제를 보완하기 위해서 도입된 개념이 '편차지능지수'다. 편차지능지수란 검사를 받은 사람의 지능이 같은 나이의 집단 평균에 비해서 높은지 낮은지를 판단하는 지능지수이다. 현재 실시하고 있는 대부분의 지능검사가 이러한 방식을 채택하고 있다.

편차지능지수는 피검사자와 같은 연령집단의 점수분포를 평균이 100, 표준편차가 15가 되도록 변환시킨 분포에서 피검사자의 점수가 어느 위치에 있는지를 알려준다. 지능지수는 정규분포에 따라 평균을 중심으로 ±1 표준편차 범위 지능지수 85~115 사이에 약 68퍼센트가 존재하고, ±2 표준편차 범위 지능지수 70~130 에 약 95퍼센트가 존재한다. 지능지수 70이하의 아이들은 특수교육 대상자로 분류하고, 130이상의 아이들을 천재성이 있는 아이로 분류한다.

편차지능검사는 동일한 연령 내에서 나의 위치를 파악하는 면에서 비율지능검사보다 효용성이 더 크다. 이는 동일 연령상의 비교이기 때문에 10세의 지능이 130이라고 하면, 이는 10세 중에서 약 2.14퍼센트에 속하는 높은 지능을 가진 것을 의미한다. 하지만 연령이 다른 15세의 지능지수 120인 아이보다 높은 수준의 지능을 가진 것은 아니다.

10세든 15세든 이들의 지능지수는 자신과 같은 나이에서의 위치만을 표시한다. 실제로 검사에는 연령뿐만 아니라 태어난 연도와 달을 기준으로 평가하기 때문에 지능지수 120인 1월생과 같은 지능지수 120인 12월생이 같은 학급에 있고, 서로 같은 문제를 풀었을 때 1월생이 더 높은 수행을 보일 가능성이 있다. 1월생은 1월생끼리 비교한 지수이고, 12월생은 12월생끼리 비교한 지수이기 때문이다.

웩슬러(Wechsler) 지능검사

미국의 임상 심리학자 웩슬러는 1930년대 사용되던 스탠포드-비네 검사를 대신할 검사를 개발하였다. 스탠포드-비네 검사가 언어적인 검사인 반면 웩슬러 검사는 비언어적인 문항을 포함시켜 피검사자의 언어적인 의존도를 낮추었다. 즉, 언어성 검사와 동작성 검사를 함께 실시한 것이다.

웩슬러는 지능을 '합목적적으로 행동하며, 합리적으로 생각하고 처리하는 종합적인 능력'이라고 정의하였다. 현재 사용되고 있는 웩슬러 지능검사는 2세부터 7세 아이를 위한 WPPSI Wechsler Preschool and Primary Scale of Intelligence, 6세부터 16세 아이를 위

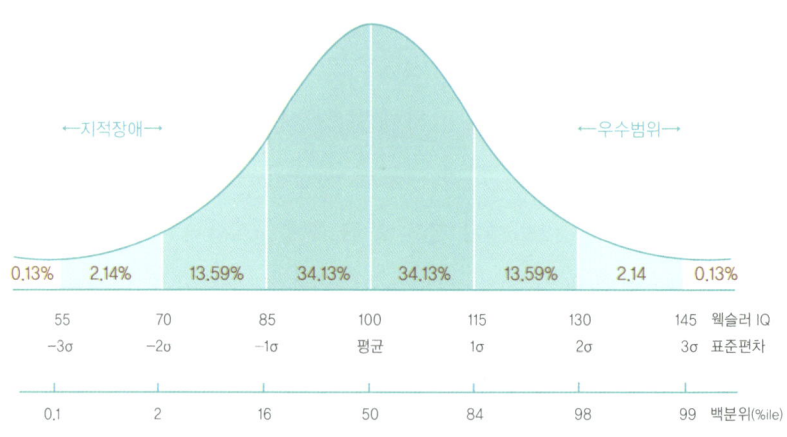

지능지수(IQ)의 분포

한 WISC Wechsler Intelligence Scale for Children, 그리고 성인을 위한 WAIS Wechsler Adult Intelligence Scale 세 가지로 구분된다. 이 중에서 유아용과 아이용이 한국에서 표준화되어 있다. 현재 가장 보편적으로 많이 사용하고 있으며, 편차지능검사이기 때문에 같은 생년 월인 아이들 간의 편차를 보여준다. 이후 지능검사에 대한 설명은 웩슬러 지능검사를 기준으로 하겠다.

 개인 지능검사

개인 지능검사는 한 명의 검사자와 피검사자가 검사실에서 실시한다. 나는 검사를 앞둔 아이의 어머니에게 검사 전에는 충분한 휴식을 취하고 식사도 적당히 해서 최상의 컨디션으로 검사를 받으라고 조언한다.

지능검사는 능력검사로써 진로검사 등 자기보고식 검사와는 다르다. 능력검사는 자신의 잠재력을 최대한 발현하도록 환경을 만들어주어야 한다. 검사자도 아이가 힘들어하면 격려를 하는 등 동기부여를 해서 피검사자 능력의 최대치를 꺼내도록 노력해야 한다.

때로 아이가 너무 힘들어하면 중단해서 휴식을 취한 다음 검사하기도 한다. 그래서 검사자는 검사 결과뿐 아니라 검사과정에서 아이의 노력이나 태도도 검사 결과지에 적는다. 이런 과정을 거치기 때문에 짧게는 90분에서 길게는 2시간 이상 검사시간이 소요된다. 그리고 교구를 사용하기도 하고 속도를 잴 때는 초시계를 사용하기도 하며, 검사자가 말하는 것을 듣고 대답해야 하는 경우도 있어서 언어성과 동작성을 검사하기에 적당하다.

 집단 지능검사

집단 지능검사는 학교 등에서 여러 사람이 동시에 검사를 받을 수 있게 만들어진 검사다. 이는 시간과 돈을 절약해주는 효과가 있다. 이 경우는 주로 컴퓨터를 이용하여 채점한다. 집단 지능검사는 검사자가 따로 있는 것이 아니어서 아이가 어떤 태도로 검사에 임하였는지 판단하기 힘들고, 중간에 격려 등 동기부여를 하는 것도 사실상 불가능하다.

뿐만 아니라 종이로 문제가 출제되고 푸는 것이기 때문에, 검사자의 말을 듣고 대답하는 청각적 집중력이나 손으로 조작하면서 문제를 푸는 공간지각력과 같은 영역을 올바로 측정하는 데 한계가 있다. 그렇다고 해서 집단 지능검사의 신뢰도나 타당도에 심한 결함이 있다고 볼 수는 없다. 다만 보다 많은 영역에서 다양한 능력을 측정하는 데 한계가 있을 뿐이다.

# 웩슬러 소검사 방법

최근 많이 사용하는 웩슬러 지능검사는 다양한 영역의 능력을 검사하기 위한 소검사로 구성되어 있다. 6세부터 16세 아이를 위한 웩슬러 검사인 WISC는 현재 WISC4를 사용하고 있지만 몇 년 전만 해도 WISC3를 사용하였고, 지금의 WISC4와는 다른 소검사를 실시하였다.

WISC4에서는 카테고리를 언어이해, 지각추론, 작업기억, 처리속도로 나누고 15개의 소검사를 실시한다. 반면 WISC3에서는 카테고리를 언어성과 동작성 단 두 가지로 나누고 13개의 소검사를 실시하였다. WISC3와 WISC4에서 같은 검사를 하는 것도 있고, 일부는 빠지고 새로운 검사가 추가되기도 하였다.

K-WISC3의 소검사 구성		K-WISC4의 소검사 구성			
언어성	동작성	언어이해	지각추론	작업기억	처리속도
상식	빠진 곳 찾기	공통성	토막 짜기	숫자	기호 쓰기
공통성	기호 쓰기	어휘	공통 그림 찾기	순차 연결	동형 찾기
산수	차례 맞추기	이해	행렬 추리	산수	선택
어휘	토막 짜기	상식	빠진 곳 찾기		
이해	모양 맞추기	단어 추리			
숫자	동형 찾기				
	미로				

개인적으로 WISC3의 차례 맞추기와 모양 맞추기는 꽤 좋은 검사라고 생각했는데 WISC4에서 빠져서 아쉽다. 차례 맞추기는 여러 색상의 그림들이 순서가 뒤섞인 채 제시되고, 아이가 논리적, 시간적인 순서로 재배열하는 것을 측정하여 논리성과 추론력을 평가하는 검사다.

모양 맞추기는 일상적인 물건이 그려진 퍼즐을 표준화된 방식으로 제시해서 아이가 그 퍼즐들을 모아 의미 있는 하나의 전체 모양으로 만드는 것을 측정하는 검사다. 이는 토막 쌓기와 달라서 이미 보여준 모양을 만드는 것이 아니고 조각 퍼즐을 제시하고 결과의 모습을 판단할 수 없기 때문에 끈기와 문제해결력이라는 창의성의 요소를 평가하는 항목이다.

K-WISC4에서 실시하는 15개의 소검사는 다음과 같다.

1. 토막 짜기

아이가 제한시간 내에 흰색과 빨간색으로 이루어진 토막을 사용하여 제시된 모형이나 그림과 똑같은 모양을 만든다. 여기서는 이미 주어진 모양과 같은 모양을 만드는 것인데, 정육면체의 도형을 가지고 만드는 것이기 때문에 아이의 공간지각능력을 측정할 수 있다.

이 능력이 좋은 아이들은 수학에서 도형과 향후 기하, 벡터를 잘할 가능성이 있다. 왜냐하면 머릿속에 도형의 모습과 변형되고 다시 조합되는 도형의 모습이 잘 떠오르지 않는다면 검사가 매우 고통스럽지만, 머릿속에 도형의 모습이 잘 떠오르면 다시 말해 공간지각능력이 높으면 이 과제를 쉽게 해결한다. 또한 이 검사는 시간을 체크하기 때문에 빨리 수행할수록 좋은 점수를 얻는다.

공간지각능력은 다분히 유전적인 요인과 어린 시절의 환경에 의해서 결정되는 것으로 책을 통해서 얻을 수 있는 능력은 아니다. 특히 눈과 두 손을 이용하여 과제를 수행하는 방식이어서 대표적인 시지각협응이 잘 이루어져야 문제를 잘 풀 수 있다.

2. 공통성

아이가 공통적인 사물이나 개념을 나타내는 두 개의 단어를 듣고, 두 단어가 어떻게 유사한지를 말하는 검사다. 검사하는 방식은 가령, _____와 _____는 어떻게 비슷한지 묻는 질문으로, 이는 언어적인 추론 능력을 측정하는 것이다. 단, 시간은 측정하지 않는다. 예를 들어 '파리와 무당벌레의 공통점은 무엇인가요?'라고 물은 경우 답은 '곤충', '날아다닌다' 등이 될 수 있다. 그런데 아이가 '크기가 작다'라고 이야기한다면 점수를 얻지 못한다. 이는 범주화 능력을 물어보는 것으로 위의 지문의 경우 '날아다닌다'보다는 더 일반적인 범주인 '곤충'이라고 이야기하는 것이 더 높은 점수를 받을 수 있는 답변이다. '자동차와 비행기의 공통점은 무엇인가요?'라고 물어보았을 때도 '빠르다', '창문이 있다'라는 대답보다는 '이동 수단이다', '탈 것이다'라고 범주화하는 것이 더 높은 점수를 받는다. '오렌지 주스와 물은 어떤 공통점이 있냐?'고 물어봤을 때 '액체', '마실 수 있다'라고 하면 좋은 범주화고 '쏟아진다', '병에 담을 수 있다', '차갑다'라고 대답한다면 좋은 답변은 아니다.

이러한 문제는 '책과 인터넷은 어떤 공통점이 있습니까?' 혹은 '경찰관과 의사는 어떤 공통점이 있습니까?'와 같이 물어볼 수도 있다. 공통성 찾기를 잘하는 아이는 분석적 사고를 통하여 언어추론을 할 수 있는 능력이 높기 때문에 같은 지문을 읽고서도 더 많은 것들을 찾아낼 수 있다고 본다. 이는 언어 과목을 포함한 대부분의 사회, 과학 과목에서 좋은 성적을 낼 가능성이 있다.

3. 숫자

'숫자 바로 따라 하기'에서는 검사자가 큰 소리로 읽어준 것과 같은 순서로 아이가 따라 한다. '숫자 거꾸로 따라 하기'에서는 검사자가 읽어준 것과 반대 방향으로 아이가 따라 한다. 예를 들면 검사자가 '7-5'를 불러주었을 때 아이는 기억했다가 '7-5'라고 대답하면 된다. 이는 작업기억력과 청각적 집중력을 물어보는 검사다. 일반적으로 아이들은 일곱 단위까지는 기억을 잘 하지만 일곱 단위가 넘어서면 잘 기억하지 못하는 경우가 많다. 아이가 귀 기울여 듣지 않거나 집중하지 않는다면 단기 기억으로 넘어가기도 힘들다.

거꾸로 따라 하기는 '7-5'를 불러주면 '5-7'이라고 대답해야 한다. 57948631을 숫자 순서대로 따라 하고 또 거꾸로 따라 해야 하는 것이기 때문에 거꾸로 따라 하기가 더 힘들다. 거꾸로 따라 하려면 일단 집중해서 듣고 머릿속에 저장한 후에 망각하지 않고 다시 인출하는 작업까지 해야 하기 때문에 생각보다 어렵다. 이 능력이 좋은 아이들은 수업 시간에 선생님이 말씀하신 내용을 정확히 듣고 기억할 수 있으며, 영어를 공부할 때도 리스닝에서 한 번에 많은 내용을 듣고 기억할 수 있기 때문에 좋은 점수를 낼 수 있다.

이러한 청각적 집중력과 기억력은 동시 통역사나 아나운서들이 갖고 있는 장점이다. 일반적으로 지능검사를 하는 중에 숫자가 낮은 점수가 나오는 경우에는 청각적 집중력과 기억력이 좋지 않다는 합리적 의심을 할 수 있다. 청각적 집중력과 기억력이 좋지 않은 아이는 수업 시간에 선생님의 말씀을 정확히 잘 들을 수 없어서 좋은 성적을 내기 쉽지 않다.

수업을 하다 보면 머릿속에 다 기억했다가 계속 필기를 하는 학생이 있는가 하면, 어떤 학생들은 단기 기억력이 좋지 않아서 필기를 중단하는 경우가 있다. 지속적으로 계속 필기하는 학생은 청각적 집중력과 기억력이 좋다고 볼 수 있다.

나는 아이들에게 시를 한 연씩 읽어주고 듣고 따라 하게 하는 과정에서 청각적 집중력과 기억력을 키우게 하는 훈련에 더욱 중점을 둔다. 가정에서 아이의 청각적 집중력과 기억력을 키우기 위해서는 소리 내어 듣고 암산하는 방법, 의미 없는 숫자를 불러주고 외우게 하는 방법, 도시 이름과 나라 이름을 연결해주고 외우게 하는 방법, 연대표를 불러주고 외우게 하는 방법 등이 있다. 새로운 친구들이 여럿 왔을 때 성원이 옆에 다은이, 다은이 옆에 자명이, 자명이 옆에 혜린이와 같은 게임을 하는 것도 좋다. 듣고서 기억을 계속해야 하기 때문에 청각적 집중력과 기억력을 키우는 데 도움이 된다. 이런 작업 기억력은 사고력보다도 오히려 시험 성적에 더 큰 영향을 줄 수 있다.

4. 공통 그림 찾기

아이에게 두 줄 또는 세 줄로 이루어진 그림들을 제시하면, 아이는 공통된 특성으로 묶일 수 있는 그림을 각 줄에서 하나씩 고른다. 사과 그림, 바나나 그림, 자동차 그림, 축구공 그림 중에서 공통된 그림은 무엇인가? 답은 당연히 사과와 바나나 그림이다.

그런데 그림 여러 개를 보여주는 경우를 생각해보자. 첫 번째 줄은 칠판, 사탕, 자동차, 두 번째 줄은 열기구, 책상, 나비, 세 번째 줄에 분필, 전화기, 사과라고 하면 출제자의 의도는 교실에 있는 물건 3개를 고르라는 뜻이다. 이는 시각적 범주화 능력을 물어보는 것인데, 첫 단계에서는 굉장히 쉬운 것을 물어보다가 단계가 올라갈수록 공통점을 찾아내기 쉽지 않다.

이러한 시각적 범주화 능력은 유동지능에 가깝지만 다양한 사회 경험을 하면서 많은 생각을 하지 않는다면 결코 쉽게 풀 수 없는 문항들이다. 이런 시각적 범주화 능력은 향후 도표에서보다 지도 등을 분석하거나 학습에 있어서 범주화시키는 능력과 연관된다. 일상생활 속에서는 기존의 지식을 통합하여 새로운 것을 찾아내는 창의적인 영역과도 연관할 수 있다. 이 능력 또한 범주화, 추론 능력을 평가하는 것으로 수학 공식을 익히고 발전된 응용 문제를 풀어낼 가능성이 높다고 볼 수 있다.

5. 기호 쓰기

아이는 간단한 기하학적 모양이나 숫자에 대응하는 기호를 그린다. 기호 쓰기는 대표적인 유동지능이다. 왜냐하면 기초적인 숫자와 기호로 문항이 표시되어 있고 사고력보다는 단기기억과 집중력을 테스트하는 문항이기 때문이다. 아이는 기호표를 이용하여 제한된 시간 내에 해당하는 모양이나 빈칸 안에 각각의 기호를 그려넣는다.

기호 쓰기는 6~7세를 위한 것과 8~16세를 위한 문항이 다르다. 6~7세의 경우는 다섯 종류의 도형을 제시하고 그 도형에 따라 일정한 기호를 알려준 다음 도형 속에다 그 기호를 표시하는 것이다. 세모에는 동그라미, 사각형에는 가로줄 하나, 동그라미에는 세로줄 하나를 미리 보여주고 많은 도형이 그려져 있는 시험지의 도형 속에 예시된 동그라미, 가로줄 하나, 세로줄 하나를 표시하게 한다.

8~16세들이 사용하는 기호 쓰기는 1, 2, 3, 4, 5, 6, 7, 8, 9에 해당하는 별 의미 없는 기호 9개를 미리 보여주고, 1부터 9까지 무작위로 쓰여 있는 시험지 아래 그 기호를 그려넣는 것이다. 6~7세나 8~16세 모두 빠른 속도를 요구한다. 머릿속에 기억해놓고 기호를 쓸 수 있으면 빠른 속도로 풀 수 있고, 기억을 하지 못한다면 예시 문항을 보아 가면서 문제를 풀어야 하기 때문에 많은 문제를 풀 수 없다.

이 검사는 시각적 기억력과 빠른 속도를 요구하기 때문에 집중력을 테스트한다. 또한 눈으로 보고 기억하며 손으로 기호를 표시해야 하기 때문에 시지각협응능력을 평가할 수 있다. 검사 중 소심한 아이들은 틀리면 안 된다는 생각에 기억했다가 기호를 쓰기보다는 하나하나 일일이 대조해가면서 문제를 풀어서 좋지 못한 결과를 내는 경우도 있다.

이 검사는 대표적인 시각적 기억력과 집중력을 테스트하는 검사다. 숫자가 청각적 집중력과 기억력을 테스트하는 검사라는 점과 비교될 수 있다. 검사 및 상담을 하다 보면 숫자가 약한 아이들은 대체로 기호 쓰기에서도 좋지 않은 결과를 보여주는 경우가 많다. 숫자와 기호 쓰기가 모두 평균점 이하라면 집중력 장애를 의심해볼 수 있다.

그런데 청각적 집중력과 기억력을 테스트하는 숫자에서는 좋은 점수를 받았는데, 시각적 집중력과 기억력을 테스트하는 기호 쓰기에서 좋지 않은 점수를 받았다면 상담을 하면서 아이가 너무 지나치게 꼼꼼하거나 소심한 태도를 보였는지 관찰할 필요가 있다. 시각적 기억력과 집중력이 좋은 아이들은 눈으로 보고 외우는 것을 잘하기 때문에 같은 내용을 외우더라도 듣고 외울 때보다 눈으로 보고 외우는 것을 더 잘한다. 학교 공부에서 시험의 대부분이 외우는 것이기 때문에 기호 쓰기를 잘하는 아이들은 학습 습관만 잘 잡힌다면 빠른 속도로 성적이 오를 가능성이 있고 당일치기에 능하다. 또한 두뇌회전 속도가 매우 빠르기 때문에 일단 공부하면 단시간에 많은 학습을 할 수 있다. 지나치게 꼼꼼해서 좋은 점수를 받지 못한 아이들은 다소 대범하게 세상을 바라보는 습관을 들이는 것이 좋다. 나는 아이가 초등학교 때 가장 키워야 할 능력 중 하나가 시각적 기억력과 집중력이라 생각한다. 미로 찾기, 숨은 그림 찾기, 다른 그림 찾기 등을 통해서 이러한 능력을 충분히 키울 수 있다.

6. 어휘

그림 문항에서 아이는 소책자에 있는 그림들의 이름을 말한다. 말하기 문항에서는 검사자가 크게 읽어주는 단어의 정의를 말한다. 어휘는 대표적인 결정지능이다. 다시 말하면 후천적으로 학습해서 얻을 수 있는 지능이라는 뜻이다. 어휘력은 언어성 지능의 가장 기본을 이룬다.

어휘는 그 뜻을 정확히 표현하는 능력을 테스트하는 것이다. 어휘력이 좋아야 독해력과 추론력 등을 키울 수 있다. 그만큼 전 과목에 걸쳐서 가장 기본이 되는 능력이다. 대강의 뜻을 아는 정도를 넘어서서 정확하게 어휘의 뜻을 표현할 수 있는 능력은 논리적 사고력의 근간이 되기도 한다.

나는 아이들에게 새로 나온 어휘는 반드시 소리 내어 그 뜻을 읽게 하고 있을 뿐만 아니라 어휘와 뜻을 적어보게 한다. 그런 다음 그 어휘를 사용하여 새로운 글을 써보게 한다. 이로 인하여 아이는 대강의 뜻이 아닌 정확한 뜻과 용례를 익히게 된다. 어휘력은 독서나 미디어 매체, 자신보다 나이가 많거나 지적인 능력이 있는 주변 사람들과의 대화, 스스로의 궁금증을 통하여 향상될 수 있는데, 그중에서도 나는 가장 좋은 교재로서 국어 교과서를 꼽는다. 국어 교과서는 학년 별로 레벨화되어 있기 때문에 초등학교 교과서부터 중고등학교 교과서까지 순차별로 읽어가며 어휘를 정리한다면 가장 쉽고 체계적으로 어휘 학습을 할 수 있다. 독서나 국어 공부는 수학 공부와 달리 다음 학년 것을 미리 읽는 것에 거부감을 가질 필요가 없다.

7. 순차 연결

아이에게 연속되는 숫자와 문자를 읽어주고, 숫자가 많아지는 순서와 한글의 가나다 순서대로 암기하도록 한다. 순차연결은 글자와 문자를 동시에 불러주고 숫자를 먼저 대답한다. 그런 다음 문자는 나중에 대답하게 하여 청각적 집중력과 기억력을 물어보는 검사다. 예를 들면 '1, 가, 7, 나'를 불러주고 '1, 7, 가, 나'라고 대답하게 하는 것이다. '아, 7, 나, 5, 자, 9'라고 불러주면 '5, 7, 9, 나, 아, 자'라고 대답하면 된다. 문자와 숫자가 복합적으로 이루어진 문항이고 순서대로 말해야 하기 때문에 숫자보다 다소 어렵게 느껴질 수 있는 테스트이다. 이 능력과 개발하는 방법은 숫자에서 다룬 것과 유사하다.

8. 행렬 추리

아이는 불완전한 행렬을 보고, 5개의 반응 선택지에서 제시된 행렬의 빠진 부분을 찾아낸다. 아이에게 규칙성 있는 그림을 보여주고 보기 중에서 빈칸에 들어갈 그림을 찾게 하는 시각적 추론 능력을 물어보는 검사다. 이는 가장 비언어적인 검사로 문화적인 배경이나 학습을 최소화한 타고난 능력을 물어보는 검사인데, 레이븐 검사와 가장 유사하다고 볼 수 있다. 과거부터 천재성을 가지고 있는지 검사할 때 많이 사용하는 평가다.

이러한 추론 능력이 있는 아이들은 추상적인 사고를 잘한다. 뿐만 아니라 고등학교 때부터 배우는 미분 적분, 확률, 행렬 등을 잘할 가능성이 높으며, 사고력 수학이나 추리, 게임 등을 좋아할 가능성이 있다.

일반적으로 수학을 좋아하며 수학을 자주 하면 이러한 시각적 추론 능력도 좋아지게 된다.

9. 이해

아이는 일반적인 원칙과 사회적 상황에 대한 이해에 기초하여 질문에 대답한다. 이해라고 하면 일반적인 생각은 이해력을 테스트하는 것으로 생각할 수 있으나 웩슬러 검사에서의 이해는 공동체 사회 내에서의 보편적인 시민으로서 사회적 상식을 물어보는 것이다. 여기서는 다분히 규범적, 윤리적, 상식적인 내용을 물어본다.

예를 들면 '일찍 자고 일찍 일어나야 하는 이유가 무엇입니까?', '어른에게 인사해야 하는 이유는 무엇입니까?', '지하철에서 전화 통화를 하지 말아야 하는 이유는 무엇입니까?', '독서는 왜 해야 합니까?', '손을 씻어야 하는 이유는 무엇입니까?', '대통령은 왜 선거로 뽑아야 합니까?' 등을 질문한다.

10. 동형 찾기

아이는 반응 부분을 훑어보고 반응 부분의 모양 중 표적 모양과 일치하는 것이 있는지를 제한시간 내에 표시한다. 동형 찾기는 기호와 같은 그림을 제시하고 문항에 그와 똑같은 그림이 있는지를 찾은 후에 있으면 '예'에 표시하고, 없으면 '아니오'에 표시한다. 기호 쓰기와 달리 기억했다가 쓸 수 있는 상황이 아니므로 눈으로 정확히 보고 있는지 없는지 판단하여 빠른 속도로 기표한다.

이 또한 눈과 머리와 손을 사용하는 대표적인 시지각협응능력을 보여주는 것인데 일관되게 빠르게 표시해야 하기 때문에 상당한 수준의 집중력을 요한다. 집중력이 떨어지면 실수할 가능성이 있는데, 실수했다 하더라도 지우고 다시 쓰게 하지는 않는다. 약 2분 동안 손에 불이 날 정도로 빨리 표시해야 하기 때문에 집중력이 유지되지 않으면 처리속도가 떨어지거나 실수할 가능성이 높다.

11. 빠진 곳 찾기

아이는 그림을 보고 제한시간 내에 빠져 있는 중요한 부분을 가리키거나 말한다. 예를 들면 안경에 안경테가 없다든지, 자동차 그림을 보여주고 바퀴 하나가 없다는 사실을 찾아내는 것 등이다. 이는 시각적 관찰력을 측정하는 검사인데, 검사가 어려워질수록 당연히 있어야 할 것이 없다는 것을 찾아내는 것을 보고 추론 능력까지 알아볼 수 있다. 창의성 중에서 민감성이라는 것이 있는데 일반적인 상황에서 일반적이지 않은 것을 찾아내는 능력을 말한다. 빠진 곳 찾기를 잘하는 아이는 관찰력과 창의력, 추론력 등이 높다고 볼 수 있다.

12. 선택

미리 예시 그림을 보고 아이가 무작위로 배열된 그림과 일렬로 배열된 그림을 훑어본다. 그리고 제한시간 안에 예시 그림과 같은 그림을 골라 표시한다. 이는 기호 쓰기와 마찬가지로 시각적 기억력과 집중력을 물어보는 검사다. 시간제한이 있기 때문에 일단 기억한 내용을 최대한 빨리 표시할수록 높은 점수를 받는다.

보통 지능검사에는 충분한 시간을 두고 하는 영역과 빠른 시간 내에 문제를 해결해야 하는 영역이 있다. 일반적으로 집중력과 기억력을 물어보는 영역은 정확성과 속도가 중요하다. 초등학교 때는 왜 중요한지를 실감하지 못할 수 있지만, 중학교 이후 학습량이 늘어나면서 작업기억력과 속도가 늦은 아이들은 많은 양을 외우고 풀어낼 수 없기 때문에 학업 성적이 잘 나오지 않는다.

초등학교 때는 대체로 쉬운 문항을 충분한 시간을 두고 풀게 하기 때문에 많은 부모가 정확성의 문제 즉, 맞았는지 틀렸는지에만 관심을 두는데 그래서는 안 된다. 정확성과 속도 모두 중요하다. 특히 속도는 어렸을 때 개발하지 않으면 향후에 개발하기 힘든 유동지능이라는 점을 기억해야 한다.

13. 상식

아이가 일반적 지식에 관한 광범위한 주제를 다루는 질문에 대답을 한다. 상식은 그야말로 누구나 다 알만한 내용을 물어본다. '송아지의 다리는 몇 개인가요?'라는 쉬운 질문부터 '이순신 장군은 어느 시대에 살았습니까?'라는 역사적 질문, '프랑스의 수도는 어디입니까?'라는 지리학적 질문, '물은 어떤 원소로 이루어져 있습니까?'라는 과학적 질문 등을 한다.

이는 학교생활 및 사회생활을 하면서 아이가 가지고 있는 배경지식의 수준이 어느 정도인지를 파악하는 검사다. 이러한 상식이 많으면 그물망식 학습이 가능하기 때문에 새로운 지식을 배울 때 좀 더 쉽게 배울 수 있다. 상식은 학교 공부와 평상시의 지적 호기심, 독서 등을 통해서 개발할 수 있다.

14. 산수

아이가 구두로 주어지는 일련의 산수 문제를 제한시간 내에 암산으로 푼다. 산수는 불러주는 간단한 연산을 듣고 암산으로 계산해서 답을 내는 검사다. 여기서는 청각적 집중력과 기억력, 연산력을 평가한다. 시간 내에 문제를 풀어야 하기 때문에 속도와 정확성을 동시에 요구한다.

산수를 잘한다는 것은 언어적인 기억력과 숫자를 모두 기억할 수 있기 때문에 암기력이 좋다고 볼 수 있고, 연산은 수학의 기초가 되므로 수학을 잘할 가능성이 높다는 뜻이다. 아이가 공부를 잘할지 못할지는 수학과 상관관계가 높기 때문에 나는 산수를 매우 중요하게 여긴다.

산수를 잘하려면 평상시 필산 연습을 꾸준히 해야 하고 동시에 머리셈(암산) 연습을 하는 것이 좋다. 연산은 단지 답을 내기 위해서가 아니라 아이의 기억력과 집중력을 기르기 위해서 하는 것이다. 계산기가 있으면 답을 낼 수 있는데 아이들이 지루해하는 연산을 굳이 시키는 것이 구시대적인 학습 방법이라고 주장하는 학자들이 있다. 하지만 연산은 지능개발의 필수적인 요소다. 연산을 싫어한다고 해서 연산의 중요성을 간과해서는 안 된다.

15. 단어 추리

아이가 일련의 단서에서 공통된 개념을 찾아내어 단어로 말한다. 단어추리는 언어적 추론 능력을 물어보는 검사다. 질문을 듣고 떠오르는 단어를 생각해내야 한다.

가령, '추울 때 손에 끼는 것은 무엇입니까?'라고 물었을 때 '장갑'이라고 대답할 수 있어야 한다. 그런 다음 '목이 긴 동물은 무엇입니까?' 하고 물으면 '기린' 또는 '사슴'을 말할 수 있어야 한다. 아이가 대답을 곧잘 하게 되면 이번에는 두 가지 질문을 던진다. '이 동물은 바다에서 삽니다. 그리고 젖을 먹이며 새끼를 키웁니다. 이 동물은 무엇입니까?'와 같이 아이가 두 문장에 해당하는 공통점을 찾아 '고래'라는 답을 할 수 있다.

이처럼 문장을 듣고 그 문장에 포함된 구체적 혹은 추상적인 단어를 금방 떠올리는 아이들은 추론 능력이 높은 편이라고 할 수 있다. 아직 발생하지 않은 사건이나 일을 머릿속에서 추측하여 논리적으로 제시할 수 있기 때문에 대체로 문학, 비문학, 사회, 과학 과목에서 좋은 성적을 거둘 수 있다. 또한 초등학교에서 중고등학교로 갈수록 단순한 암기보다는 추론하는 문제를 풀어야 될 가능성이 높으므로 추론 능력이 좋은 아이들은 지금보다 향후에 더 공부를 잘할 가능성이 크다.

언어성 지능과 동작성 지능

지금부터는 전 세계적으로 가장 많이 사용되고 있는 WISC4를 중심으로 설명하겠다. WISC4는 6세부터 16세까지의 아이들을 대상으로 하는 검사다. 몇 년 전까지는 WISC3으로 검사했는데, 최근 새로운 버전인 WISC4가 나왔고, 우리나라에서는 서울대학교에서 국내 실정에 맞게 표준화한 'K-WISC4'로 검사를 하고 있다. 여기서 K는 'Korea'를 뜻하고 'W'는 이 검사를 만든 웩슬러를 뜻한다.

앞에서부터 설명한 것처럼 웩슬러 검사는 언어성과 동작성을 같이 검사할 수 있는 지능검사 도구다. WISC3와 WISC4의 차이는 WISC3에서는 언어성과 동작성을 구분하여 하위 소검사를 실시하고, WISC4에서는 언어성, 동작성, 기억력, 집중력으로 구분한 다음 하위 소검사를 실시한다는 점이다. 하지만 큰 틀에서 보면 둘 다 언어성과 동작성을 구분하여 검사한다고 볼 수 있다.

일반적으로 언어성 지능은 학습과 교육에 의하여 형성된 지능이고, 동작성 지능은 공간지각능력, 집중력, 단기기억력 등 어느 정도 선천적으로 가지고 태어난 지능이라고 볼 수 있다. 전문적인 용어로 언어성 지능을 '결정지능'이라고 하고 동작성 지능을 '유동지능'이라 부른다.

유동지능은 개인이 가지고 있는 상식이나 경험과 관련이 없는, 새롭고 추상적인 내용을 해결하는 지능이다. 유동지능은 소위 실행기능이라고 불리는 것을 통해 발휘된다. 실행기능은 문제해결이 필요한 상황에서 집중력을 유지하는 능력과 필요할 때 적절히 집중하는 부분을 바꾸는 능력을 요구한다.

유동지능이 뛰어난 아이는 빠진 곳 찾기, 토막 짜기, 모양 맞추기, 차례 맞추기, 기호 쓰기 검사와 같은 추상적인 시각 자료를 다루는 능력과 분석하는 능력을 요구하는 과제에서 좋은 성적을 낸다. 또한 순서를 재배열하거나 정보를 처리하는 속도가 빠르다. 이렇듯 동작능력과 관련된 지능이어서 동작성 지능을 유동지능이라고 하는 것이다.

유동지능에 대해 알아야 할 중요한 사실 중 하나는 이 지능이 결정지능에 비하여 유전적인 요인이 강하게 작용한다는 점이다. 유동지능은 결정지능보다 유전적, 생리적 영향을 받는 단순암기력, 지각력, 일반적인 추론력과 관련이 있다.

반면 결정지능은 유동지능에 비해 교육이나 문화와 같은 환경에 더 영향을 받는 편이다. 결정지능은 학습에 의해 축적되는 지능으로, 학습 과정에서 얻는 세상의 법칙이나 그 절차에 대한 정보를 말한다. 결정지능에 속한 언어력, 문제해결능력, 논리적 추론력은 개인이 살고 있는 문화와 학습 환경과 연관이 깊다. 결정지능은 경험과 문화로부터 학습되는 것이기 때문에 개인의 연령과 교육 수준에 비례하는 면이 있다. 따라서 결정지능은 유전적 요인과도 관련이 있지만 그보다는 후천적인 환경에 더 많이 영향을 받는다.

인지 심리학자인 혼이 연구한 결과에 의하면 유동지능은 유전적인 요인과 관련이 많아 어릴수록 빠른 속도로 발전하고 이미 10세

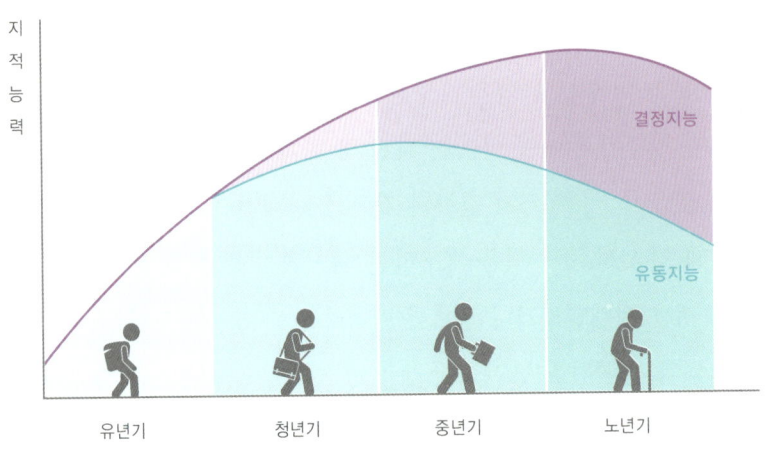

혼(Horn)의 연령별 유동지능과 결정지능의 변화

가 넘어서는 발전하는 속도가 더뎌진다. 반면 결정지능은 유동지능에 비해서 더 늦게 발전하고 20세 이후에도 생애에 걸쳐 꾸준하게 발전한다. 그래서 어릴수록, 특히 초등학교 저학년일 때는 언어지능도 중요하지만 유동지능을 발달시키는 데에 더욱 집중해야 한다.

유동지능과 결정지능은 별개로 보이지만, 이 두 가지 지능은 서로 밀접하게 관련이 있다. 결정지능의 발전에는 유동지능이 꼭 필요하다. 다시 말하면 결정지능을 높이기 위해서는 유동지능이 높아야 하는 것이다. 집중력, 기억력이 좋은 아이들은 책을 읽으면서 더 많은 어휘를 체득할 수 있으며, 일반적인 추론이 잘 되어 있는 아이들이 언어추론도 잘할 수 있다는 뜻이다.

그래서 부모들은 아이의 결정지능과 유동지능을 함께 개발해주어야 한다. 글을 일찍 가르치고 책을 읽게 하는 것이 결정지능 즉,

언어성 지능발달에 도움이 되지만 그것만으로는 부족하다. 각종 교구재와 야외활동, 친밀한 사랑(특히 엄마의 따뜻한 포옹은 아이의 심리를 안정시켜 유동지능을 높여준다)으로 아이의 유동지능을 높여주면 언어성 지능이 더 잘 발달할 수 있다. 한쪽으로 편향된 자극을 주기보다는 다양한 자극을 통하여 유동지능과 결정지능을 함께 개발하여 서로 시너지 효과를 내도록 해야 하는데, 이것이 바로 내가 아이들을 교육할 때 실시하는 '지능기반 학습'이다.

지금까지 언어성 지능 결정지능 과 동작성 지능 유동지능 의 소검사와 이 검사를 통해서 부모가 알아야 할 최소한의 내용을 설명하였다. 물론 여기서 든 예는 실제 검사에서 사용하는 문항을 그대로 인용한 것은 아니다. 검사 도구인 문항을 책에다 기록할 수는 없기 때문이다.

웩슬러 소검사의 해석 방법

웩슬러 지능검사는 15개의 영역을 점수화하고 코딩하여 같은 나이, 같은 월의 아이들과 비교한 뒤 백분위로 표시한다. 그래서 전문가들은 지능지수가 90이니 140이니 하는 점수보다는 상위 2.2퍼센트, 상위 91퍼센트 등의 방식으로 평가하게 된다. 상위 2.2퍼센트는 100명 중에서 두 번째로 머리가 좋다는 것을 뜻하고 상위 91퍼센트는 100명 중에서 91번째로 머리가 좋다는 뜻과 같다.

지능지수	백분율(%)	분류
130이상	상위 2.2	최우수(very superior)
120~129	상위 8.9	우수(superior)
110~119	상위 25	평균 상(high average)
90~109	상위 75	평균(average)
80~89	상위 91.1	평균 하(low average)
70~79	상위 97.8	경계선(borderline)
69이하	상위 100	정신지체(mentally retarded)

IQ는 Intelligence Quotient 즉, 지능의 비율을 뜻한다. 8세 7월생의 지능이 130이라면 대한민국 8세 7월생 중에서 2.2퍼센트에 해당된다는 뜻이다. 그러므로 10세 120과 8세 130중에서 누가 더 머리가 좋으냐고 물어봤을 때 섣불리 130인 아이가 머리가 좋다고 해서는 안 된다. 8세 130인 아이가 10세 120인 아이보다 수행능력이 떨어질 수 있기 때문이다. 다시 말해 IQ는 상대적인 개념이지 그 숫자가 절대적인 개념은 아니다.

WISC3는 언어성 지능과 동작성 지능이 20점 이상 차이가 나면 유의미한 차이라고 해석한다. 상대적으로 언어성이 높다는 말은 결정지능이 높다는 뜻이다. 이는 후천적인 학습을 많이 했다는 의미인데, 주로 교육열이 높은 도시에 사는 아이들에게 나타난다. 반면 동작성이 상대적으로 높다는 말은 유동지능이 높다는 뜻이다. 이는 유전적인 요인이 더 많이 작용하고 책이나 독서, 학원과 같은 언어적 자극을 덜 받은 농어촌 지역 아이들에게서 보여진다.

이 책에서 기준으로 소개한 WISC4는 언어 이해와 지각 추론 차이가 20점 이상이라면 불균형의 정도가 심하다고 본다. WISC4는 크게 언어이해, 지각추론, 작업기억, 처리속도 네 영역으로 검사가 진행되는데, 전반적으로 네 가지 영역이 다 높은 아이가 있고, 네 가지 영역이 다 낮은 아이가 있다. 이런 경우를 지능이 균형 있게 좋거나 나쁘다고 판단할 수 있다.

그런데 상당수의 아이들은 어떤 영역은 높은 수준이고 다른 영역은 낮은 결과를 보이기도 한다. 상대적으로 높은 영역을 '강점지능'이라고 하고 낮은 영역을 '약점지능'이라고 한다. 이렇게 한 아이가 영역에 따라서 강점지능과 약점지능이 큰 차이를 나타내고 있을 때는 어떤 면에서 보면 똑똑해 보이기도 하고 어떤 면에서는 어수룩해 보이기도 해 아이의 정체성을 가늠하기가 힘든 경우가 생긴다. 아이 역시 내가 똑똑한 아이인지 어수룩한 아이인지에 대한 자아이미지가 형성되지 못하기 때문에 심리적으로 불안해한다.

상담을 하다 보면 우리 아이가 문과형인지 이과형인지 질문하는 학부모들이 종종 있다. 전반적으로 우수한 아이들은 문과 및 이과에 모두 강점을 보이고 있는 경우가 많기 때문에 아이의 관심사가 어느 쪽에 있는지에 따라 모두 실현될 수 있다. 보통 언어성은 떨어지고 지각추론이 높은 아이들은 '이과형'이라 하고, 지각추론이 낮으면서 언어성이 높은 아이들은 '문과형'이라고 한다. 특히 공간지각력이 낮은 아이들은 수학에서 도형이나 벡터를 잘 이해하지 못하기 때문에 어려운 수준의 이과 과목을 공부하기 힘들기도 하다.

나는 공부지능에서 처리속도와 작업기억능력을 중요하게 여긴다. 학교 공부는 빠르고 정확하게 기억하는 능력으로 많은 부분을 해결할 수 있기 때문이다. 언어이해와 지각추론은 높지만 작업기억과 처리속도가 떨어지는 아이들은 초등학교 때처럼 학습량이 적을 때는 우수한 성적을 보인다. 하지만 중고등학교로 올라가서 학습량이 많아지면서 내용을 외워야 할 때는 힘들어하는 경우가 많기 때문에 초등학교 때부터 작업기억과 처리속도를 발전시키는 노력을 기울여야 할 것이다.

 다중지능, 어떻게 활용할 것인가?

다중지능 검사는 100명 중에 몇 퍼센트에 해당한다고 표기하는 IQ검사와 달리 8가지 지능 중에서 본인이 생각하거나 선생님 부모들이 관찰한 아이의 강점과 약점지능이 무엇인지 알려고 하는 자기보고식 검사다. 그렇기 때문에 IQ검사처럼 정밀하게 아이의 능력을 보여주기보다는 가지고 있는 강점을 바탕으로 진로를 설정하고 약점을 보완해야 한다는 방향성만을 제시한다.

아이의 능력과 성적, 진로 등에 대해 엄마들과 상담하다 보면 곤란한 경우가 종종 있다. 능력은 없어 보이는데 아이가 좋아하는 경우이다. 수학을 좋아한다고 하는데 수학 성적이 낮거나, 야구를 좋아해서 주말마다 야구를 하는데 정작 소질이 없는 경우도 있다. 이 때 나는 능력을 위주로 진로 상담을 진행한다. 하지만 누구나 다 어려운 일을 겪어가면서 즐겁게 능력을 개발할 수 있는 것은 아니다. 다소 목표치를 낮추고 자신이 좋아하는 것 즉, 상대적 강점을 찾아서 그 부분을 더 발전시키는 편이 아이의 현재와 미래에 도움이 된다면 나는 과감히 국, 영, 수와 같은 과목을 너무 높은 수준으로 공부하기보다 이 아이에게 적합하고 스스로가 강점이 있다고 생각하는 영역을 적극적으로 후원해주라고 조언한다.

그럼에도 불구하고 모두가 가는 명문대, 좋은 직업군을 가기를 원한다면 인내를 가지고 과정을 즐기며 그 길을 가야 할 수도 있다. 어떤 선택을 할지는 오롯이 각자의 몫이다. 다만 개인적인 견해로는 행복한 과정을 위하여 과도한 노력을 포기하고 자신의 강점을 찾는 편이 바람직한 선택이라고 생각한다. 자신의 강점을 일상생활 속에서 끊임없이 발휘하는 과정은 즐겁기 때문에 그곳에서 누적적 성취가 일어날 수 있다. 다시 말해 잘하고 좋아하는 일이라서 오래 할 수 있고, 그러다 보면 작은 성취가 일어날 수 있으며, 이 성취가 모이고 모여 해당 영역에서 큰 성취로 이어질 수 있다. 뿐만 아니라 다른 영역으로도 충분히 확산되어 나갈 수 있다. 이는 제프 콜빈이 말하는 '약점을 지속적으로 보완해서 최고 수준의 경지에 오르는 것'과는 다른 종류의 성공인 셈이다.

다중지능 이론에서의 강점지능 찾기는 IQ가 높거나 EQ가 높은 아이들에게 적용하기보다 음악, 미술, 체육에 탁월한 재능을 보이거나 지능, 학업 중에서도 특별한 영역에서 유독 강점을 보이는 아이에게 적용하면 좋다. 강점을 더 키울 것인가 혹은 약점을 집중해서 없앨 것인가는 매우 중요한 결정이고, 아이의 능력과 진로를 면밀히 고민해서 결정해야 하는 일이다. 나도 상담 중에 강점을 강화하거나 약점을 보완해야 하는 두 가지 선택 중 하나를 해야 할 때가 가장 긴장되고 신중해질 수밖에 없다.

 다중지능의 특징

미국의 심리학자 하워드 가드너의 다중지능은 아이가 국, 영, 수 중심으로 구성된 학교 교육에서 판단하기 힘든 능력을 발견함으로써 자신의 장점을 찾아 이를 강화하고 향후 진로 설정에 도움을 줄 수 있다. 모든 사람은 상대적으로 강점지능을 가지고 있기 때문에 자신의 강점지능을 활용하면 과정을 즐겁게 만들어갈 수 있고 결과적으로 자신에게 맞는 진로를 찾을 수 있다. 각 지능의 특징을 설명하면 다음과 같다.

1. 언어지능

언어지능이 높은 아이는 생각을 말로 표현하거나 글로 쓰는 것을 잘하거나 좋아한다. 언어지능이 높으면 단어의 의미나 소리 등 언어로 표현된 내용을 잘 받아들이고 읽기, 말하기, 쓰기 활동 등을 즐긴다. 또 국어, 사회 등 글로 표현된 과목을 잘하고 외국어를 쉽게 배우고 좋아한다. 일반적으로 이런 지능이 높은 아이들은 인문 사회에 적성이 있고 작가, 시인, 연설가, 뉴스 진행자, 저널리스트, 통역사 등이 될 가능성이 높다.

2. 논리-수학지능

논리-수학지능은 숫자를 잘 다루고 문제의 원리를 잘 이해하는 능력이다. 이 지능이 높은 사람은 문제해결능력이 뛰어나며 특히 수학 과목을 쉽고 즐겁게 배울 수 있다. 복잡한 계산, 논리적인 사고를 할 수 있으며 과학과 수학에 적성을 드러낸다. 논리-수학지능이 높은 아이들은 과학자, 회계사, 공학자, 법학자 등 문제해결능력이 필요한 직업에서 좋은 결과를 낼 수 있다.

3. 시각-공간지능

시각-공간지능이 높은 아이들은 눈에 보이는 세상을 정확하게 파악하고, 이를 그림으로 잘 표현한다. 한마디로 공간지각을 잘한다고 할 수 있다. 다른 지능과 달리 시각-공간지능은 그림을 잘 그리거나 모형을 정확히 만드는 등 사람마다 다르게 나타난다. 시각-공간지능이 뛰어난 아이는 동영상, 그림을 사용한 수업을 좋아하고 관찰과 구상을 잘한다. 이런 아이들은 미술가, 사진 작가, 디자이너, 비평가가 될 가능성이 높다.

4. 신체-운동지능

신체가 좋고 생각을 몸으로 쉽게 표현할 수 있는 능력을 신체-운동지능이라고 한다. 신체-운동지능이 높으면 춤, 운동과 같이 신체를 움직이는 활동을 잘하고 역할극, 현장학습처럼 직접 참여하는 수업을 좋아한다. 이 지능이 높은 아이는 체육을 잘하고 외과의사, 조각가 같은 정확한 작업이 필요한 직업에서 높은 성과를 보인다.

5. 음악지능

음악지능은 말 그대로 리듬, 음높이, 소리의 특징을 잘 받아들이고 악기 연주를 쉽게 배울 수 있다. 음악지능이 높으면 자신의 생각이나 느낌을 음악으로 표현하는 것을 좋아한다. 이 지능이 높은 아이들에겐 다양한 소리를 사용한 수업이 잘 맞고, 가수, 연주자, 지휘자, 음악평론가 등의 진로를 정할 수 있다.

6. 대인관계지능

타인을 잘 이해하고 사회성이 좋으며, 집단에 잘 적응하는 것을 대인관계지능이라고 한다. 대인관계지능이 높은 아이는 또래 친구나 선생님, 부모와의 대화를 통해 많이 배우고, 환경이 변해도 잘 적응할 수 있다. 일반적으로 이런 아이들은 학급에서 반장을 하거나 조별 모임의 조장이 되는 등의 리더십을 발휘하고 사회, 정치 과목에 높은 적성을 보인다. 교사나 상담가, 정치인 등은 대인관계지능이 높은 사람들이다.

7. 개인내적지능

개인내적지능이 높다는 것은 자기관리능력이 뛰어나다는 뜻이다. 이 지능이 높은 아이들은 대체로 성숙해서 자신의 장점과 단점을 객관적으로 파악하고 자존감이 높다. 개인내적지능이 높은 아이는 자신만의 목표를 정해서 배우는 것을 좋아하고 철학, 사회 과목을 잘할 가능성이 높다. 또 일반적으로 독립적인 성격이기 때문에 혼자 공부하는 시간을 충분히 마련해주는 편이 좋다. 심리학자, 신학자, 철학자 등이 이 지능이 높은 사람들이 많이 선택하는 직업이다.

8. 자연탐구지능

자연탐구지능이 높다는 것은 자연과 환경에 큰 관심을 갖고 관찰하기를 잘한다는 뜻이다. 자연탐구지능이 높은 아이들은 환경의 변화와 먹이사슬 같은 자연적인 시스템을 배우는 일을 좋아한다. 이런 아이들에겐 동물과 식물을 가까이 접할 수 있는 실외 수업이나 현미경 등을 사용할 수 있는 수업이 좋다. 보통 이런 아이들은 생물, 화학 과목을 잘할 가능성이 높고 수의사, 정원사, 동물학자 등의 직업이 적성에 맞다.

| TIP |

다중지능과 지능은
어떻게 다른가요?

지능과 다중지능을 헷갈려하는 사람들이 많다. 이름이 다중지능이어서 그렇지 엄밀한 의미에서 다중지능은 지능이 아니다. 다중지능은 아이의 성향을 가늠하는 척도로 아이가 다중지능 중 '논리-수학지능'이 좋은 것은 그쪽 성향을 보인다는 점을 의미하는 것일 뿐이다. 실제로 논리와 수학을 잘하려면 IQ가 좋아야 한다. 다만 다중지능은 일정 부분 공부지능의 한 부분인 EQ하고 연관이 있어 다중지능이 무엇인지에 대해서 알아둘 필요가 있다.

다중지능은 미국의 심리학자인 하워드 가드너가 지각추론, 언어이해, 작업기억, 처리속도 등 기존의 논리적이고 언어적 기억 속도에 의존하는 지능만으로는 인간의 다양한 능력을 평가하기 힘들다는 생각으로 새롭게 주장한 지능이다. 다중지능은 언어지능, 논리-수학지능, 시각-공간지능, 신체운동지능, 음악지능, 대인관계지능, 개인내적지능, 자연탐구지능 8가지 지능으로 구성된다. 인간은 이런 다양한 지능을 가지고, 사람마다 각자의 방식으로 이 지능들을 이용한다는 것이 가드너의 주장이다.

다중지능은 IQ와 다르게 자기보고식 검사를 통해서 측정한다. 아이들을 파악하기 위해서는 많은 검사를 하는데 이중에는 능력검사와 자기보고식 검사가 있다. 대표적인 능력검사로는 지능검사, 집중력 검사, 수학능력검사, 어휘력 검사 등이 있다. 이는 모집단에서 피검사자가 어느 정도의 능력을 지니는지 판단하는 것이다. 100미터를 12초에 최선을 다해서 달리면 12초를 뛸 수 있는 사람이 11초로 뛸 수 없기 때문에 이 아이의 달리기 실력은 12초이고 이는 전체 6학년 중에서 1

퍼센트에 해당한다고 하는 검사가 능력검사이다.
반면 자기보고식 검사는 "나는 정리하는 것을 좋아하는가?" 하는 질문에 대해 '매우 그렇다', '그렇다', '보통이다', '그렇지 않다', '매우 그렇지 않다' 중 해당하는 항목에 체크하여 자신을 객관화시키는 검사를 말한다.
능력검사는 본인의 의지나 건강상태, 심리상태에 따라 잠재력보다 낮은 검사 결과가 나올 수는 있어도 잠재력보다 높은 결과는 나올 수 없다. 하지만 자기보고식 검사는 누군가가 내 검사 결과를 볼 것이라는 가정 하에 자신의 뜻과 다른 항목에 표기할 수 있으므로 검사 결과가 왜곡될 수 있다. '나는 음악을 좋아한다'라고 표기하였다고 해서 음악을 반드시 잘하는 것은 아니라는 말이다. 따라서 자기보고식 검사는 학습유형검사, 다중지능검사, 동기검사, 진로검사, 정서지능검사 등에 **주로** 사용된다.

Chapter.02

암기력은 공부지능의 기본이다

 시를 잘 외우는 아이가 수학도 잘한다

앞서 잠시 언급했듯이 나는 국어 수업에서 시(詩)를 가르칠 때 아이들이 귀로 듣고 외울 수 있도록 시를 직접 읽어준다. 이러한 훈련은 청각적 기억력과 집중력을 길러주는 동시에 국어 실력도 향상시킨다. 시를 외울 때 아이들의 반응은 제각각이다. 어떤 아이는 처음 듣는 시인데도 금방 잘 외우고, 어떤 아이들은 두 줄만 넘어가도 머리를 쥐어뜯으며 힘들어한다.

아이들에게 시를 외우게 하면서 재미있는 현상을 발견했다. 시를 잘 외우는 아이들이 수학도 잘하는 것이었다. 분명 시를 외우는 것은 단순한 암기에 불과하다. 그런데 왜 암기를 잘하는 아이들이 사고력이 필요한 수학이나 공간 지각력이 필요한 도형까지 잘하는 것일까? 궁금증을 해결하기 위해서는 공부지능을 제대로 이해해야 한다.

암기력은 공부지능을 구성하는 여러 지능 중에서도 유전적인 요인이 강한 대표적인 지능이다. 일반적으로 한 가지 지능이 높으면 특별한 문제가 없는 한 다른 지능도 같이 높은 경우가 많다. 이는 다리근육이 좋은 사람이 대체로 팔이나 등근육도 좋은 것과 유사하다. 팔 힘은 센데 다리근육은 형편없이 약한 경우는 극히 드물다. 보통 팔 힘이 세면 허리 힘도 세고, 다리 힘도 세기 마련이다.

시를 듣고 외우기가 끝나면 책을 펴고 눈으로 보고 외우기를 시킨다. 이는 시각적 집중력과 기억력을 강화시키는 훈련인데 듣고 외우기를 잘하는 아이들의 대부분이 보고 외우기도 잘한다. 다만 어떤 아이는 듣고 외우기를 좀 더 잘하고, 어떤 아이는 보고 외우기를 더 잘하기도 한다. 듣고 외우기를 잘하는 아이를 '청각형 학습자', 보고 외우기를 잘하는 아이를 '시각형 학습자'라고 한다.

성인이라면 내가 어떤 학습자이냐에 따라서 주어진 방법대로 학습하면 된다. 청각형 학습자이면 청각을 주로 이용한 학습을, 시각형 학습자라면 시각자료를 활용한 학습이 효과적일 수 있다. 하지만 아이들의 경우 공부지능이 고정된 것이 아니라 발달하고 있는 중이므로 섣불리 어느 한쪽에 치우친 방법으로 학습하지 않도록 한다. 초등학교 아이들의 경우 타고난 영역도 중요하지만 훈련에 의해서 청각적, 시각적 집중력과 기억력이 얼마든지 발달할 수 있다. 약한 부분이 있다면 훈련을 통해서 개발하려고 노력하는 것이 바람직하다.

민성원 연구소에서는 초등학생들을 상대로 6개월마다 지능이 얼마만큼 발달하는지 주기적으로 테스트한다. 그 결과 유전적인 요인이 더 중요하다고 하는 단순암기력조차 훈련에 의해 유의미한 수준으로 발달한다는 사실을 확인할 수 있었다. 내가 아직 지능이 발달할 여지가 많은 아이들이라면 강점 지능에만 집중하기보다 모든 영역의 지능을 발달시키기 위해 노력해야 한다고 말하는 것도 이 때문이다.

어떤 사람들은 내가 잘하는 것, 강점지능을 중점적으로 개발하는 것이 바람직하다고 말한다. 지능이 상당 부분 개발된 중학생, 고등학생이라면 합리적인 선택일 수도 있다. 하지만 하루가 다르게 자극에 반응하여 발달할 수 있는 유아나 초등학생이라면 좋은 선택은 아니라고 본다. 초등학교 때는 강점지능에 집중하면서도 노력하면 상대적으로 약한 지능을 개발할 수 있는 기회가 많기 때문이다.

예체능처럼 어린 시절부터 훈련해야만 높은 수준의 성취를 이룰 수 있는 영역이 아니라면 초등학교 때까지는 골고루 지능을 발달시키는 것이 현명하다. 초등학교 때 수학을 좀 잘하고 국어를 못한다고 해서 '이과형'으로 단정 짓거나 반대로 국어를 잘하고 수학을 못한다고 '문과형'이라 말하는 것은 바람직하지 않다.

특히 외우기를 잘하는 아이들은 수학은 물론 국어, 영어도 다 잘할 가능성이 높다. 이는 달리기를 잘하는 아이들이 근력과 반사 신경이 좋아서 달리기와 같은 육상은 물론 축구, 농구, 사이클, 배구,

테니스 등 대부분의 운동을 잘할 가능성이 큰 것과 같다. 잘 외운다는 것은 기억력과 집중력이 좋다는 뜻이므로 영어단어도 빨리 외울 수 있고, 지도를 한 번 봐도 잘 기억하고, 연산도 빠르고 정확하게 할 수 있으며, 선생님이 말씀하신 것들을 한 번에 다 알아들을 수 있기 때문에 모든 과목을 두루두루 잘할 수 있다. 그래서 나는 공부지능을 이루는 인지능력, 그중에서도 '암기력'을 가장 첫 번째 능력으로 꼽는다. 실제로 한 방송사에서 고등학생들을 대상으로 암기력을 향상시키는 훈련을 실시했다. 그 결과 사고력을 요구하는 수능 성적이 전반적으로 향상되었다고 한다. 암기력이 좋아졌는데 사고력과 문제해결력 또한 좋아진 것이다. 이처럼 암기력은 모든 공부의 기초가 된다.

나는 유아동, 초등학교 시절에는 그 어떤 능력보다도 암기력을 키워주는 일이 가장 중요하다고 본다. 생각해보면 우리가 어릴 적 영어공부를 할 때 가장 힘든 일도 단어 외우기였다. 중간고사, 기말고사 때마다 잘 외워지지 않아 얼마나 고생했던가. 잘 외울 수 있다면 그만큼 공부가 쉬워질 수 있다.

 암기력은 노력으로 강화할 수 있다

암기력은 상당 부분 타고난다. 하지만 후천적으로 노력하면 암기력을 강화할 수 있다. 수업 시간에 학생들에게 원주율을 외우게 한

적이 있다. 원주율은 '3.141592……'처럼 자릿수가 끝이 없는 무한대 숫자인데, 나는 원주율을 가장 많이 외우는 사람에게 상을 주겠다며 외적 동기를 부여했다. 그 결과 매우 흥미로운 일이 일어났다. 한 아이가 스물여덟 자리까지 외운 것이다. 그 아이를 보면서 암기력은 집중해서 외우려고 노력하면 할수록 좋아질 수 있다는 것을 확인할 수 있었다.

많은 사람이 무작정 외우는 주입식 교육은 나쁘다고 말한다. 그러나 암기는 공부에 있어서 매우 중요한 능력이다. 이해가 중요하지 암기할 필요없다는 말은 마치 운동선수에게 자동차가 있는데 왜 굳이 달리기 실력을 키우느냐고 묻는 것과 같다.

암기력은 공부지능에서도 가장 기본이 되는 능력이다. 특히 초등학교 때 암기력을 키우는 것은 공부지능을 개발하는 데 중요한 역할을 한다. 창의적 사고를 하는 데도 암기력이 필요하기 때문이다. 창의적 사고란 세상의 지식을 내 것으로 만들고 이를 조합하여 새로운 아이디어를 만드는 일인데, 세상의 지식을 내 것으로 만드는 데는 강의식 교육이 효과적이다.

물론 토론식 수업을 부정하는 것은 아니다. 두 수업 모두 각각의 장점을 가지고 있다. 힐베르트 마이어의 책 『좋은 수업이란 무엇인가?』에서 지식을 받아들일 때는 강의식 수업이 좋고, 배운 지식을 표현할 때는 토론식 수업이 좋다고 말했다. 즉, 강의식 수업이 더 좋은 수업인지 토론식 수업이 더 좋은 수업인지의 논의는 엄마가 더 좋은지 아빠가 더 좋은지와 같이 무의미한 토론이라고 주장한다.

또한 토론식 수업과 강의식 수업은 동전의 양면과 같아서 각각의 학습 상황에 따라 모두 필요한 수업이라는 게 그의 생각이다.

나도 이 견해에 적극 찬성한다. 잘 외우지 못하면 창의적 사고도 할 수 없다. 암기식 수업에 문제가 있다고 해서 암기식 수업이 가지고 있는 모든 장점이 없어지는 것은 아니다. 암기식 수업과 창의적 토론식 수업은 함께해야 하는 것이다. 토론 수업의 장점을 너무 깊게 믿은 나머지 어린 시절에 암기력이 좋아질 수 있는 훈련을 소홀히 하는 실수를 하지 않았으면 좋겠다.

암기력을 향상시키는 방법은 명확하고 쉽다. 많이 듣고 외우게 하거나 많이 보고 외우게 하면 된다. 방송을 하다 보면 아나운서들의 암기력에 놀랄 때가 많다. 대여섯 줄 되는 대본을 순식간에 글자 하나 틀리지 않고 정확히 외운다. 처음부터 그럴 수 있었을까? 물론 타고난 부분도 있었겠지만 그렇게 되기까지 수많은 연습을 했을 것이다.

암기력은 연습한다고 금방 좋아지지 않는다. 천천히, 조금씩 좋아지기 때문에 아이들이 지치지 않고 계속 연습할 수 있게 하려면 칭찬을 해주는 것이 좋다. 아이가 소화할 수 있을 정도이되 가능한 많이 외우게 하고, 잘 외웠을 때는 아낌없이 칭찬해주어야 한다. 칭찬을 받은 아이는 외우는 것이 재밌어 더 많이 외우는 연습을 하고, 그러다 보면 더 이상 암기를 어려워하지 않게 된다.

TIP

단기기억력, 장기기억력, 작업기억력

기억력은 크게 단기기억력, 장기기억력, 작업기억력 3가지로 구분할 수 있다. 단기기억력은 말 그대로 짧은 시간 동안 기억할 수 있는 능력을 말하고, 장기기억력은 오랜 시간 동안 기억할 수 있는 능력을 의미한다. 작업기억력은 제시된 정보를 일정 기간 머릿속에 저장했다가 새로운 정보와 합쳐서 다시 기억하는 능력을 말한다. 예를 들어 114에서 전화번호를 안내받고 번호를 바로 외워 전화를 거는 것이 작업기억력에 해당한다.

단기기억력과 작업기억력은 암기력처럼 타고나는 부분이 강하다. 암기력처럼 기억력 역시 자꾸 외우고 기억하는 연습을 통해 향상될 수 있다. 오래 기억하려면 수많은 반복이 필요하다. 외우고 잊어버리기를 여러 차례 반복해야 비로소 '단기기억 장소'에 있던 내용이 '장기기억 장소'에 보관된다. 이처럼 장기기억력은 반복에 의해서 기억하는 것이므로 타고난 영역보다는 본인의 의지와 노력으로 충분히 개발할 수 있는 능력이다.

초등학교 때는 암기할 내용이 많지 않기 때문에 기억력이 좋지 않아도 좋은 성적을 얻을 수 있다. 하지만 중학교, 고등학교에 올라가면 암기할 양이 많아 기억력이 나쁘면 공부를 잘하기가 어렵다. 따라서 초등학교 때부터 기억력을 개발하기 위한 훈련을 꾸준히 하는 것이 좋다. 훈련 방법은 암기력을 개발하는 것과 크게 다르지 않다. 자꾸 외우고 기억하기를 반복하면 좋아진다. 특히 장기기억력은 인내와 성실함을 먹고 자란다. 그래서 EQ가 높은 아이들이 장기기억력을 높이는 데 유리하다.

Chapter.03

처리속도, 공부지능의 한 요소

 처리속도는 빨리 개발할수록 좋다

'시간만 좀 더 있었으면 다 풀 수 있었는데…….'

시험을 본 후 이렇게 이야기하며 속상해하는 아이들이 있다. 아이를 보는 부모의 마음도 안타깝기는 매한가지다. 하지만 냉정하게 말하면 정해진 시간 안에 문제를 다 푸는 것도 실력이다. 공부를 잘한다는 것은 배운 내용을 확실히 이해하고 오래 기억하는 것만을 의미하지 않는다. 속도도 중요하다.

100미터 달리기를 할 때 100미터를 완주한 것만으로 달리기를 잘한다고 말하지 않는다. 100미터를 얼마나 빨리 달렸는가에 따라 선수의 실력을 평가한다. 공부도 그렇다. 공부를 잘하는지 평가하는 방식은 여러 가지지만 대개 제한된 시간에 주어진 문제를 푸는 방식으로 평가하기 때문에 처리속도를 무시할 수 없다.

꼭 시험이 아니라도 처리속도는 공부하는 데 많은 영향을 미친다. 처리속도가 빠르면 같은 시간 내에 더 많은 양의 공부를 할 수 있다. 공부하는 양이 많을수록 반드시 공부를 잘하는 것은 아니지만 잔에 물이 다 차야 넘치듯이 공부도 일정량의 양을 채웠을 때 깊이를 더하는 공부가 가능하다.

처리속도는 타고난 요소가 강한 유동지능의 영역이다. 유전적인 요소가 강한 지능들은 훈련을 하더라도 천천히 좋아지고 성인이 된 이후에는 잘 발달하지 않기 때문에 조금이라도 어릴 때 개발하는 것이 유리하다. 처리속도는 눈으로 보고 머릿속으로 생각하여 손으로 표현하는 시지각협응의 형태를 보여준다. 시험을 볼 때 제한된 시간에 문제를 빨리 풀려면 눈으로 문제를 보고, 어떻게 풀 것인지 머릿속으로 생각해 손으로 푸는 과정이 일사분란하게 이루어져야 한다. 따라서 어렸을 때부터 시지각협응능력을 키워주면 처리속도도 빨라질 수 있다.

작업기억력도 처리속도에 영향을 미친다. 작업기억력이 좋지 않으면 아무래도 처리속도가 늦어질 수밖에 없으니 기억력을 높이는 훈련을 하면 처리속도도 빨라질 수 있다. 집중력을 키우는 것도 처리속도를 높이는 데 도움이 된다. 처리속도가 느린 아이들은 대부분 집중력이 약하다. 문제에 집중하지 않으면 그만큼 푸는 데 시간이 걸리므로 집중력을 키우는 연습을 하는 것도 중요하다.

Chapter.04
어휘력과 공부지능은 바늘과 실 관계

 어휘력은 모든 공부의 바탕이다

어휘력은 독해력의 기본이다. 국어 과목에서 어휘력은 공부의 절반 이상을 차지한다. 단어를 모르면서 문학작품을 읽을 수 없고, 당연히 감동을 받거나 내용을 파악할 수 없다. 어휘력은 분석적, 논리적, 비판적, 창의적 사고의 시작이자 읽기와 쓰기의 기본인 것이다. 어휘력이 낮은 수준이라면 독해력과 사고력 또한 높은 수준이 될 수 없다.

수학에서는 또 어떤가? 수학은 정의로부터 파생된 과목이다. 올바른 정의를 내리는 것이 곧 어휘라고 할 수 있다. 나는 초등학교 때 대분수, 가분수, 진분수라는 개념을 잘 이해하지 못해 한동안 곤욕을 치렀던 기억이 있다. 만약 그때 선생님이 '대분수는 분수의 띠가 있는 모양이고 가분수는 가짜 분수이고, 진분수는 진짜 분수'라고 설명해주었다면 얼마나 좋았을까?

1과 $\frac{1}{2}$은 옆에 1이 허리띠처럼 붙어있어서 帶분수인 것이지 大분수가 아니다. 그럼에도 그냥 대분수라 하면 띠가 아닌 '大'의미의 대분수라 생각하기 쉽다. 가분수도 그렇다. 분수는 분모가 크고 분자가 작은 것이 정상인데, 假분수는 분자가 더 크기 때문에 진짜 분수가 아닌 가짜 분수라는 뜻이다. 이처럼 어휘력과는 전혀 상관없을 것 같은 수학에서도 어휘를 익혀야 한다.

이는 역사, 화학, 지리, 정치, 경제, 물리, 생물 등 다른 과목에서도 마찬가지다. 공부의 시작은 그 과목에서 사용하는 어휘를 익히는 것에서 시작한다. 어휘를 익혀 정의를 이해한 후 세밀하게 분석하는 과정이 곧 공부다.

그런데 요즘 아이들을 보면 어휘력이 약하다. 영어로 'consider'는 '고려하다'는 뜻인데, '고려하다'가 무슨 말인지를 모르는 아이들이 수두룩하다. 영어단어는 공부하면서 정작 모든 공부의 기본이 되는 한글은 공부하지 않은 것이다.

나는 국어 수업을 할 때 꼭 새로 나오는 어휘를 사전적으로 읽게 하고, 그 어휘를 집어넣어 짧은 글짓기를 짓게 한다. 숙제를 많이 내주는 것을 좋아하지는 않는데 어휘를 쓰고 짧은 글짓기를 하는 숙제만큼은 꼭 내준다. 아이들의 어휘력을 키워주기 위해서다. 어릴 때부터 어휘를 정확하게 익혀 어휘력을 키우면 향후에 독해력이나 사고력이 좋아지는 바탕이 된다.

어휘력은 지능에서도 매우 중요한 요소다. 주변을 둘러봐도 지능은 떨어지는데 말을 잘하거나 글을 잘 쓰는 경우는 극히 드물다. 뿐만 아니라 지능이 낮은 사람들은 추상적인 표현보다는 단순한 표현을 많이 하고, 사용하는 어휘의 수도 제한되어 있다.

아이들을 가르치다 보면 어휘력이 약해 수업 내용을 이해하지 못하는 경우도 많이 본다. 요즘 조기 유학을 다녀오는 아이가 많은데, 상당수가 국어 공부에 공백이 생겨 귀국 후 학습에 어려움을 호소한다. 만약 조기 유학을 계획한다면 유학 기간뿐 아니라 귀국 후에도 국어 공부를 충분히 해서 어휘력을 유지하는 것이 중요하다. 또한 영어 조기 교육을 시킬 때 영어를 빨리 배우게 하려고 우리말을 못 쓰게 하는 경우가 있다. 이는 한쪽 다리만 길어지는 절뚝이 학습이고, 영어단어를 아무리 많이 알아도 국어 실력이 형편없으면 독해력과 추론력이 좋을 수가 없다. 영어 조기 교육을 할 때는 반드시 국어 공부를 병행하여 균형을 맞춰야 한다.

 국어 교과서는 어휘력을 키워주는 최고의 교재

흔히 어휘력을 키우려면 책을 많이 읽는 것이 좋다고 말한다. 하지만 실제로는 독서량이 많아도 어휘력이 떨어지는 아이가 많다. 책을 읽으면서 맥락은 이해하지만 단어 하나하나를 꼼꼼하게 챙기지 않기 때문이다.

독서보다 더 효과적으로 어휘력을 키울 수 있는 방법이 있다. 바로 '국어 교과서'로 어휘를 공부하는 것이다. 공부지능을 효과적으로 높이기 위해서는 첫째, 전문가에 의해 잘 설계된 연습을 해야 한다. 둘째, 전문가의 피드백이 필요하다. 셋째, 많은 반복을 해야 한다. 넷째, 난이도를 높여가며 연습해야 한다는 원칙을 지켜야 한다. 이 네 가지 원칙을 충실하게 지키면서 어휘력을 키울 수 있게 하는 것이 '국어 교과서'다.

왜 굳이 국어 교과서로 공부하는지 궁금해하는 학부모들이 많다. 여기서 분명히 밝히자면, 나는 국어 교과서 예찬론자이다. 학부모들과 상담할 때마다 나는 입에 침이 마르도록 국어 교과서의 장점을 설명하며 최고의 교재로 강력히 추천한다.

국어 교과서는 국어학자들에 의해서 잘 설계된 최적의 언어 개발 교재다. 국어 교과서로 듣기, 말하기, 읽기, 쓰기, 문법, 문학 등 언어와 관련된 모든 능력을 훈련할 수 있다. 그런 국어 교과서를 공부하고 또 공부하면 어휘력이 늘지 않을 수가 없다. 국어 교과서는 문학과 비문학까지 모든 종류의 글을 수록해 독서가 어느 한쪽으로 편중되는 것을 방지한다. 또 학년이 올라갈수록 공부할 양이 많아지고 난이도가 높아지는 구성은 체계적으로 두뇌를 자극하는 데 효과적이다.

무엇보다 국어 교과서는 상당히 체계적으로 어휘의 난이도를 조절해놓았다. 학년이 올라갈 때마다 좀 더 어려운 새로운 어휘를 등장시키고, 한 교과서 내에서도 뒤로 갈수록 어휘가 어려워지도록 구성되어 있다. 뿐만 아니라 같은 어휘가 자연스럽게 여러 번 반복하여 등장하므로 국어 교과서로 공부하다 보면 반복과 강화가 저절로 된다. 새로운 어휘를 익히고, 반복 훈련을 통해 완벽하게 소화하여 내 것으로 만들면 어휘력은 체계적으로 발전한다.

아이가 독서를 많이 하는 것은 환영할 만한 일이다. 하지만 대체로 자신이 좋아하는 장르에 치우치는 경향이 있고 국어 교과서처럼 체계적으로 읽어나가기 어렵다. 따라서 독서 활동과 국어 교과서 학습을 병행하는 것이 가장 이상적이다.

집에서도 국어 교과서로 어휘력을 늘릴 수 있다. 학교에서 받은 교과서와 별개로 한 부를 더 사서 엄마와 함께 공부하거나 전과를 부교재 삼아 스스로 공부하면 된다. 중학교 과정은 학교마다 다른 교과서를 선택하므로 진학하려는 중학교의 국어 교과서로 공부하거나 『통합 국어』라고 해서 합본으로 나오는 참고서를 이용하면 무리가 없다.

이렇게 체계적으로 공부하면 어휘력뿐 아니라 이해력, 독해력, 추론력 등 다양한 영역의 지능이 향상된다. 더불어 학습을 통한 내신 준비도 함께 이루어지니 그야말로 일석이조라 하겠다. 장기적으로는 대학수학능력평가시험 국어 영역을 미리 준비한다는 이점도 따른다. 물론 논술 공부에도 도움이 된다. 하지만 핵심은 어휘력을 키우는 것이다. 독서나 논술은 이후 자연스럽게 따라오는 효과라고 생각하면 좋겠다. 잎과 가지가 풍성한 나무로 성장하려면 뿌리와 기둥이 튼실해야 한다는 사실을 잊지 말자.

Chapter.05

연산력은
공부지능의 기초 체력

 수학을 잘하는 아이가 공부지능이 높다

로스쿨이 생기기 전, 서울대학교 법과대학에는 수많은 수학 천재들이 합격했다. 나는 서울대학교 경제학과와 법과대학을 모두 졸업하였는데 경제학과는 정말이지 문과라고 하기에는 지나칠 정도로 수학 공부를 많이 했다. 반면 법과대학을 다닐 때에는 기초 연산 문제조차 나오지 않았다. 법대뿐만 아니라 의대, 인문대 학과도 수학과는 거리가 멀다.

그런데도 왜 이렇게 수학과 상관없는 학과들이 수학에 가중치를 두면서까지 수학을 잘하는 학생들을 뽑는 것일까? '수학'이라는 과목의 특성을 살펴보면 답을 알 수 있다.

어떤 대학이든 머리가 좋고, 끈기가 있고, 문제해결력이 좋은 학생을 뽑고 싶어 하는 것은 당연하다. 앞에서 여러 차례 언급한 것처럼 공부를 잘한다는 것은 단순히 계산을 잘하는 능력이 아니라 끈기가 있고, 문제해결력도 뛰어나고, 사람들과의 인간관계도 좋다는 뜻이다. 단순히 IQ만 높은 것이 아니라 EQ, 집중력, 창의력 등 공부지능의 전 영역이 골고루 좋아야 공부를 잘하는 것이다. 그중에서도 수학은 특히 더 그렇다.

수학을 잘하려면 IQ가 높아야 함은 물론이고, 인내심과 끈기가 있어야 한다. 문제가 잘 풀리지 않아도 꾹 참고 풀고 또 풀어야 하며, 쉬운 문제만 풀어서는 안 되고, 어려운 문제를 머리에 쥐가 날 정도로 고민하여 풀 수 있는 방법을 찾아야 한다. IQ가 좋은 것은 불론이고 집중력, 창의력, 인내력, 집요함을 두루 갖춰야 수학을 잘할 수 있다. 그래서 수학과 직접적으로 연관이 없는 학과까지도 수학을 잘하는 학생들을 선호하는 것이다.

공부지능이 높다는 것은 공부뿐만 아니라 사회에서도 일을 잘할 수 있음을 의미한다. 보통 말을 잘하는 아이에게는 변호사가 되면 좋겠다는 덕담을 건네고, 손재주가 좋으면 의사가 되면 좋겠다고 이야기한다. 그런데 실제로 변호사들에게 들어보면 수학을 잘했던 변호사가 승소율이 높고 수학을 잘했던 검사가 범인을 잘 잡는다고 한다. 의사들의 경우도 수학을 잘했던 의사가 환자를 정확히 진단하고 병을 잘 치료한다고 한다.

아이들이 싫어하는 수학을 왜 굳이 시켜야 하는지, 교과 과정에서 수학을 제외해야 한다고 말하는 사람도 있다. 하지만 수학을 하면서 향상시킨 수학적 사고력이나 문제해결력은 수학과 상관없는 분야에서도 아주 유용하게 쓰인다. 애초부터 공부지능이 높은 사람들이 수학을 잘할 가능성이 큰 것은 사실이지만 수학을 열심히 공부하면서 공부지능이 높아지기도 한다.

수학의 시작은 연산이다. 연산을 잘한다는 것은 곧 수학을 잘하는 것이라 해도 무리가 없을 정도로 연산력은 수학을 잘하기 위해서는 물론이고 지능을 높이는 데도 꼭 필요한 능력이다. 연산력은 자릿수가 많은 수를 줄줄 읽어내고, 더하기 빼기 곱하기 나누기를 정확하고 빠르게 하는 능력이다. 얼핏 보면 연산 실력이 별것 아닌 것처럼 보일 수도 있지만 그렇지 않다. 연산을 잘한다는 말은 단기기억력도 뛰어나고 수를 잘 다룬다는 것을 의미한다. 처음에는 사칙연산처럼 비교적 간단한 연산에서 시작하지만 점차 분수나 소수, 비례식까지 빠르고 정확하게 계산하다 보면 단순히 계산을 통해 정답을 도출하는 연산력을 넘어 지능까지 높일 수 있다.

아시아인들은 서양인들에 비해 수학을 잘한다. 전 세계 올림피아드에서 상위권을 차지하는 학생들은 대부분 동양 아이들이다. 21세기에 들어서 아시아권에서 많은 과학적인 발전이 이루어지고 있는데, 이는 아시아인들이 수학을 잘하는 것과 관련이 있다.

아시아인들이 수학을 잘하는 이유는 어렸을 때부터 연산 교육을 많이 받기 때문이다. 아시아인들이 머리가 좋은 이유는 연산을 많이 했기 때문이라는 연구결과도 많다. 한때 일본에서 아이들이 연산을 싫어한다고 해서 연산 교육을 대폭 줄이는 유도리 교육을 실행한 적이 있다. 이후 일본 학생들의 수학 능력이 많이 떨어졌고, 이는 일본 전체의 손실로 이어져 최근에는 다시 초등학교에서 연산 교육을 강화하는 추세다. 미국에서도 아시아식 연산 교육을 시키는 가정이 늘어나고 있다 하니 연산력이 얼마나 중요한지 새삼 실감하게 한다.

연산력을 키우는 데는 암산 훈련만한 것이 없다

내가 초등학생이었던 시절, 어머니는 친구들이 우리 집에 놀러오면 지금 돈으로 1천 원을 상금으로 걸고 나를 포함한 친구들에게 암산 대결을 시켰다. 내가 이길 때도 있었고, 친구들이 이길 때도 있었다. 어린 시절 별것도 아닌 내기에서 이겨보자고 서로 집중하면서 암산을 했는데, 꼭 그 결과라고 볼 수는 없지만 그때 내기를 같이 했던 친구들 모두 최상위권 대학에 합격했다.

초등학교 아이들은 대부분 연산을 싫어한다. 하지만 연산은 수학을 공부하는 데 기초가 되는 내용이다. 모든 운동선수들이 기초 체력을 다지기 위해 달리기를 하듯이 수학을 잘하려면 연산을 해야 한다. 나는 어렸을 때 내기를 하며 암산 실력을 쌓은 덕분에 중고등학교 때 수학을 좀 더 수월하게 공부할 수 있었고, 다른 과목들을 공부할 때도 도움이 되었다고 생각한다. 연산 훈련은 답을 내기 위한 훈련이 아니고 머리가 좋아지면서 수학의 기초를 쌓는 훈련이다. 그러니 설령 아이들이 연산을 싫어해도 짧은 시간이라도 꾸준히 연산을 시킬 것을 강력히 권한다.

나 역시 초등학생들을 대상으로 암산 즉, 머릿셈 수업을 진행하고 있다. 이 수업에서 덧셈, 뺄셈, 곱셈은 물론 소수 계산과 분수 계산도 손을 대지 않고 머릿속으로만 푸는 훈련을 시킨다. 이 훈련은 답을 내는 것이 목적이 아니고, 뇌의 기억능력을 자극하여 집중력과 단기기억력을 키우기 위한 것이다.

연산은 암산과 필산 두 가지 방식으로 할 수 있는데, 암산과 필산은 서로 메커니즘이 다르다. 필산이 논리성을 강조한다면 암산은 집중과 기억력을 강화시키는 데 주력한다. 암산은 말 그대로 연필을 사용하지 않고 답을 내는 것이기 때문에 머릿속에 연습장을 그려야 한다. 더하기나 빼기에서 필산이 뒷자리부터 계산한다면 암산은 앞에서부터 계산하는 방식을 택한다. 필산과 암산 중에서 어떤 것이 더 효과적이냐고 묻는 분들이 있는데, 이는 엄마, 아빠 중 누가 더 좋으냐고 묻는 것과 같다. 암산과 필산은 서로 방식이 다르고 개발하는 공부지능 영역이 다르므로 초등학교 때는 두 가지 방식을 모두 이용해 답을 내는 연습을 해야 한다.

암산 연습은 단순 암기력이나 집중력을 키우는 데 효과적이다. 암산 연습을 지속적으로 하다 보면 점차 머릿속의 연습장 크기가 커지면서 두뇌 용량이 늘어난다. 이는 컴퓨터의 메모리와 같아서 한 번에 많은 양을 단기기억장치에 넣을 수 있어 다른 과목을 공부할 때도 수월하게 된다. 단기기억장치에 들어간 것만 중앙처리장치로 넘어갈 수 있기 때문이다.

약 3년 정도의 체계적인 훈련을 받으면 세 자리 수의 곱셈을 연습장에 적지 않고도 풀 수 있을 정도까지 실력을 향상시킬 수 있다. 암산을 잘하게 되면 숫자를 갖고 노는 데 자신감이 생기기 때문에 향후 수학의 난이도가 높아져도 겁을 내지 않는다. 고등학교 때 배우는 수학도 많은 계산을 필요로 하는 내용들이 많으므로 연산을 잘하면 고등수학을 공부하는 것도 수월하다.

정확성과 속도 둘 다 중요하다

연산은 공부지능 중에서도 인지능력 즉, IQ를 개발할 수 있는 최적의 도구다. 학교 수학은 초등학교 1학년 때부터 초등학교 6학년 때까지 1~10까지의 수 세기부터 시작하여 1~100까지의 수 세기, 한 자릿수의 덧셈과 뺄셈, 세 자릿수의 덧셈과 뺄셈, 한 자릿수의 곱셈, 곱셈과 나눗셈, 분수와 소수, 네 자릿수 이상의 큰 수의 사칙연산, 어림하기, 분수의 사칙연산, 소수의 사칙연산, 약수와 배수, 약분과 통분, 분수와 소수의 나눗셈 등 점점 높아진 난이도의 연산 능력을 배우도록 요구한다. 아이가 연산에 익숙해지려고 하면 자릿수가 늘어나고, 또 익숙해지려고 하면 올림과 내림이 생기는 등 새롭게 난이도가 올라간다. 난이도를 높여가며 자연스럽게 연산을 반복, 강화하는 과정에서 IQ는 자연스럽게 발달한다.

그런데 어려서부터 학습지를 풀며 꾸준히 연산 훈련을 했는데도 정작 IQ검사 결과에서는 연산력 수치가 낮은 경우가 많다. 도대체 왜 그럴까?

"엄마, 학습지 다 풀었어요."

"어디 보자. 10장이나 풀었니? 다 맞았네!"

가정에서 엄마들이 연산을 지도할 때 흔히 나타나는 모습이다. 아이들은 문제를 풀고 엄마들은 채점한다. 연산 학습지를 10장이나 푼다고 해서 연산 실력이 좋아질까? 또한 아이들이 싫어하는 연산을 매일 10장씩이나 풀어야 할까? 다 맞았다고 해서 정말 안심해도 좋은 것일까?

여기서 한 가지가 빠져 있다. 아이가 연산 실력이 좋아지고 머리가 좋아지기 위해서는 빠르고 정확하게 풀어야 한다는 것이다. 엄마들은 아이가 문제를 많이 풀고 정답을 맞히기만 하면 안심하는데 그렇게 해서는 절반의 효과만 있을 뿐이다.

오랜 시간 연산을 한다고 좋은 것도 아니다. 나는 하루에 약 10분 정도만 연산을 하면 충분하다고 생각한다. 이를 '10분 연산 공부법'이라고 한다. 대신 2분 단위로 속도를 재가면서 빨리 풀어야 효과가 있다. 천천히 푸는 것은 천천히 걷는 것과 마찬가지다. 내가 원하는 목적지까지는 갈 수 있지만 달리기 실력이나 폐활량이 좋아지지는 않는다. 준비, 시작이라는 구호와 함께 제한된 시간 내에 문제를 정확하고 빠르게 풀려고 노력할 때 아이는 머리가 아프고 그때 연산력과 IQ도 좋아진다.

틀려도 괜찮다. 정확성과 속도 모두 중요하지만 처음에는 속도에 초점을 맞춰 연습하고 어느 정도 속도가 붙으면 정확성을 보완해가는 것이 좋다. 정확성만을 중요시하면 속도가 늘지 않는다.

집에서 엄마들이 연산을 가르칠 때 하는 실수가 또 있다. 보통 영어는 발음이 안 되니까 학원을 찾으면서 유독 수학은 엄마가 충분히 가르칠 수 있다고 생각한다. 그런데 수학 문제를 푸는 아이가 한두 문제씩 틀리기 시작하면 엄마의 표정이 서서히 바뀐다. 그러면 아이는 엄마 눈치를 보기 시작한다. 아이들은 엄마에게 칭찬받고 싶어 한다. 엄마의 칭찬이 학습 동기가 되기 때문이다. 하지만 연산으로 칭찬받는 아이는 드물다. 이런 과정이 되풀이되면 괜히 엄마와 아이의 사이만 나빠질 뿐 아니라 아이가 수학을 싫어할 우려마저 있다. 감정을 겉으로 드러내지 않고 냉정하게 아이를 가르칠 자신이 없다면 차라리 학원에 보내는 편이 현명할 수도 있다.

집에서 가르칠 때는 정확성과 속도 둘 다 놓치지 않도록 주의해야 한다. 빠르고 정확하게 푸는 연산 훈련을 하려면 암산보다는 필산이 효과적이다. 아이가 연산 문제를 풀면서 암산을 하는 습관이 있다면 반드시 바로잡아줘야 한다. 암산으로 풀면 연산 속도가 느려지고 실수로 틀리는 경우가 많기 때문이다. 손가락을 이용해 연산하는 버릇은 초등학교 2학년이 되기 전에 고쳐주는 것이 좋다. 자신감을 상실할 수 있기 때문이다. 직접 손으로 써가면서 과정을 눈으로 확인하면서 연산 연습을 해야 속도와 정확성 두 마리 토끼를 잡을 수 있다. 연산 과정을 직접 손으로 써보면 머리도 훨씬 가

벼워지고 속도도 빨라지기 때문에 더 많은 연산 연습을 하는 것도 가능하다. 다만 필산을 할 때는 줄을 맞추어서 숫자를 또박또박 쓰는 연습을 시켜야 한다. 수학은 식을 써 가는 과정이다. 필산으로 연습하며 이러한 식을 쓰는 기초가 생기게 하는 것이 좋겠다.

YTN사이언스 「수다학」이라는 프로그램에 약 3년 동안 출연하며 수많은 사례를 접해왔다. 여기서 발견한 사실은 공부를 잘하는 아이든 못하는 아이든 연산은 다 싫어한다는 점이다. 그럼에도 연산은 포기할 수 없다. 연산을 잘해야 수학을 잘할 수 있고, 공부지능을 높일 수 있기 때문이다. 피할 수 없다면 즐겨야 한다. 나는 연산 때문에 고민하는 많은 아이들에게 다음과 같은 해결책을 제시한다.

① 주 5일 이상 하루 10분은 반드시 연산공부를 할 것
② 최대한 빨리 풀려고 노력할 것
③ 최대한 정확히 풀려고 노력할 것

이 3가지 원칙을 지키면서 연산 훈련을 하면 연산 실력이 좋아질 것이다. 연산이 지겨워지는 이유는 문제를 푸는 시간은 많은데, 빨리 풀려는 시도를 안 하기 때문이다. 물론 빨리 풀려고 하는 과정에서 아이가 머리 아파 할 수도 있다. 하지만 머리가 아프다는 것은 뇌가 자극을 받고 있으며 동시에 IQ가 높아지고 있다는 뜻이다.

정신연령에 맞는 수학 공부를 해야 효과적이다

수학은 초등학교 1학년부터 고등학교 3학년까지 크게는 기하와 대수로 나뉘고 좀 더 자세히 분류하면 수와 연산, 문자와 식, 함수, 기하, 확률과 통계로 나뉜다. 각 영역은 학년을 올라가면서 연결되고 심화되면서 조금씩 난이도를 높여 나간다. 그렇기 때문에 저학년에서 문제가 생기면 다음 단계로 넘어가기 힘들 뿐만 아니라 겨우 넘어간다 하더라도 공부하기가 어렵게 되어 있다. 마치 나선처럼 빙글빙글 돌면서 연결되어 있다는 말이다.

공부지능을 높이려면 난이도를 높여가면서 체계적인 학습을 해야 한다. 그런 점에서 보면 수학만큼 좋은 과목도 없다. 수학 공부를 하다 보면 학년이 올라가면서 자연스럽게 난이도를 높여갈 수 있을 뿐만 아니라 앞에서 공부한 내용을 복습하게 된다. 또한 한 학년에서도 유형 문제, 기본 문제, 심화 문제 등으로 나뉘어 더 어려운 난이도를 풀어야 한다. 유형 문제나 기본 문제는 반복적 학습을 통한 수렴적 사고의 방식으로 내 것으로 만들 수 있고, 심화 문제를 풀 때는 문제해결력과 끈기를 통한 확산적 학습으로 내 것으로 만들 수 있다. 이러한 과정에서 아이들의 머리는 자극을 받게 되고 이러한 자극은 결과적으로 공부지능을 높이는 데 도움을 준다.

수학을 제외한 대부분의 과목은 해설지를 보거나 선생님의 설명을 들으면 쉽게 이해할 수 있다. 그러나 수학은 해설지를 보거나 설명을 들어도 쉽게 이해가 되지 않을 뿐만 아니라 조금만 유형을 바꿔도 잘 풀리지 않기 때문에 머리가 이만저만 아픈 것이 아니다. 이처럼 수학은 머리가 아프도록 써야 하는 과목이므로 수학을 열심히 공부하면 머리가 좋아질 수 있다.

많은 학부모가 영어는 일찌감치 조기교육을 시키면서도 수학은 영어만큼 조기교육을 해야 할 필요성을 느끼지 못한다. 하지만 영어는 나이가 들어서도 충분히 배울 수 있는 과목이지만 수학은 다르다. 초등학교 때 수학적 사고력이 올바로 자리잡지 않거나 공부지능이 제대로 개발되지 않으면 나이가 들어 수학을 새로 공부하기는 아주 어렵다. 특히 수학을 처음 시작하는 초등학교 1, 2학년은 매우 중요한 시기다. 이때 수학을 열심히 공부하면 IQ도 좋아지고, 자신감이 붙어 고등 수학을 공부할 때까지 영향을 미친다.

수학을 공부할 때는 신체연령보다는 정신연령을 기준으로 수준을 선택해야 한다. 물론 나이가 들어감에 따라 신체연령과 정신연령으로 나누는 것이 무의미해지기도 하지만 최소한 만 6세에서 16세까지는 의미가 있다.

만일 5학년 아이가 중학교 2학년 수학을 풀면서 흥미로워한다면 이 아이의 정신연령은 중학교 2학년이라고 볼 수 있다. 즉, 신체연령보다 정신연령이 3살 많다는 뜻이다. 이런 아이는 현재 5학년이지만 중학교 2학년 수학을 공부하는 것이 정신연령상 적합하다고 할 수 있을 것이다.

반대로 현재 5학년이지만 4학년 과정도 어려워하는 아이가 있다면 정신연령이 4학년 수준이라 봐야 한다. 이런 아이에게 중학교 2학년 수준의 학습을 권하면 당연히 따라오지 못하고 수학을 포기할 것이다. 그러므로 아이에게 수학을 가르칠 때는 무엇보다도 아이의 현재 정신연령 수준을 파악하고 이에 맞는 학습을 시키는 것이 중요하다. 가끔 수학은 반드시 선행학습을 해야 하는 것 아니냐고 묻는 엄마들이 있는데, 선행학습은 절대 무조건적으로 해야 하는 것이 아니다. 자신의 정신연령에 맞는 수학을 하는 것이기 때문에 신체연령상은 선행학습이지만 정신연령상으로는 적기 학습이다. 정신연령을 넘어선 선행학습은 바람직하지도 않고, 효과도 없다.

앞서 말했듯이 수학은 나선적이고 누적적인 과목이므로, 아이의 지능이 낮다면 정신연령에 맞는 수준부터 차근차근 가르치는 것이 옳다. 반대로 지능이 높은 아이라면 현재보다 한 단계 높은 수준의 학습을 하면서 두뇌가 자극되고 흥미를 느낀다. 나는 대체로 지능이 상위 5~10퍼센트 정도 되는 아이에게는 지적 능력보다 한 단계 높은 수준을 권한다.

애플의 창업자 스티브 잡스의 일화에서도 수준에 맞는 학습의 중요성을 찾을 수 있다. 잡스가 초등학교 4학년일 때 그의 수학 교사는 잡스가 고등학교 1학년 수준의 정신연령 즉, 상위 0.1퍼센트의 지능을 가졌기 때문에 초등학교 4학년 수학 수준이 그에게 너무 쉽다는 것을 발견하고 선행학습을 권했다고 한다. 잡스는 수학 선행학습을 통해 수학에 대한 흥미를 유지할 수 있었던 것이다.

> TIP

동양 아이들이
암산을 잘하는 이유

동양 아이들은 서양 아이들에 비해 암산을 잘한다. 동양 아이들이 어렸을 때부터 연산 교육을 많이 받기 때문인 것도 있지만 좀 더 근원적인 비밀이 있다.

숫자 1, 2, 3, 4, 5, 6, 7, 8, 9, 10, 이를 동양에서는 '일, 이, 삼, 사, 오, 육, 칠, 팔, 구, 십'이라고 읽는다. 아라비아 숫자에 대응되는 발음이 한 글자이다. 하지만 영어에서는 'one, two, three, four, five, six, seven, eight, nine, ten'이라고 읽는다. 한 어절에서 세 어절로 이루어져 있다. 11, 12, 13…20과 같이 두 자릿수로 확장하면 그 차이는 더 심하게 벌어진다. 동양에서는 '십일, 십이, 십삼…이십'으로 읽는다. 하지만 서양에서는 'ten-one, ten-two, ten-three…two-ten'이 아닌 'Eleven, twelve, thirteen… twenty'와 같이 새로운 낱말이 나타난다. 큰 수로 가면 더욱 격차가 벌어진다. 1,234,567은 '백 이십 삼만 사천 오백 육십 칠' 총 12어절로 매우 규칙적으로 커진다. 이를 영어로 읽는다면 'one million two hundred thirty-four thousand five hundred sixty-seven' 총 27어절이 되어 우리나라 말보다 무려 15어절이 더 길다. 그래서 숫자를 듣고 기억하고, 게다가 암산한다는 것은 거의 불가능에 가깝다.

동양 아이들이 암산을 잘하는 것을 보면 서양 사람들은 매우 신기하게 바라보는데 수를 읽는 방법이 다르기 때문에 가능한 일이다. 수의 구조 자체가 동양이 더 유리한 데다 연산 교육을 더 많이 받으니 동양 아이들이 암산을 더 잘하는 것은 당연한 결과다.

Chapter. 06

공간지각력이 좋아야
수준 높은 학습이 가능하다

  공간지각력, 선택이 아닌 필수 지능

'ㄱ자를 180도 돌리면 어떤 모양이 될까?', '일정한 크기의 박스로 피라미드를 완성했을 때 사용된 박스는 총 몇 개일까?'

이런 문제를 어렵지 않게 풀 수 있다면 아마 그 사람은 '공간지각력'이 높을 가능성이 크다. 공간지각력은 우리가 사는 3차원 공간을 잘 인지하는 능력을 말한다. 공간지각력이 높은 사람들은 대개한 번 갔던 길은 기가 막히게 기억하거나 지도 없이도 잘 찾아가고, 모델하우스를 구경할 때 방과 거실, 주방 등의 위치를 한눈에 정확하게 파악한다.

암기력, 연산력, 어휘력 등과 더불어 공간지각력도 IQ에 속하는 중요한 능력이다. 그럼에도 사람들은 다른 능력들에 비해 공간지각력이 공부를 하는 데 왜 필요한지 잘 모르는 경우가 많다.

실제로 초등학교 때까지는 수준 높은 공간지각력을 요구하지 않는다. 하지만 학년이 높아져 삼각함수가 등장하고 타원과 벡터가 나오면 사정이 달라진다. 머릿속에 도형의 이미지가 그려지지 않으면 수학과 과학을 공부하기가 어려워진다. 수학과 과학뿐만 아니라 물리, 화학, 생물 등 이과 과목은 대부분 3차원의 기하학적인 상상력이 요구되므로 공간지각력이 높을수록 유리하다.

공간지각력이 높은 아이들은 대개 머리가 좋다. 그도 그럴 것이 머릿속으로 정육면체를 그려보는 일은 쉬운 일이 아니다. 정확하게 모양을 판단하고, 각 면이 서로 합쳐졌을 때 어떤 모양일지 예상하는 상상력을 발휘해야 한다. 복잡한 도형이나 공간을 파악하려면 집중이 필요하기 때문에 공간지각력과 집중력은 비례하는 경우가 많다. 이처럼 공간지각력은 수준 높은 사고와 상상력, 집중력과 함께 발달하므로 학년이 올라갈수록 공간지각력을 많이 요구한다.

 ## 다양한 실외 체험이 공간지각력을 높인다

공간지각력은 언어성 지능과 달리 유전적인 요소가 강한 동작성 지능에 속한다. 동작성 지능들은 대부분 성인이 된 후에는 잘 개발되지 않으므로 어렸을 때 부지런히 개발해주어야 하는 지능이다.

공간지각력을 높이는 가장 좋은 방법은 다양한 실외 체험을 하게 해주는 것이다. 요즘 아이들은 야외에서 활동하기보다 실내에서 학습하는 시간이 월등히 많아서 공간지각력이 낮은 경우가 많다. 농어촌에 사는 아이들에 비해 도시에 사는 아이들이 공간지각력이 떨어지는 이유도 여기에 있다.

도시 부모들은 실외 활동보다는 실내 활동 위주로 아이들을 가르친다. 독서는 많이 시키면서도 밖에 나가 뛰어놀 시간은 많이 주지 않는다. 아이가 어렸을 때부터 집안에서 책에 파묻혀 지내면 공간에 대한 이해가 떨어지는 것은 당연하다.

공간지각력을 높이고 싶다면 실내에서만 활동하지 말고 정기적으로 들과 산으로 나가서 체험학습을 하길 바란다. 이때 눈으로 보고 손으로 만지는 활동을 많이 하거나 새로운 장소에 많이 갈수록 공간지각력이 발달한다.

일반적으로 여자보다 남자가 공간지각력이 좋다고 한다. 그런데 최근 발표된 연구결과에 따르면 성별 특성보다 성장 환경이 공간지각력에 더 큰 영향을 미친다고 한다. 여자와 남자의 공간지각력의 차이는 유전적인 요인보다는 성장 환경에 의해 생겼다는 것이다.

즉, 사회·환경적으로 여자 아이들은 주로 인형과 대화하며 앉아서 논다. 반면 남자 아이들은 장난감 로봇이나 자동차를 갖고 움직이며 논다. 또한 여자 아이들은 주로 실내에서 놀고, 남자 아이들은 야외에서 뛰논다. 이러한 성장 환경의 영향으로 남자 아이들이 여자 아이들보다 공간지각력이 발달하고 나중에는 과학, 수학을 상대적으로 더 잘하게 되는 것이다.

성별 차이보다는 환경 차이가 공간지각력을 결정한다는 연구는 시사하는 바가 매우 크다. 공간지각력이 타고난 유전적인 요인이 강하게 작용하는 지능이기는 하지만, 어렸을 때부터 공간지각력을 자극하는 환경을 많이 조성해주면 얼마든지 개발할 수 있다는 의미이기 때문이다.

어렸을 때부터 가능한 밖으로 데리고 나가 다양한 체험을 할 수 있게 해주어야 한다. 실내에서 놀 때도 다양한 모양의 입체도형을 활용하는 레고나 큐물을 가지고 놀게 해주면 공간지각력을 개발하는 데 큰 도움이 된다.

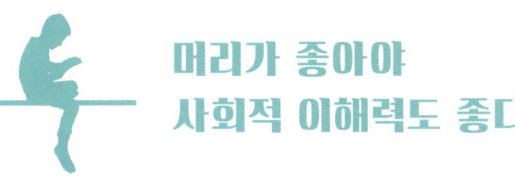

Chapter. 07

머리가 좋아야
사회적 이해력도 좋다

 사회적 이해력도 IQ다

지능을 생각할 때 간과하지 말아야 할 것이 또 있다. 공부머리도 중요하지만 그것에 못지않게 사회적인 지능도 뛰어나야 한다는 사실이다. 아이가 공부를 잘하는 것도 중요하지만 무거운 짐을 힘겹게 들고 가는 할머니를 봤을 때 얼른 다가가서 도와줄 줄 아는 다시 말해, 사회를 이해하는 머리도 좋아야 한다는 뜻이다.

사회에는 일반적으로 통용되는 상식과 규범이 있다. 머리가 좋은 아이는 사회가 요구하는 규범과 상식을 이해하고 이를 잘 지킨다. 그래서 영재들은 상대적으로 윤리적이고 준법정신이 강하며, 정의를 추구하는 성향이 뚜렷하다.

영재들이 모여 있는 수업에서는 시험감독 없이 시험을 치러도 부정행위가 잘 일어나지 않는다. 좋은 점수보다 자신이 실력이 향상되는 데 관심이 더 많기 때문이다. 누군가 퀴즈를 낼 때도 정답을 보지 않고 어떻게든지 자신의 능력으로 풀었을 때 더 큰 만족감을 느낀다. 반면 지능이 낮은 아이들은 과정보다는 결과에 집착하여 부정행위를 하거나, 몰래 해답지를 보고 나온 점수에 만족하는 경우가 더 크다.

머리가 좋은 아이는 다른 사람을 도울 때 스스로 만족감을 느낀다. 편법이 아닌 정당한 방법으로 문제를 해결했을 때도 성취감을 느낀다. 이처럼 머리가 좋다는 것은 사회적으로 정당한 것과 부당한 것을 이해하는 능력이 뛰어나다는 뜻이기도 하다. 이처럼 사회적 이해력은 IQ의 한 영역이다. 따라서 지능을 개발할 때 사회적 이해력을 키워주는 노력도 아끼지 말아야 한다.

 현명한 텔레비전 활용법

초등학생 남매의 지능검사를 한 후 부모와 상담할 때였다. 아빠는 서울대학교 법과대학을 졸업한 판사였고, 엄마는 연세대학교 의과대학을 졸업한 의사였다.

일단 유전적으로 좋은 인자를 타고났을 것이라 예상했다. 뿐만 아니라 초등학교 4학년과 2학년 아이들의 지능검사를 하고 나에게 직접 상담을 요청한 것으로 보아 부모의 교육열이 대단함을 짐작할 수 있었다.

　유전적인 요인과 후천적인 훈련이 잘 되어있을 테니 지능도 꽤 높을 것이라고 생각을 하고 결과지를 보았다. 역시 예상과 같았다. IQ가 상위 0.1퍼센트 이내의 최고 수준이었고, 학교 성적도 우수했으며, 각종 수학 경시대회에서도 수상한 경력이 있었다. 교육청 영재원을 다니고 있을 뿐만 아니라 읽는 책의 수준도 제 또래 아이들보다 상당히 높은 수준이었다.

　그런데 유독 한 가지 영역에서만 평균 정도의 지능을 보여주었다. 그 영역은 '이해'라는 부분인데 여기서의 이해라는 것은 사회적 관점에서의 이해를 뜻한다. 왜 그럴까 곰곰이 생각하던 중에 부모님께 질문을 하였다.

　"혹시 집에 텔레비전이 없습니까?"

　"네, 아이들의 교육을 위해서 없앴어요."

　머리는 좋은데 사회적 이해가 낮은 아이들의 부모 중 이런 분들이 많다. 텔레비전은 교육적으로 보았을 때 좋은 점과 나쁜 점을 동시에 지닌다. 대표적으로 만화영화나 예능 같은 프로그램은 교육적 효과가 별로 좋지 않다. 지나치게 자극적이기 때문이다. 자극이 너무 강하면 약한 자극에는 집중하지 못해 좋지 않다.

　하지만 텔레비전은 긍정적인 면도 있다. 책은 문자 정보이지만 텔레비전은 시청각 정보이기 때문에 같은 시간 동안에 더 많은 정보를 정확하게 받아들이고, 더 오랫동안 기억할 수 있다.

　또한 정보를 엮어 책을 만들려면 꽤 많은 시간이 걸린다. 그동안

정보는 이미 가치가 떨어진 오래된 정보로 전락하기 쉽다. 그래서 지금과 같이 변화무쌍한 시대에서는 책을 통해서만 정보를 받아들이기가 쉽지 않고, 바람직하지도 않다. 텔레비전을 아예 보지 않으면 모두가 알고 있는 상식적인 내용을 아이만 모를 수도 있다.

다큐멘터리나 뉴스 등은 완벽한 문장을 구사하는 성우나 아나운서가 진행하므로 언어발달에도 도움이 된다. 또한 교양 방송도 전문가들이 많이 출연하여 세상의 지식을 얻는 데 도움이 될 수 있다.

드라마도 자극적인 소재를 다루는 내용만 아니라면 인간관계에서 생기는 갈등 요소들이 어떻게 표현되고 해소되는지 알 수 있기 때문에 사회적 이해를 높이는 데 도움이 된다. 통제되지 않는 많은 시간 동안 아이들이 넋놓고 텔레비전을 보는 것은 교육적으로 바람직하지 않다. 하지만 부모와 함께 선별된 프로그램을 재미있게 시청하면서 대화도 한다면 효과적인 교육 도구로 활용할 수 있다.

컴퓨터나 스마트폰도 마찬가지다. 이제는 너무 일상화 되어서 사용하지 못하게 할 수가 없다. 그렇다면 잘 사용하는 방법을 알려주어 중독적인 요소는 피하고, 좋은 점을 취할 수 있도록 도와주는 것이 현명하다.

이를 경제학에서는 '노출된 위험'이라고 한다. 가령, 자동차는 언제 사고가 날지 모를 위험한 교통수단이다. 실제로 사고로 인해 다치거나 목숨을 잃는 사람들이 많다. 그렇다고 자동차를 아예 타지 않는 것이 과연 좋을까? 자동차가 위험하다고 먼 거리를 걸어서 갈

수는 없는 노릇이다. 자동차를 운전할 때 안전벨트를 매고, 신호를 지키면서 안전하게 운전하는 것이 바람직하다.

Study Quotient

PART 5

정서지능(EQ)과 공부지능

Chapter.01

꼴찌였던 달식이는
어떻게 서울대생이 되었을까?

 달식이의 성공 비결

　대학교 때의 일이다. 학교 식당에서 자판기 커피를 뽑아들고 오랜만에 만난 친구와 인사를 나누고 있었다. 그런데 옆에 교련복을 입은 키 작은 친구가 함께 서 있었다. 무심히 교련복 명찰에 눈이 갔는데, 이름이 '김달식'이었다. 문득 중학교 때 반에서 거의 꼴찌를 하던 친구 이름이 생각났다.

　'세상에 특이한 이름을 가진 사람이 또 있군.'

　이렇게 생각하며 그의 얼굴을 천천히 올려다보다 깜짝 놀라고 말았다. 어찌나 놀랐던지 들고 있던 종이컵을 놓칠 뻔했다. 이름만 같은 게 아니라 바로 그 친구였던 것이다.

　'아니, 반에서 꼴찌 하던 녀석이 어떻게 서울대에 입학했지?'

당시 전교에서 10등 안에 들었던 친구들 중에서도 서울대에 오지 못해 다른 대학에 간 아이들이 많았다. 그런데 달식이가 서울대에 오다니 놀라지 않을 수가 없었다. 달식이도 나를 알아보고 반가워하며 큰 소리로 웃었다.

"성원아, 신기하지? 하긴 지금 다시 생각해도 나도 신기하니 뭐."

우리는 자리를 옮겨 이야기를 나누었다. 달식이는 어떻게 서울대에 오게 되었는지 그간의 과정을 이야기해주었다.

중학교 3학년 겨울방학, 마음을 고쳐먹은 달식이는 방학 동안 고등학교 1학년 과정의 영어, 수학을 미리 공부했다고 한다. 지금이야 한 학기 정도의 선행학습은 누구나 하지만 내가 학교에 다닐 때만 해도 과외를 받거나 학원에 다니는 학생이 많지 않았다. 고등학교에 들어가기 전인 겨울방학, 모두가 정신없이 놀던 바로 그때 달식이는 혼자서 고등학교 1학년 과정을 공부했던 것이다.

겨울방학이 끝나고 봄 방학을 앞둔 어느 날 고등학교 배정을 받았는데, 달식이는 중학교 동창이 거의 없는 학교에 배정되었다.

"아는 친구들이 없어서 외롭기도 했지만 한편으로는 잘됐다 싶기도 하더라고. 내가 꼴찌였던 걸 모르니 고등학교에서는 꼴찌 이미지를 벗고 싶기도 했어."

고등학교에 입학해 처음 시험을 치를 때 행운이 찾아왔다. 너무나도 운 좋게 학원에서 풀었던 문제들이 거의 그대로 첫 시험에 나온 것이다. 그래서 실력보다 높은 점수를 받았다. 담임선생님은 덜컥 달식이를 반장으로 임명했고 달식이네 반 친구들과 담임선생님은 달식이를 공부 잘하는 학생으로 인정했다.

처음으로 공부 잘하는 학생 대접을 받게 된 달식이는 이러한 상황에 부응하기 위해 계속 열심히 공부했다. 그러면서 달식이는 공부를 잘하는 게 별 게 아니라는 자신감을 갖게 되었고, 자신감은 시간이 갈수록 강해졌다. 그러면서 중학교 3학년 때 거의 꼴찌였던 달식이가 당당히 서울대에 진학하게 된 것이다.

달식이의 서울대 입학 성공기의 핵심은 무엇일까? 가장 먼저 이루어진 일은 자아 이미지의 변화다. 즉, 중학교 때 김달식의 자아 이미지가 공부 못하는 꼴찌였다면 고등학교에 가서는 공부 잘하는 우등생이라는 자아 이미지로 학교생활을 시작한 것이다. 또한 나름대로 준비와 노력으로 작은 성공을 이루었고, 그 성공을 발판으로 자신감을 갖게 되었으며 더 큰 성취를 이루어낸 것이다.

 ### 긍정적 자아 vs 부정적 자아

달식이의 사례는 긍정적 자아가 공부를 하는 데 얼마나 큰 영향을 미치는지 잘 보여준 사례다. 긍정적 자아를 지닌 아이는 스스로 할 수 있다는 자신감을 가지고 더욱 열심히 노력한다. 반면 부정적 자아를 지닌 아이는 무엇이든 행동하는 것을 두려워한다. 공부에 대해서도 자신이 잘할 수 있을지를 끊임없이 불안해하며 자괴감을 갖는다. 그런 마음으로는 공부에 집중할 수 없다. 집중은 못하고 불안해하기만 하니 공부를 잘하려야 잘할 수가 없다.

달식이처럼 꼴찌는 아니었지만 나 또한 초등학교 5학년 때까지만 해도 성적이 중간 정도 하는 평범한 아이였다. 그런데 6학년 때 우등상을 받고 중학교 첫 중간고사에서 전교 1등을 한 이후에 1등을 할 수 있는 학생이 되었다. 단 두 번의 시험으로 1등을 할 수 없다는 부정적 자아가 1등을 할 수 있다는 긍정적 자아로 바뀐 것이다.

공부를 잘하려면 아이가 자신의 이미지를 부정적으로 규정해서는 안 된다. 지금까지 자신에 대한 부정적인 이미지가 많았다면 부모가 노력하여 긍정적인 이미지로 바꿔야 한다.

물론 쉬운 일은 아니다. 사람은 누구나 긍정적인 부분보다는 부정적인 부분에 더 예민하게 반응하기 때문이다. 성인들도 나에 대한 좋은 소리는 흘려들으면서 주변에서 부정적인 이야기를 들었을 때는 심각하게 받아들이는 경우가 많다. 스스로 내적 대화를 할 때도 자기에 대해 좋은 점보다는 약점을 먼저 떠올리기 때문에 긍정적 자아보다는 부정적 자아가 형성되기 쉽다.

하지만 달식이가 그랬던 것처럼 아이의 부정적 자아는 노력으로 충분히 바뀔 수 있다. 달식이처럼 작은 성공의 경험이 계기가 되어 바뀔 수도 있고, 자신을 믿어주는 사람에 의해 바뀌기도 한다.

반대도 가능하다. 원래 긍정적 자아를 지닌 아이도 어떤 계기에 의해 부정적 자아로 바뀔 수도 있다. 예를 들어 성적이 좋은 A가 전학을 가게 되었다. 저번 학교에서는 선생님들을 비롯해 모든 친구들이 A를 공부 잘하는 우등생으로 인정해주었다. 그런데 전학을 오고 나서 치룬 첫 시험을 망쳤고, 아무도 A를 우수한 학생으로 인정해주지 않았다. 달식이와 반대의 경우다.

이런 일을 겪으면 A는 그동안 가졌던 긍정적 자아에 상처를 입을 수도 있다. 자신에 대한 부정적 이미지가 형성되면서 자신감을 잃고 성적이 크게 떨어질 위험이 있다.

아이가 클수록 부정적 자아를 형성할 만한 사건들을 점점 자주 겪게 된다. 그럴 때는 크게 상처받고 고민하기보다 좀 더 느긋하게 상황을 받아들이도록 부모가 지도해주어야 한다. 가령, A의 경우 공부를 못해서 시험을 망친 것이 아니라 그저 익숙지 않은 동네에 왔기 때문에 실수를 했다고 말해주면 된다.

잠시 감기에 걸렸다고 건강이 무너지는 것은 아니다. 감기 좀 걸렸다고 금방 큰 병이라도 난 것처럼 과대평가하지 말고 아이를 차분히 설득하여 부정적 자아를 갖지 않도록 주의해야 한다.

주변에서 자꾸 아이에 대해 부정적인 이야기를 하면 아이는 부정적 자아를 갖기 쉽다. 따라서 가능한 아이에게 부정적인 이야기를 하는 대신 격려와 칭찬을 하는 것이 좋다. 특히 아이가 시험을 못 보았을 때는 절대 질책하지 말아야 한다. 어떤 형태로든 혼을 내거나 질책하면 부정적인 자아가 형성될 수 있기 때문이다.

아이가 부정적인 자아를 가져서 도움이 될 것이 하나도 없다. 그냥 단순하게 '그래, 이번만 못 봤을 뿐이야' 하며 넘기고, 왜 못 보았는지 원인을 분석한 뒤 다음 시험을 잘 볼 방법을 찾게 도와주는 편이 훨씬 낫다.

TIP

긍정적 자아를 가진 사람들의 특징

① 스스로를 가치 있게 느끼며, 자신을 사랑하고 약점도 모두 수용한다.
② 자신만만하지만 현실적이며 겸손하다. 왜냐하면 스스로의 장점과 단점을 정확히 알고 있기 때문이다. 할 수 있는 일을 주저하지 않지만 자신이 할 수 없는 일에 무모하게 도전하지도 않는다.
③ 자기를 수용하는 것처럼 남들을 수용하기 때문에 나든 사람들이 부정적인 태도를 보일지라도 긍정적인 자세로 수용한다.
④ 항상 자신감이 있으며 삶의 고난이나 도전을 두려워하지 않는다.
⑤ 자신의 생각과 감정을 믿고 자신의 판단을 신뢰하기에 당당하게 행동할 수 있으며, 자신의 견해나 주장에서 틀린 것이 드러나도 두려움 없이 수정한다. 그래서 고집이 센 사람들은 긍정적인 자아를 갖고 있는 사람들이 아니다. 왜냐하면 본인이 틀렸음에도 불구하고 이를 인정하지 않기 때문이다. 반면 긍정적인 자아를 가진 사람들은 자신이 잘못했다고 느꼈을 때 기꺼이 사과하는 것을 창피해하지 않는다.
⑥ 매사에 진취적이고 적극적이며 인간관계가 원만하고, 자신에 대해 긍지와 자부심을 가지고 있어서 다른 사람의 칭찬도 가식 없이 받아들인다.
⑦ 자신을 좋아하고 자족하기 때문에 자신의 힘을 과시할 필요를 느끼지 않는다. 자신을 좋아하지 않는 사람은 타인을 좋아하기 힘들다. 자신을 좋아하는 즉, 자존감이 있는 사람만이 타인을 존중하는 것이다.

Chapter.02

공부지능에서 EQ가 중요한 이유

 진득한 아이가 성적이 높다

앞서 여러 차례 말했듯이 공부를 잘한다는 말은 어휘력이 뛰어나고, 연산력, 추론력, 공간지각력이 좋고, 처리속도가 빠르다는 것을 의미한다. 이러한 특성은 모두 IQ와 관련이 있다. 하지만 IQ가 높은데도 공부를 못하는 아이들이 제법 많고, 반대로 IQ는 평범한 수준인데도 공부를 잘하는 아이들도 있다. 이는 IQ는 공부를 잘하는 데 필요조건이지 충분조건은 아니라는 사실을 보여준다.

천재적인 지능을 갖고 있으면서도 계획력이 없어서 당일치기를 한다든지, 습관이 좋지 않아서 꾸준히 공부하지 않는다든지, 게임의 충동을 이기지 못해서 게임에 빠져 있는 아이들은 결코 좋은 성적을 내지 못한다. 또한 잘할 수 있으면서도 자존감이 낮은 아이들,

동료들과 선생님, 가족 등 주변 사람들과 관계가 좋지 않아서 학교나 공부에 흥미를 느끼지 못한 천재들도 좋은 성적을 내지 못하는 경우가 있다.

공부는 인내를 필요로 한다. 오랜 세월 동안 배우고 익히는 과정을 반복하고, 시험 기간 동안 최선을 다해 머릿속에 축적해놓은 지식을 꺼내는 과정을 수없이 되풀이하는 것이 공부다. 단지 인지능력을 평가하는 IQ만으로는 아이가 이 지루한 과정을 견뎌낼 수 있는지 알 수가 없다.

뿐만 아니라 공부를 잘해도 한두 번쯤은 성적이 나쁠 수도 있다. 그럴 때마다 실망하기보다 '나는 할 수 있다'는 마음으로 다시 도전해야 한다. 그런데 IQ가 높은 아이들 중에는 실패했다는 것을 인정하기 두려워 오히려 공부를 멀리하는 경우가 있다. IQ가 높은데 EQ가 낮은 아이들에게 나타나는 전형적인 현상이다.

반면 IQ가 별로 높지 않은데도 공부를 잘하는 아이들은 대개 진득하다. 유혹에 쉽사리 넘어가지 않는다. 게임을 하고 싶어도 잘 참고 오랜 시간 엉덩이를 의자에 붙이고 공부한다. 또한 시험 성적에 일희일비하지 않는다. 시험을 못 봐도 실망하지 않고 더 열심히 공부한다. 이는 EQ가 높은 아이들의 전형적인 모습이다.

공부를 잘하려면 IQ와 EQ 모두 중요하다. IQ가 순간적으로 판단하고 받아들이는 힘이라면 EQ는 과정 속에서 결과를 만들어내는 힘이라고 볼 수 있다. 두 지능은 서로 보완적인 관계여서 굳이 어느 지능이 더 중요한지 따지는 것은 의미가 없다. 하지만 IQ만 높고

EQ 낮은 아이보다는 IQ는 평범해도 EQ가 높은 아이들이 공부를 잘할 가능성이 크다는 것은 부인하기 어렵다. 공부지능에서 EQ를 계속 강조하는 것도 이 때문이다.

 나를 알아야 공부도 잘한다

EQ는 자신의 정서를 감지하고 통제하고 평가하는 능력을 말한다. 여기서 통제는 감정을 억압하는 것이 아니라 이해하는 것이다. 쉽게 설명하면 어려운 일을 만났을 때 끈기 있게 대처하고, 나의 정서를 인지하고 이를 관리하는 능력이라 할 수 있다. 나의 정서뿐만 아니라 다른 사람의 마음을 인지하고 공감할 수 있는 것도 EQ의 능력이다. 결국 EQ는 자신과 타인의 정서를 잘 활용하여 자신이 처한 상황에서 보다 합리적으로 사고하고 행동함으로써 문제 상황을 성공적으로 대처해 나가는 능력이라고 할 수 있다. 가드너의 다중지능 이론과 결부시키면 대인관계지능, 개인내적지능과 상관관계가 높다.

EQ 중에서도 가장 기본이 되는 능력은 자신을 아는 것이다. 이를 심리학에서는 '셀프SELF'라고 표현한다. 내가 나를 정확히 이해한다는 것은 내가 할 수 있는 일과 할 수 없는 일 그리고 내가 나아가고 있는 길, 내 주변에 있는 사람들과의 관계를 안다는 것이다. 이들은 자기 인식이 정확하기 때문에 올바른 계획을 세우고, 자신감이 넘치며, 겸손함도 갖추고 있다.

내가 가르쳤던 아이 중에서 IQ가 상위 1퍼센트에 속하는 똑똑한 학생이 있었다. 그런데 어쩐 일인지 그 아이는 매사에 자신감이 없었고, 수학을 비롯한 다른 과목에서 전체적으로 성적이 썩 좋지 않았다. 객관적으로 분명 IQ가 높음에도 아이 스스로는 자신감이 없는 소심한, 한마디로 EQ가 낮은 아이였던 것이다. 이는 '스스로 생각하는 나'와 '객관적인 나'가 불일치하는 경우로, 심리적인 문제가 발생하기 쉽다.

반면 지능이 매우 낮은 아이가 할 수 있다는 자신감이 과하게 넘치는 경우도 있다. 이것 역시 그렇게 바람직한 경우는 아니다. 무모한 계획을 세웠다 실패하고, 나중에 어른이 되었을 때는 돈키호테처럼 방황할 수도 있기 때문이다. 가장 바람직한 것은 객관적인 나와 주관적인 내가 일치하는 것이다.

만약 주변 사람에게 "당신은 여자입니까, 남자입니까?" 하고 물으면 그 사람은 황당해하며 "당신이 보고 있는 그대로입니다"라고 대답할 것이다. 이러한 모습이 '셀프의 일치'다.

내가 나를 여자로 생각하고, 다른 사람들 또한 나를 여자로 생각하면 살아가는 데 아무런 문제가 없다. 그런데 간혹 외모는 남자인데 스스로를 여자로 생각하는 사람도 있다. 이러한 경우에는 셀프의 불일치가 발생하기 때문에 매우 고통스러운 삶을 살아야 한다. 외모가 남자임에도 불구하고 치마를 입고 싶고, 여성을 사랑하기보다는 또 다른 남성에게서 연모의 정을 느끼기도 한다. 그래서 이들은 성전환 수술을 통해서 외모까지 여자로 바꾸고 나서야 심리적 안정을 취하는 것이다.

EQ는 자기이해지능과 통한다. 스스로에게 '나는 어떤 사람인가?', '나의 능력은 어느 정도인가?', '나는 지금 어떤 처지에 있는가?' 등의 질문에 객관적으로 답을 할 수 있는 능력이다. 자신을 잘 인식하는 사람은 자신의 감정을 잘 다루고 스스로를 잘 통제할 수 있다.

공부를 잘하려면 자존감이 높고, 인내심도 있어야 하지만 객관적인 나를 잘 알아야 한다. 내가 공부지능 중 어떤 영역이 높고, 낮은지를 알아야 강화해야 할 지능과 보완해야 할 지능을 알 수 있고, 현재 내 실력이 어느 정도인지 알아야 그에 맞게 현실적인 공부 계획을 세울 수 있다. 수학 실력이 중1 수준인데, 중3 수준에 도전한다면 그것만큼 미련한 일도 없다. 자신을 잘 이해함은 물론 현실적인 목표를 세우고 도전할 때 공부지능도 높이고 공부도 잘할 수 있다.

 EQ가 좋으면 공부를 즐길 수 있다

삶은 평탄하지 않다. 살다 보면 끊임없이 크고 작은 시련과 마주한다. 시련이 닥쳤을 때 이를 극복하고 이겨내는 사람이 있는가 하면 시련 앞에서 무기력해지는 사람들도 있다. 아이들도 마찬가지다.

어떤 아이는 어려움이 닥쳐도 금방 이겨내고 어떤 아이는 주저앉고 만다. 이러한 차이를 만드는 것이 바로 EQ다.

IQ가 새로운 것을 받아들이는 힘이라면 EQ는 이를 바탕으로 꾸준히 실행하여 성과를 내는 힘이다. IQ가 뇌와 관련이 많다면 EQ는 마음과 관련이 있다고 볼 수 있다. 그래서 EQ를 마음의 근력으로 표현한다. 몸이 힘을 발휘하려면 강한 근육이 필요한 것처럼 마음이 힘을 발휘하기 위해서는 튼튼한 마음의 근육이 필요하다는 뜻이다. 심리학자들에 의하면 마음의 힘은 일종의 근육과도 같아서 사람마다 제한된 능력을 갖고 있으며, 견뎌낼 수 있는 무게도 정해져 있다. 그러나 마음의 근육이 견뎌낼 수 있는 무게는 훈련에 의해서 키울 수 있다.

EQ의 핵심 요소는 자기조절능력이다. 자기조절능력이란 스스로의 감정을 인식하고 조절하는 능력이다. 자기조절능력은 어려운 상황이 닥쳤을 때 스스로의 부정적 감정을 통제하고, 긍정적 감정과 건강한 도전 의식을 불러일으키며, 기분에 휩쓸리는 충동적 반응을 억제하고, 자신이 처한 상황을 객관적이고도 정확하게 파악하여 대처 방안을 찾아내는 능력이다. 역경이나 어려움을 성공적으로 극복해내는 사람의 공통적인 특징이기도 하다.

자기조절능력을 향상시키기 위해서는 먼저 자기이해지능이 무언지 알아야 한다. 자기이해지능이란 자신의 생각과 느낌, 감정 상태를 스스로 파악하고 통제하는 능력이다. EQ의 핵심 요소이며 자신의 충동을 통제하고 감정을 조절하는 능력과 직결된다. 이는 다른 모든 지능이 효율적으로 발휘될 수 있도록 돕는다.

자기이해지능은 감정조절력으로 나타난다. 감정조절력은 압박과 스트레스 상황에서도 평온함을 유지할 수 있는 능력이다. EQ가 높은 사람들은 스스로의 감정과 주의력과 행동을 통제할 수 있는 능력을 지니고 있다. 감정조절력은 분노나 짜증처럼 부정적인 감정을 억누르는 것이 아니고, 필요할 때 긍정적인 감정을 스스로 불러일으킬 수 있다. 이때 만들어진 긍정적 감정은 학습에 있어서 내재적 동기를 유발시킨다.

자기조절능력의 한 요소인 충동 통제력은 단순히 충동을 억제하는 것이 아니다. 충동성은 주로 계획성 없이 어떤 일을 수행하거나 그때그때 기분에 따라서 행동하려는 성향이다. 충동 통제력은 자신의 동기를 스스로 부여하고 조절할 수 있는 능력과 관계된다. 그것은 단순한 인내력이나 참을성과는 달리 자율성을 바탕으로 오히려 고통을 즐기는 능력 혹은 고통의 과정을 즐거움으로 승화시키는 마음의 습관이라고 할 수 있다.

충동 억제와 충동 통제의 차이는 텔레비전이 보고 싶거나 게임을 할 수 있는 상황에서 끙끙거리며 수학 문제를 푸는 아이들의 모습에서 발견할 수 있다. 충동 억제를 보이는 아이들은 이를 악물고 수학 문제를 풀어나간다. 하기 싫은 것을 억지로 하고 있기 때문이다. 이런 아이들의 목표는 빨리 수학 숙제를 다하고 원하는 게임을 하는 것이다. 문제를 푸는 것에 대한 보상이 게임을 즐기는 것으로 여긴다.

반면 충동 통제력을 지닌 아이는 게임을 할 수 있는 상황에서도 수학 문제를 푼다. 이런 아이들은 수학 문제를 풀 때마다 성취감을 느낀다. 처음에는 게임을 하고 싶은 마음도 있었지만 시간이 좀 지나면 금방 과제에 몰입해 바깥세상의 일은 모두 잊어버린다. 게임할 시간이 부족했지만 자신이 몰입했던 문제 풀이 과정을 생각하며 스스로를 대견하다 여긴다.

이처럼 감정을 통제하는 것과 억제하는 것은 천지 차이다. '고생 끝에 낙이 온다', '입에는 쓰지만 몸에는 좋다'는 말은 모두 충동 억제를 표현할 때 쓰는 말이다. 감정을 억제하지 않고 통제할 줄 아는 사람은 대부분 EQ가 높다.

공부는 이를 악물고 하기 싫은 것을 억지로 하는 것이 아니다. EQ가 높으면 감정을 통제할 줄 알기 때문에 공부를 즐겁게 할 수 있다.

하버드 대학에서 행복학을 강의하는 탈 벤 샤하르는 『해피어』라는 저서에서 '행복은 결과가 아니고 과정'이라고 말한다. 사람은 조금 더 나아지는 과정 속에서 행복을 느낀다는 것이다.

그는 사람들의 태도를 4가지의 햄버거로 분류해서 설명한다. 첫 번째는 맛은 있으나 몸에는 나쁜 햄버거다. 이 햄버거는 당장의 기쁨을 줄 수는 있지만 시간이 지날수록 나의 건강을 해친다. 현재에는 이익이고 미래에 손해가 되는 것을 선택하는 사람들을 '쾌락주의자'라고 부른다. 중독적인 게임에 몰입하여 미래의 나를 만들어 주는 공부를 게을리하는 아이들도 이런 유형이고, 이런 아이들은 대부분 충동 통제력이 낮다.

두 번째는 맛도 없고 건강도 해치는 최악의 햄버거다. 현재는 물론 미래에도 도움이 되지 않는 행동을 하는 사람들인데, 허무주의 및 비관적인 사람들이 이에 속한다.

세 번째 햄버거는 몸에는 좋은데 맛이 없는 햄버거다. 현재의 고통을 참다 보면 미래의 좋은 결과가 있을 것이라고 말하는 성취주의자들이다. 이들은 친구 관계, 건강, 정직, 과정의 기쁨보다는 오히려 미래의 성취에만 집중한다. 이들은 '고생 끝에 낙이 온다'는 말을 주로 한다. 감정을 통제하기보다 억제하는 유형의 사람들인 것이다.

앞의 세 종류 햄버거 모두 답은 아니다. 샤하르는 맛도 좋으면서 건강에도 좋은 햄버거를 제시한다. 이러한 햄버거가 의미하는 것은 '행복주의자'들이다. 바로 EQ가 높은 사람들로 현재의 감정을 통제하면서 몰입에 빠져있기 때문에 얼핏 보면 힘들어 보여도 그들은 과정을 즐길 줄 안다. 과정과 결과가 모두 좋은 것이다.

행복은 '성공의 결과'라기보다 '성공에 이르는 길'이라 할 수 있다. 성공한 사람이 행복한 것이 아니라 행복한 사람이 성공하는 것이다. 아이들의 EQ를 키워줘야 하는 이유가 여기에 있다. EQ가 높으면 공부를 즐길 수 있고 그만큼 결과도 좋다. 즉, EQ가 높은 아이들은 단지 IQ만 높은 아이들에 비해 과정과 결과가 모두 좋기 때문에 행복한 삶을 살아갈 수 있다.

EQ가 높은 아이는 자책하기보다 자신을 믿는다

부정적인 감정을 유발할 수 있는 일을 당했을 때 사람마다 이를 대하는 태도가 다르다. 예를 들어 누군가가 "너는 참 못생겼구나"라고 얘기했을 때 어떤 사람은 그냥 웃어넘기고, 어떤 사람은 화를 내고, 또 어떤 사람은 좌절하기도 한다. 똑같이 못생겼다는 말을 듣고 모두 다르게 반응하는 것이다.

웃어넘기는 사람은 "아니에요, 저 안 못생겼어요" 혹은 "맞아요, 저 못생겼어요. 근데 뭐 어때요?"라며 그저 농담으로 받아들인다. 화를 내는 사람은 "어떻게 그렇게 말할 수 있어요?"라고 생각하면서 그 말을 한 사람에게 적대감을 가진다. 좌절하는 사람은 '그래, 나는 못생겼기 때문에 사람들이 나를 좋아하지 않을 거야'라고 생각한다. 그러면서 자신이 그런 감정을 느끼는 것이 당연하다고 여긴다.

다소 부정적인 사건이 일어났을 때 지나치게 비관적이거나 혹은 지나치게 낙관적으로 받아들이는 사람들은 대체적으로 원인분석력이 부족하다. 원인분석력은 자기이해지능의 중요한 요소로 '나에게 주어진 문제의 원인을 정확히 진단해내는 능력'을 말한다. 다시 말해, 자신에게 닥친 사건들을 긍정적이면서도 객관적이고 정확하게 보는 능력이다.

EQ가 높은 사람들은 원인분석력이 좋다. 부정적인 사건이 일어났을 때 어떻게 반응하는 것이 긍정적인 마음 즉, EQ를 높이는 데 도움이 될까?

마틴 셀리그만은 그의 저서 『긍정심리학』에서 '최근에 일어난 부정적인 사건에 대하여 어떻게 생각하고 반응하는가?'를 개인성(나에게만 일어난 일인가 또는 나를 포함하여 누구에게나 다 일어날 수 있는 일인가), 영속성(항상 그런 것인가 또는 이번에만 어쩌다 그런 것인가), 보편성(모든 것, 모든 면이 다 그런 것인가 또는 그것만 그런 것인가)의 관점에서 살펴보라고 한다. 또한 부정적인 사건에 대해 비개인적이고, 일시적이고, 특수한 것으로 받아들이는 습관을 들이라고 한다. 물론 좋은 일에 대해서는 개인적이고, 영속적이고, 보편적인 것으로 받아들이는 편이 좋다.

예를 들어 환절기에 감기에 걸렸다라고 가정해보자. 나만 감기에 걸렸는지 다른 사람들도 감기에 걸렸는지를 판단의 기준으로 보는 것이 개인성이다. 많은 사람이 걸린 감기를 내가 걸렸다고 해서 나만 불행한 것은 아니라는 뜻이다.

아이가 이번 중간고사에서 수학 시험을 망쳤다고 해보자. 지난 기말고사에서도 수학 시험을 못 봤고, 작년도 중간고사에서도 수학 시험을 못 본 것이 아니라면 단지 이번에만 못 본 것이지 수학을 못 하는 아이가 아니라는 말이다. 이게 바로 영속성의 관점이다.

책상 정리를 안 하지만 다른 영역에서는 별 문제가 없는 아이가 있다고 하자. 책상 정리를 안 한다고 해서 이 아이가 게으르거나 불성실한 것은 아니다. 이게 보편성의 관점이다.

어른들도 그렇지만 아이들 중에서도 자기 탓을 하는 아이들이 많다. 시험을 못 보았을 때 "난 왜 맨날 이 모양일까? 열심히 공부해도 소용이 없어. 난 머리가 나쁜가 봐" 하고 자책하는 유형이다. 이런 반응은 EQ를 높이는 데도, 공부를 잘하는 데도 아무런 도움이 되지 않는다. 차라리 "에이, 열심히 공부했는데 문제가 이상하게 나와서 틀렸네. 다음에 잘 보면 되지 뭐"라고 생각하는 편이 낫다. 문제의 원인을 객관적이고 정확하게 분석하되, 긍정적인 방향으로 생각하는 것이 중요하다.

TIP

골드만이 말하는 정서지능

정서지능은 1990년대 예일대 심리학과 샐로비 교수와 뉴햄프셔대 존 메이어 교수에 의해 처음 정의되었다. 다니엘 골드만은 이 정서지능을 개념화해 아래와 같이 5가지로 구분하였다.

1. 자기인식
자기인식은 정서지능의 가장 기본으로 자신의 정서를 인식하는 능력이다. 자기인식이 좋은 사람은 자신의 감정을 잘 다루며, 본능적인 결정을 믿을 수 있고, 자기 삶의 주인이 되어 스스로 성공할 수 있다.

2. 자기조절
자기인식 단계에서 인식한 자신의 정서를 적절히 제어할 수 있는 능력을 말한다. 자기조절능력이 있으면 목표를 위해 노력하는 과정에서 불안, 걱정과 같은 부정적인 감정 때문에 일을 그르치지 않는다.

3. 동기부여
동기부여는 인내하고 극복하는 능력이다. 많은 사람들은 어려움이 닥치면 원래의 동기를 잃어버리지만, 이 능력이 높은 사람들은 끊임없이 동기를 환기하여 실패를 희망적으로 극복할 수 있다. 대개 긍정적이고 낙천적인 사고방식을 가진 사람들이 동기부여도 잘한다.

4. 감정이입

감정이입은 자기인식에서부터 출발한다. 감정이입은 자신의 정서를 먼저 조절하여 여유를 얻은 상태에서 타인의 정서를 함께 느끼고, 받아들일 수 있는 능력이다.

5. 대인관계

대인관계는 위에서 감정이입을 통해 파악한 타인의 정서에 맞게 적절히 대처할 수 있는 능력으로, 사회성과 관련이 있다. 대인관계를 잘하는 사람은 타인과 긍정적인 관계를 형성하고, 집단에서 갈등이 발생해도 구성원의 정서를 잘 조정하여 이를 해결할 수 있다.

Chapter.03

아이의 EQ를 높여주는 부모 vs 방해하는 부모

 EQ에 가장 강력한 영향을 미치는 사람은 부모

서너 살짜리 어린 아이들도 마냥 생글생글 웃는 아이가 있는가 하면 툭하면 짜증을 내고 우는 아이가 있다. 엄마 말을 잘 듣는 순둥이가 있는가 하면 일이 자기 뜻대로 되지 않을 때 심하게 보채는 아이도 있다. 이런 걸 보면 EQ 역시 태어날 때부터 가지고 있는 유전적인 요인이 있다는 사실을 인정하게 된다.

하지만 EQ도 IQ처럼 훈련에 의해 좋아질 수 있다. EQ는 환경적인 요소가 70퍼센트를 차지해 IQ보다 후천적으로 개발할 수 있는 여지가 더 크다. EQ는 IQ처럼 정밀한 소검사 지표에 의해서 점수화하기보다는 개인의 성향을 살펴보고 평가하는데, 일반적으로 EQ가 높은 아이들은 긍정적 자아를 지닌다. EQ는 곧 자아의 모습을 결정하기 때문에 자아 역시 어느 정도 유전적으로 타고나지만 환경에 의해 바뀔 수도 있다. 오프라 윈프리 쇼에서 심리 상담을 진행했던 필립 맥그로 박사는 그의 저서 『자아』에서 유전적으로 주어진 자아를 후천적으로 바꿀 수 있다고 주장한다.

그는 현재 나의 모습이 긍정적일 수도, 친절할 수도, 부정적일 수도, 괴팍할 수도 있는데 이러한 자아는 경험, 선택, 사람에 의해 만들어진다고 본다. 다시 말해 삶의 경험 속에서 긍정적이든 부정적이든 자아가 형성되어 왔으며, 중요한 선택은 역시 자아를 형성하는 요소라는 것이다. 그리고 태어나면서부터 만났던 부모, 친구, 동료 등 나에게 중요한 영향을 미칠 수 있는 사람에 의해서 자아는 긍정적으로 혹은 부정적으로 바뀔 수 있다고 말한다.

문제는 성인이 된 후에는 스스로 경험, 선택을 할 수 있고 나에게 영향을 줄 사람을 바꿀 수도 있지만, 영아기부터 유년기 시절에는 스스로 선택하기가 어렵다는 점이다. 어린 아이들은 적어도 성인이 되어 독립하기 전까지는 부모로부터 자유로울 수 없다. 이는 자아를 형성하는 데 부모가 미치는 영향이 지대하다는 것을 뜻한다.

유아기의 경험은 대부분 부모와 함께한다. 아이 스스로 경험하기는 쉽지 않다. 어디 그뿐인가. 아이가 먹는 음식, 조기 교육, 학교의 선택, 교구재 및 운동의 선택 또한 대부분 부모의 판단에 의존한다. 이처럼 부모는 유전적으로도 아이의 자아에 영향을 미치고, 환경적인 측면에서도 절대적인 영향을 미친다. 아이의 자아를 형성하는 데 가장 핵심적인 인물이기 때문에 각별히 더 신경 써야 한다.

자아를 형성하는 결정적 계기는 부모가 만든다

젊고 똑똑한 수학 천재가 컴퓨터 프로그래밍에 눈을 뜨고 하버드를 중퇴한 뒤에 마이크로소프트를 설립해 세계 최고의 부호가 되었다. 그는 바로 빌 게이츠다. 사람들은 빌 게이츠를 부러워하지만 지금의 그가 있기까지는 부모의 역할이 컸다.

부유한 가정에서 자란 빌은 어린 시절부터 머리가 트여서 공부에는 금방 흥미를 잃었다. 고민을 하던 부모는 빌을 공립학교에서 사립학교인 레이크사이드로 전학시킨다. 전학 간 학교에서 빌은 컴퓨터 클럽에 가입했다. 어머니회는 컴퓨터 클럽에 3천 달러를 투자했다. 1968년 컴퓨터 클럽이 있는 대학조차 드물던 시기였다. 빌은 공유시스템을 통해서 컴퓨터 프로그래밍을 배웠지만 비용이 워낙 비싸 3천 달러는 금방 동이 났다. 부모들은 아이들을 말리지 않고 돈을 더 내어 주었다. 그 이후에 컴퓨터 클럽 멤버 중 한 명의 부모가 창업했고, 그 회사의 소프트웨어를 빌 게이츠가 속한 컴퓨터 클럽이 테스트를 한다.

빌 게이츠는 프로그래밍에 심취해 고등학교 시절에는 워싱턴 대학의 컴퓨터실이 비어 있는 시간을 이용해서 몰래 프로그래밍을 했다. 그렇게 8학년부터 고등학교 졸업반까지 5년간 프로그래밍을 연습하면서 프로그래밍 실력을 쌓았고, 이를 바탕으로 이후 마이크로소프트를 창업할 수 있었다.

'결정적인 계기'란 인생에서 내가 누구인가를 새롭게 규정해주거나 변화시키는 사건 혹은 계기를 가리키는 말이다. 그 사건들은 개인의 의식 속에 아주 강하게 박혀서 내가 누구이며, 어떤 사람인가에 대한 자신의 믿음에 커다란 영향을 미친다.

빌 게이츠에게 있어서 결정적 계기는 레이크사이드로 전학을 간 일이다. 전학을 갔기에 컴퓨터 클럽에 가입할 수 있었고 프로그래밍을 배울 수 있었다. 만약 빌 게이츠의 부모가 전학을 시키지 않았으면 어떻게 되었을까? 지금과는 전혀 다른 삶을 살게 되었을지도 모르는 일이다.

빌 게이츠 부모와는 달리 아이에게 나쁜 영향을 미치는 결정적 계기를 만들어준 부모도 있다. 「엄마, 영어에 미치다!」라는 방송 프로그램에 소개된 사례다. 한 아이의 엄마는 유치원에 들어가기 전부터 많은 돈을 써서 영어 교육을 시켰다. 아이가 영어로 된 책을 읽고 영어로 일상적인 대화를 하자 엄마는 매우 행복해했다.

엄마는 이태원에 놀러갈 때마다 아이에게 햄버거 가게에 있는 흑인에게 가서 말을 걸라고 시켰다. 아이는 무척 난처해했다. 사실 어른들도 영어를 배웠다고 지나가는 외국인에게 말을 걸라고 하면 곤혹스러워한다. 물론 엄마는 비싼 돈 들여 가르친 영어를 아이가 현장에서 활용해보기를 바라는 마음에서 시킨 일이지만, 내성적이었던 아이는 덩치 큰 외국인에게 말을 거는 것이 공포였을 수 있다. 이는 아이가 영어를 멀리 하게 된 결정적 계기로 작용했을 것이다.

이처럼 부모는 아이들의 자아를 형성하는 데 막대한 영향을 끼친다. 부모의 말이나 행동, 선택이 아이들에게 긍정적인 계기를 제공할 수도 있지만 부정적인 계기를 제공할 수도 있다는 것을 잊어서는 안 된다. 때로는 아주 사소한 말 한마디가 아이에게 결정적 계기가 될 수 있다. 결정적인 계기가 되는 사건들은 다른 사람이 볼 때는 중요하지 않거나 평범하고 개인의 이해 관계에 있어서도 사소하게 보이기도 한다. 그러나 당사자에게는 무엇보다 중요한 사건이 될 수 있다. 개인적으로 연관된 사람이 아니면 모를 내용의 작은 사건이라도 결정적인 계기가 될 수 있으니 특히 아이와 관련해서는 늘 조심해야 한다.

필립 맥그로 박사는 사람들이 결정적인 계기를 경험하면 자신의 삶을 돌아보면서 내적인 대화를 시작한다고 보았다. 그러면서 중요한 선택을 하는데 이것으로 현재의 자아가 형성된다고 한다. 즉, 결정적인 계기, 내적인 대화, 중요한 선택을 통해서 진정한 자아를 만들기도 하고 허구적 자아를 형성하기도 한다는 것이다. 이 과정에서 개인에게 영향을 미치는 중심인물이 있는데 그게 바로 부모다.

부모 외에 결정적 계기를 제공하고 선택에 영향을 미칠 수 있는 또 다른 중심인물은 선생님이다. 학창 시절 담임교사를 잘 만나느냐, 못 만나느냐에 따라서 현재의 모습이 극단적으로 달라지는 경우는 비교적 흔하다. 선생님의 조언과 관심을 통해서 과거와는 전혀 다른 삶을 살기도 하고, 담임교사의 잘못된 지도로 인해서 공부와는 담을 쌓고 소위 문제아로 살아가는 경우도 있다. 문제는 아이가 담임선생님을 선택할 권한이 없다는 것이다. 그렇다면 꼭 학교 선생님이 아니더라도 주변에서 부모 말고 아이를 잘 이끌어줄 수 있는 좋은 선생님을 찾아주는 것도 부모의 몫이다. 아이가 어떤 경험을 하고, 어떤 선택을 하고, 어떤 사람을 만나는가에 모두 영향을 미칠 수 있는 사람은 부모가 유일하다. 그 어떤 사람보다도 막강한 중심인물이므로 아이가 긍정적 자아를 가질 수 있도록 다방면으로 노력해야 한다.

Chapter.04

아이들의 EQ를 높여주는 3가지 습관

 기다리는 습관

"아이들의 EQ를 높여주려면 어떻게 해야 하나요?"

EQ를 높이는 데 부모의 역할이 중요하다고 하면 이렇게 묻는 분들이 많다. 아이가 긍정적 자아를 형성하는 데 도움이 되는 결정적 계기를 제공해주는 것도 중요하지만 일상생활에서 좋은 습관을 갖게 해주는 것도 무척 중요하다.

우선 기다리는 습관을 들여주면 좋다. 과거와 달리 경제적으로 풍요해지고 자녀의 수가 적어진 오늘날, 많은 부모가 아이들이 원하는 것이라면 무엇이든 해주고 싶어 한다. 그 마음 충분히 이해하지만 아이의 EQ를 높이려면 적당히 기다리게 하는 것이 좋다.

살다 보면 어릴 때부터 내 뜻대로 되지 않는 일들이 대부분이다.

오랜 시간 동안 수학 문제를 풀어야 수학 실력이 올라가고, 단어를 외우는 것이 지겹더라도 꾸준히 단어를 외우지 않으면 영어 실력은 향상되지 않는다. 놀고 싶더라도 해야 할 숙제를 마치는 일도 필요하다.

그런데 요즘 아이들은 즉시 결과가 나오지 않거나 자극적이지 않으면 쉽게 포기하는 경향이 있다. 이러한 현상에는 부모들의 양육 태도도 한몫을 했다고 본다. 아이가 무엇인가를 요구했을 때 무조건 들어주지 말라는 뜻이 아니다. 일주일, 하루, 한 시간, 단 10분이라도 기다렸다가 들어주는 편이 좋다. 가령 아이가 "엄마, 이번 주 토요일 날 놀이공원에 가요!"라고 얘기했을 때, "이번 주는 좀 힘들 것 같은데, 아빠와 중요한 약속이 있단다. 다음 주에 가도록 하자" 혹은 "음… 아빠와 상의를 해본 후에 결정하자" 식으로 시간을 두고 조금 기다리게 하는 것이다.

"엄마, 배고파요. 밥 주세요"라고 할 때도 마찬가지다. 아이가 배가 고프다는데, 바로 먹이고 싶은 것이 당연한 엄마의 마음이겠지만 아이의 EQ와 공부지능을 키워주고 싶다면, "조금만 기다려. 하던 청소부터 다하고 10분쯤 있다가 차려줄게" 이렇게 대답해서 아이들이 조금 기다리는 것을 당연하게 느끼도록 해야 한다. 아이가 엄마에게 책을 읽어달라고 하더라도 즉각 읽어주지 말고 "엄마가 설거지 다한 다음에 읽어줄게"라고 얘기하면, 아이들은 무엇인가를 얻기 위해서는 참고 기다려야 한다는 것을 깨우칠 수 있다. 이러한 노력은 공부지능 중에서도 특히 충동을 조절하고 자기를 절제하는 능력을 키워주는 데 효과적이다.

감사하는 습관

감사는 자존감이 높은 사람이 보여주는 대표적인 행동 특성이다. 작은 배려에도 감사를 표시하는 것은 상대방을 존중한다는 의사 표시인데, 이러한 행동은 나를 존중하는 마음이 있는 사람만이 할 수 있다. 주변의 가족, 선생님, 친구들에게 항상 작은 것에도 감사하는 습관을 들인다면 아이의 EQ는 성장하여 원만한 관계 속에서 행복한 삶을 누릴 수 있게 된다.

감사하는 습관은 긍정의 습관이기도 하다. 세상 모든 일에는 긍정적인 면과 부정적인이 있다. 어느 쪽을 보는가는 선택의 문제다. 물이 컵에 반쯤 있을 때 긍정적인 사람은 '물이 반이나 남았네'라고 보는 반면 부정적인 사람은 '어쩌나, 물이 반밖에 남지 않았네' 하고 생각하는 것처럼 말이다.

감사하는 일도 그렇다. 부정적인 사람들은 '감사할 일이 있어야 감사하지'라고 생각한다. 하지만 감사할 일은 늘 있다. 단지 부정적인 생각이 감사할 일을 가리고 있어 보지 못할 뿐이다. 아이에게 일부러라도 감사한 일을 찾아보게 하면 생각보다 감사할 일이 많다는 것을 깨우쳐줄 수 있다. 오늘도 엄마가 나를 위해 맛있는 식사를 차려준 것, 깜빡 잊고 필통을 안 가져갔는데 친구가 연필을 빌려준 것 등 감사할 일은 얼마든지 있다. 그렇게 일상에서 습관적으로 감사할 일을 찾고 감사하다 보면 아이의 EQ는 당연히 좋아질 수밖에 없다.

 **경청하는 습관**

　머리는 좋은데 공부를 못하는 아이들 중에는 은근히 외톨이들이 많다. 이런 아이들은 대부분 IQ는 높은데 EQ가 낮아서 자기 생각은 강하게 주장하는 반면 상대방이 말하는 것은 쉽게 무시하곤 한다. 어른들 사이에도 일방적으로 자기 이야기만 하는 사람은 어딜 가도 환영받지 못한다. 아이들끼리도 늘 자기 이야기만 옳다고 주장하는 아이는 은연중 친구들이 싫어하고 멀리한다.

　이런 아이들은 학교뿐만 아니라 학원에서도 친구들과의 관계가 멀어지기 때문에 주로 온라인상에서 자신을 과시하고 싶어 한다. 즉, 학교나 학원에서 상처받은 자존감을 가상 세계에서 펼치고자 하는 것이다. 하지만 게임에 몰두할수록 대인관계를 풀어가는 능력을 키울 기회는 줄어들어 아이는 사회적으로 더 고립될 가능성이 크다.

　아이의 EQ를 높이려면 경청하는 습관을 길러주어야 한다. 그러려면 부모부터 먼저 아이 말을 경청하는 모범을 보여주는 것이 좋다. 아이 말을 듣지 않고 자기 말만 하는 부모 밑에서 자라면 아이 역시 자기 말만 하고 다른 사람의 말을 경청하지 않는다.

Study Quotient

PART 6

집중력과 공부지능

Chapter. 01

게임할 때의 집중력은 공부지능과 상관없다

 좋아하는 것에 집중하는 능력은 집중력이 아니다

"우리 아이는 게임할 때면 서너 시간 동안 꼼짝도 안 해요. 바깥에서 무슨 일이 벌어지든 관심도 없어요."

"만화책을 읽을 때만큼은 집중력이 대단해요. 한번 만화책을 잡으면 두세 시간은 그냥 집중해요."

상담을 하다 보면 많은 부모가 이렇게 이야기하면서 아이의 집중력이 좋은 것 아니냐고 묻는다. 이런 질문 속에는 비록 지금은 아이가 공부에 집중하지 못하지만 공부에 흥미만 붙이면 잘할 수 있지 않겠느냐는 기대가 숨어 있다. 결론부터 말하자면, 자신이 좋아하는 일에 집중하는 것은 정확한 의미의 집중력이 아니다.

아이들은 좋아하는 게임을 하거나 텔레비전을 볼 때 눈빛이 변한다. 옆에서 불러도 듣지 못하니 집중력이 대단한 것처럼 보일 것이다. 하지만 사실 그것은 집중이 아니라 계속 바뀌는 새로운 자극을 받아들이는 것에 불과하다.

집중력은 크게 '능동적 집중'과 '수동적 집중'으로 구분할 수 있다. 능동적 집중은 스스로 선택한 것에 대한 집중을 말한다. 수동적 집중은 외부에서 주어진 자극에 수동적으로 반응하는 것을 말한다. 예를 들어 교실에 강아지 한 마리가 뛰어 들어왔을 때 정신을 바짝 차리고 강아지에 집중하는 것과 같다.

스스로 선택한 일에 집중하는 것이 능동적 집중이라면 하고 싶어서 게임을 선택했으니 게임을 할 때의 집중도 능동적 집중이라 생각할 수 있지만 그렇지 않다. 시작은 능동적이었을지 몰라도 게임을 하는 과정은 다분히 수동적이다. 게임은 대부분 숨 가쁘게 돌아간다. 자칫 방심하는 사이 내 캐릭터가 죽거나 위기에 처하기 때문에 긴장을 늦출 수가 없다. 게임 화면도 화려하고 배경 음악이나 효과음도 상당히 자극적이다. 결국 강한 시각적, 청각적 자극과 빠르게 진행되는 게임 속도에 의해 집중이 유지되므로 수동적 집중이라 보는 것이 맞다.

'스스로 선택한 것'에는 보이지 않는 단서가 붙어 있다. 좋아서 선택하는 것이 아니라 해야 하기 때문에 선택하는 것이 진짜 집중력이다. 그리고 해야 하는 것을 선택하고 집중할 수 있는 능력이야말로 공부지능에서의 '집중력'이다. 아이들이 해야 하는데, 가장 하기 싫어하는 일이 연산 문제 풀기와 영어단어 외우기다. 아이가 정말 집중력이 있는지 없는지 알려면 연산을 하거나 영어단어를 외울 때 얼마나 집중하는지 보면 된다. 단, 한 가지 주의해야 할 점이 있다. 집중력은 시간이 아니라 결과로 판단해야 한다는 것이다.

"우리 아이는 맨날 책상 앞에 앉아 공부만 하는데도 왜 성적이 오르지 않을까요?"

"우리 애는 공부하는 것에 비해 성적이 잘 안 나와요."

이런 하소연을 하는 부모들이 많은데 이유는 분명하다. 책상 앞에 앉아 있는 시간만 길었지 공부에 집중하지 않은 것이다. 시간만으로 집중했는지의 여부를 판단해서는 안 된다. 아이가 연산을 했다면 정해진 시간에 얼마나 빨리, 정확하게 풀었는지, 영어단어 외웠다면 얼마나 많은 단어를 외웠는지를 보고 아이의 집중력을 판단해야 한다.

선택한 것만 받아들이는 능력이 집중력

초등학교 아이들을 대상으로 수업을 하다 보면 별의별 일이 다 일어난다. 초등학생들의 집중력은 그리 강하지 않다. 그래서 국어 수업을 할 때 기본적으로 어휘력과 독해력을 키우면서도 집중력과 기억력을 동시에 향상시킬 수 있는 수업을 설계하고 진행하고 있다.

많은 선생님이 초등학생 수업이라고 하면 고개를 절레절레 흔든다. 도대체 내가 수업을 하고 있는 건지 아이들하고 전쟁을 하고 있는 것인지 혼동될 때가 많다. 물론 개중에는 정말 초등학생 맞나 싶을 정도로 집중해서 열심히 수업을 듣는 아이들도 있다. 하지만 대부분은 산만하기 그지없다. 가령 이런 식이다. 열심히 수업을 하고 있는데 한 아이가 갑자기 주먹으로 책상을 빵 친다.

"너 왜 그래?"

"아침에 엄마하고 싸웠어요. 갑자기 그 생각이 나니까 너무 화가 나서요."

수업을 듣다가 문득 아침에 엄마하고 싸운 일이 생각난 것이다. 계속 시계만 쳐다보면서 "언제 쉬어요?"라고 물어보는 아이도 있다. 때가 되면 다 쉴 텐데도 집중할 수 있는 시간이 넘어가면 아이들은 더 이상 견디질 못한다. 때로는 내가 재미있는 이야기를 하지도 않았는데 킥킥거리면서 웃는 아이도 있다. "왜 웃니?" 하고 물으면 앞에 앉은 아이의 머리를 가리키며 "얘 머리에 파리 앉았어요"라고 말하기도 한다.

집중력이 좋지 않은 아이들이 보여주는 일상적인 모습이다. 집중력은 '선택한 것을 받아들이는 동안에 선택하지 않은 것에 대해서는 관심을 끄는 능력'을 말한다.

예를 들어보자. 엄마가 "연산 문제 백 개를 풀고 간식 먹어라"라고 말했을 때 집중력이 좋은 아이는 끙끙거리며 정확하고 빠르게 연산을 마친 다음 당당하게 간식을 요구한다.

반면 집중력이 좋지 않은 아이들은 여간해서 집중하지 못한다. "지금 간식 먹고 나중에 하면 안 돼?" 혹은 문제를 풀다가 5분도 안 되어서 "엄마, 전화 왔어!" 하며 바깥일에 관심을 보인다. 문제를 풀다 멍하니 딴생각을 하기도 한다. 그럭저럭 딴소리도 안 하고, 멍한 모습도 없이 문제를 다 풀기는 풀었는데 오답이 많다. 이게 모두 집중하지 않았을 때 나타나는 현상들이다.

이처럼 연산을 하면서 집중하지 못하는 이유는 자신이 선택한 자극과 원하지 않는 자극을 구분 없이 받아들이기 때문이다. 그래서 수업 시간에 자꾸 딴생각이 나고, 혼자 공부할 때도 친구랑 놀고 싶은 마음이 생기고, 게임의 한 장면이 떠올라 주의가 산만해진다. 또 공부만 하려고 하면 냉장고에 있는 아이스크림 생각이 나서 수시로 냉장고 문을 열기도 한다. 선택한 것에 집중하려 해도 선택하지 않은 수많은 자극이 아이의 집중을 방해한다.

선택한 것에 집중하고 다른 것들을 차단할 수 있어야 일정한 시간에 선택한 과제를 끝낼 수 있다. 집중하지 않아도 될 정보까지 받아들이면 시간은 시간대로 가고 해야 할 과제는 끝내지 못한다.

일반적으로 공부 정보는 눈과 귀를 통하여 입력된다. 집중력이 좋지 않으면 공부에 대한 정보만 받아들이기가 어렵다. 그러지 않으려고 해도 텔레비전 소리가 들려 호기심이 생기고, 만화책이 자꾸 눈에 들어온다. 집중력이 좋은 아이들은 다르다. 수업을 들을 때나 연산을 풀 때 바깥에서 무슨 소리가 나도 잘 알아채지 못한다. 들리더라도 바로 차단하고 현재 하는 일에 집중한다.

처음부터 선택과 차단을 잘하는 사람은 없다. 집중력은 유전적 요인이 큰 영역이지만 후천적인 노력으로 얼마든지 좋아질 수 있다.

집중력은 IQ와 EQ의 요인을 모두 가지고 있는데, IQ의 인지적인 영역의 집중력은 잘 발달하지 않지만 정서적인 EQ의 영역은 비교적 빠르게 발달할 수 있다. 그래서 어린 아이들보다 나이가 들어서 자제력이 생기면 집중력의 문제가 덜 생기는 것이다. 이는 유전적인 요인을 의지로 극복한 것이라 볼 수 있다.

Chapter.02
집중력이 좋은 아이들의 공통점

 스스로 충동을 조절할 줄 안다

앞에서 공부지능과 관련된 집중력이 어떤 것인지 설명했지만 좀 더 쉽게 이해하려면 집중력이 좋은 아이들의 공통점을 살펴볼 필요가 있다. 우선 집중력이 있는 아이는 지금 해야 할 일과 하고 싶은 일이 있을 때 해야 할 일을 먼저 한다. 공부할 때는 다소 힘들더라도 공부를 마치고 났을 때의 기쁨을 생각하면서 지금의 어려움을 별로 심각하게 생각하지 않는다. 이와 마찬가지로 다른 사람이 말할 때 끼어들고 싶더라도 상대방이 마음 상할 것을 예상하고 경청한다.

반면 집중력이 떨어지는 아이는 상대방의 마음보다 자기 욕망이 앞선다. 이런 아이는 상대방의 말이 채 끝나기도 전에 끼어들어 상대방을 불쾌하게 만든다. 심지어는 싸움이 일어나기도 한다. 집중력이 없는 아이는 유혹에도 쉽게 넘어가 당장 숙제를 해야 하는데 게임의 충동을 물리치지 못해 결국 엄마한테 혼나곤 한다. 자제력이 약하기 때문이다.

집중력은 충동을 조절할 수 있는 능력이 있어야 강해질 수 있다. 공부하겠다고 결심했으면 마음에서 뭉게뭉게 피어오르는 게임의 충동을 이겨내야 한다. 심부름 가는 길에 같이 놀자는 친구를 만나도 그 유혹을 떨칠 수 있어야 한다.

집중력과 충동 조절능력은 바늘과 실 같은 관계다. 애초의 목적을 위해 수시로 일어나는 부수적인 욕망을 과감히 떨쳐버리고 해야 할 일에 집중하려면 충동 조절 능력이 있어야 한다. 그래서 충동 조절 능력이 좋은 아이가 대체적으로 집중력도 뛰어나다.

충동 조절 능력은 IQ와 EQ가 같이 작용한다. 아이들은 대부분 충동을 잘 이겨내지 못한다. 하지만 EQ가 후천적인 노력으로 좋아질 수 있듯이 충동 조절 능력도 좋아질 수 있다. 다만 부모가 적극적으로 도와주어야 한다. 선천적으로 타고 나는 부분도 있지만 부모가 어떻게 아이를 대하고 신뢰를 주었는지에 따라 충동 조절 능력은 물론 EQ가 좋아지기 때문이다.

마시멜로 실험에 관한 이야기는 많이 들어보았을 것이다. 유치원 아이들에게 마시멜로를 하나씩 주고 15분간 먹지 않으면 상으로 한 개를 더 주겠는 것이다. 이는 아이들이 얼마나 충동을 참아내고 인내할 수 있는가를 알아보는 실험이었다. 아이들의 반응은 각양각색이었다. 설명을 마친 실험 진행자가 나가자마자 바로 마시멜로를 먹는 아이, 참으려고 애를 쓰다 먹는 아이가 있는가 하면 끝까지 참아 마시멜로를 하나 더 받은 아이도 있었다. 그로부터 14년 후, 연구자들은 그 아이들의 삶을 비교했는데 끝까지 참았던 아이와 그렇지 않았던 아이들의 성적이 확연하게 차이가 났다. 충동을 잘 참은 아이가 공부를 잘한다는 사실이 마시멜로 실험에서도 입증된 것이다.

여기까지는 많이 알려진 내용이다. 마시멜로 실험을 통해 부모들이 꼭 알아야 할 사실이 하나 더 있다. 마시멜로 실험을 하기 전에 사전 실험이 있었다고 한다. 실험 진행자는 아이들을 두 그룹으로 나누고 헌 크레파스를 주고 잘 놀면 새 크레파스를 준다고 약속했다. 그런데 한 그룹에게만 새 크레파스를 주고, 또다시 같은 약속을 했다. 이번에도 약속대로 새 크레파스를 주었던 그룹에게만 새 크레파스를 주었다. 그런 다음 마시멜로 실험을 했는데, 약속대로 새 크레파스를 두 번 연속 받았던 그룹의 아이들은 대부분 마시멜로를 먹지 않고 참았다. 반면 다른 한 그룹은 한 아이만 빼고 모두 마시멜로를 먹어버렸다.

이 실험 결과는 아이들의 충동 조절 능력은 상당 부분 부모에 의해 좌우된다는 사실을 알려준다. 부모들은 아이들을 키우면서 "밥 잘 먹으면 장난감 사줄게", "한 시간만 공부 열심히 하면 30분은 게임을 할 수 있게 해줄게" 등 많은 약속을 한다. 아이가 하고 싶은 것을 참았을 때 해주겠다고 한 약속을 잘 지켜야 한다. 충동을 참았을 때 어떤 형태로든 좋은 일이 있다는 경험은 아이들의 충동 조절

능력을 키우는 데 중요한 바탕이 된다.

충동 조절을 못하는 아이들을 보면 부모들은 잔소리부터 하거나 혼을 내곤 한다. 하지만 그 전에 과연 부모 자신은 아이와 한 약속을 얼마나 잘 지켰는지 생각해볼 일이다.

즉시 집중한다

집중력이 좋은 아이들은 수업 시간 종이 치면 친구들과 떠들다가도 즉시 자리에 앉아 책을 꺼내고 수업을 들을 준비를 한다. 텔레비전을 보다가도 숙제를 해야 할 시간이 되면 바로 끄고 숙제를 시작한다. 일단 공부를 하려고 책상에 앉으면 낙서를 하거나 책상을 치우거나 멍하게 앉아 있지 않고 즉시 공부를 시작한다.

어떤 일을 시작할 때 즉시 하지 못하는 것을 전문적으로 '개시장애'라고 한다. 일반적으로 개시장애가 있는 아이들은 시험을 볼 때도 가장 쉽게 출제되는 1번부터 5번까지의 문제를 풀면서 실수를 많이 한다. 즉시 집중하지 못하기 때문이다.

빨리 집중하지 못하는 성향을 지닌 아이들은 초반에는 실수를 많이 하다 시간이 지나면 점차 적응하면서 집중력을 보이는 경우가 많다. 주의집중력 검사ATA를 실시했을 때 초반부에 오답이 많이 나오고 후반부에 정확성이 많이 나오는 아이들은 대개 이런 성향이라 보면 된다.

"평소 학습지를 공부할 때는 문제를 잘 푸는데 시험 때만 되면 쉬운 문제조차 틀려요."

이런 말을 한다면 즉시 집중에 문제가 있을 가능성이 크다.

지속적으로 집중할 수 있다

집중력이 좋다는 것은 집중하는 시간이 길다는 의미다. 즉시 집중하지 못하는 경우도 있지만 시작할 때는 집중을 잘하는데, 시간이 흐를수록 집중력이 떨어지는 경우도 있다. 집중력이 좋지 않은 아이들은 대개 즉시 집중도 못하고 지속적으로 집중할 수 있는 시간이 짧은 편이다.

당연히 지속적으로 집중할 수 있는 시간이 길수록 공부를 잘한다. 주의가 산만한 아이는 5분 이상을 집중하기가 힘들다. 이에 비해 집중력이 강한 아이는 30분 이상을 거뜬히 집중할 수 있다. 집중할 수 있는 시간이 5분인 아이와 30분 이상인 아이 중 누가 더 공부를 잘할 것인가는 굳이 말할 필요조차 없다.

지속적으로 집중할 수 있는 시간은 나이에 따라 달라진다. 유치원생은 평균 10분 이내, 초등 1학년은 10분, 2학년은 20분, 3학년은 30분 정도 집중하면 평균적 집중력이라고 볼 수 있다. 이보다 집중을 못한다면 집중력이 좋지 않다고 볼 수 있고, 이 이상 집중한다면 집중력이 양호한 편이다. 물론 아이의 신체적, 심리적 상태에 따라 조금씩 차이가 날 수는 있다.

공부는 수업을 얼마나 많은 시간 들었는지, 혹은 책상 앞에 얼마나 오래 앉아 있었는가와 비례하지 않는다. 오직 아이가 집중한 시간에 따라 공부를 잘하고 못하고가 결정된다. 따라서 아이가 공부를 잘하기를 바란다면 무조건 공부하라고 하기 전에 집중력을 강화해 집중할 수 있게 해주어야 한다.

부모들이 아이의 집중력에 신경 쓰기 시작하는 시기는 대체로 초등학교에 입학한 뒤부터다. 집에 있을 때는 아이가 제멋대로 굴어도 집중력과 연결해서 생각하지 못한다. 그러다 학교에 입학한 후 아이가 지켜야 할 규칙을 잘 따르지 않고 어수선하면 그제야 문제를 느낀다. 또한 집중력이 떨어지는 아이들은 일반적으로 좋은 성적을 거두기가 어렵다. 아이의 성적표를 받아봐야 그때부터 부모들은 '원래 주의가 산만한 아이였나?' 걱정하기 시작한다.

집중력은 좋지 않아도 다른 공부지능 영역이 뛰어난 아이들은 초등학교 3학년 때까지는 큰 문제가 없어 보인다. 공부지능이 높은 편이라 그다지 집중하지 않아도 학교 수업을 따라가는데 별 무리가 없고, 공부를 열심히 하지 않아도 성적이 잘 나오기 때문이다.

하지만 초등학교 4학년부터는 얘기가 달라진다. 4학년부터는 수업의 난이도가 높아지고, 공부할 양도 급격하게 늘어난다. 어디 그뿐인가. 시험 문제도 복합적인 유형으로 출제되기 때문에 집중력이 낮으면 공부를 잘할 수가 없다. 집중력을 제외한 다른 공부지능이 높아도 더 이상 좋은 성적을 기대하기 어렵다.

집중력은 스스로 충동을 통제할 수 있고, 즉시 집중할 수 있고, 지속적으로 집중할 수 있을 때 극대화된다. 그 중 어느 한 가지만 부족해도 집중력이 떨어지고 학습에 영향을 미친다.

어떤 유형의 집중력이든 아이의 집중력을 강화시키려면 게임이나 자극적인 만화영화를 보여주지 않는 편이 좋다. 게임에 대해서는 경각심을 가지면서도 만화영화만큼은 관대한 부모들이 많다. 시각적으로 혹은 청각적으로 너무 자극적인 만화영화는 아이의 집중력을 방해하므로 주의해야 한다. 강한 자극에 집중하는 습관이 생기면 공부처럼 약한 자극에는 집중력을 잘 발휘하지 못하기 때문이다. 이는 양념이 강한 음식을 좋아하다 보면 흰 쌀밥이나 간이 약한 음식이 맛없게 느껴지는 것과 같다.

『채근담』에 '짜고 맵고 시고 달고 쓰고 이런 맛은 진정한 맛이 아니다. 맹물처럼 흰쌀밥처럼 담담한 맛이 진정한 맛이다'라는 문구가 있다. 부모들이 마음에 새겨두어야 할 말이다. 아이의 집중력을 키워주고 싶다면 강한 자극에 노출되지 않도록 환경을 만들어주어야 한다. 당장은 맹물처럼 맛이 없어 힘들 수 있어도 아이의 집중력을 키우는 데는 효과적이다.

Chapter.03

내 아이의 집중력은 괜찮은 걸까?

 집에서 알아보는 집중력 자가 진단법

엄마들을 상담하다 보면 아이가 너무 산만하다며 걱정하는 분들을 많이 만난다. 어찌나 많은지 21세기 들어 아이들의 집중력 장애가 갑작스럽게 증가한 것처럼 느껴질 정도다.

사실 예전부터 지금까지 아이들은 부주의했고 산만했다. 그런데 왜 유독 요즘 부모들은 아이들이 산만하다고 걱정하는 것일까? 실제로 예전보다 산만한 아이들이 많아졌을 수도 있지만 그보다는 사회적인 분위기 탓이 더 큰 것 같기도 하다. 의학이 발달하면서 부산스러운 아이들을 보는 눈이 꼼꼼해졌다. 과거처럼 그저 좀 부산스러운 아이로 치부하고 넘기는 것이 아니라 혹시 질병 때문은 아닌지 의심하기 시작했다. 그러다 보니 부모들이 아이들이 산만하면 혹시 집중력 장애는 아닐까 하는 걱정부터 한다.

 우선 집에서 비교적 간단하게 할 수 있는 집중력 진단 테스트를 해보자. 그런 다음 집중력이 기준 이하로 낮게 나오면 좀 더 전문적인 검사를 받아보면 된다. 테스트하는 방법은 간단하다. 아래 항목을 읽고 전혀 해당 사항이 없으면 0점, 약간 그렇다면 1점, 상당히 그렇다면 2점, 아주 심하면 3점을 준다.

 합산한 결과, 총점이 15점 이상이면 집중력에 문제가 있다. 다만

전혀 없음 : 0점, 약간 : 1점, 상당히 : 2점, 아주 심함 : 3점

항목	백분율(%)	점수
1	차분하지 못하고 너무 활동적이다.	
2	쉽사리 흥분하고 충동적이다.	
3	다른 아이들에게 방해가 된다.	
4	한 번 시작한 일을 끝내지 못한다.	
5	늘 안절부절못한다.	
6	주의력이 없고 주의가 쉽게 분산된다.	
7	요구하는 것이 있으면 금방 들어줘야 한다.	
8	자주 혹은 쉽게 운다.	
9	기분이 금방 확 변한다.	
10	쉽게 화를 내거나 감정이 격해져서 행동을 예측하기 어렵다.	
점수 합계		

집중력 진단 체크 항목(코너스 평점 척도)

이 척도는 어디까지나 참고사항이다. 부모의 성향에 따라 높게 혹은 낮게 평가할 수 있으므로 아이가 심각할 정도로 산만하다고 느낀다면 전문가의 조언을 듣는 편이 좋다. 아이가 집중하지 못하는 이유는 상당히 많기 때문에 원인을 정확하게 파악할 필요가 있다. 겉으로 나타나는 행동(집중 시간)으로 판단하지 말고 K-WISC4 지능검사나 ATA 검사 등을 통해 종합적으로 살펴봐야 한다.

 ## 산만하다고 다 집중력 장애는 아니다

아이가 집중력이 약해 산만하면 병원에 데려가야 하는지 걱정하는 부모들이 많은데, 집중력이 안 좋다고 무작정 병원에 갈 필요는 없다. 집중력이 낮아 공부 혹은 가정 내의 생활, 학교에서의 생활, 친구 관계에 문제가 생긴다면 부모가 적극 개입해서 고쳐줘야 하지만 그렇지 않다면 굳이 병원에 가지 않아도 된다. 또한 집중력도 훈련에 의해서 개발할 수 있기 때문에 부모가 정확하게 발견하고 관심만 가진다면 훨씬 좋아질 수 있다.

이런 노력에도 불구하고 집중력에 심각한 문제가 있는 아이도 있다. 부모의 관심과 노력만으로는 좋아지기가 어려운 수준이라면 병원을 찾아 전문의의 도움을 받기를 권한다. 다만 그 전에 집중력 결핍에 대한 정확한 진단이 선행돼야 한다. 집중력 결핍 증세가 있는 아이는 주의력결핍, 과잉행동, 충동성 3가지 유형의 징후가 나타난다. 아이를 잘 살펴보고 3가지 유형 중 어느 한 가지 유형에라도 해당한다면 전문검사를 해보고, 확실한 진단을 받은 후 적절한 치료를 하도록 한다.

1. 주의력 결핍

주의 깊게 관찰하지 않으면 단지 꼼꼼하지 못하다고 치부할 수 있다. 아이가 성장 단계보다 주의력이 떨어지고 시간이 지나도 계속 오랫동안 부주의한 모습을 보인다면 ADHD를 의심해봐야 한다.

- 놀이를 하거나 공부를 할 때 순간적인 집중력만 보인다.
- 다른 사람이 말을 할 때 귀 기울여 듣지 않는다.
- 계획을 세우지 못하거나 계획을 세운다 해도 거의 지키지 못한다.
- 한 가지 일을 하다가 다른 자극이 새로 들어오면 금방 집중력이 흐려진다.
- 정리와 정돈을 지나치게 싫어한다.
- 단체로 하는 활동이나 오랜 시간 집중해야 하는 작업을 싫어한다.

2. 과잉행동

아이의 과잉행동을 대부분 산만하다고 여기고 지나칠 수 있다. 대표적인 과잉행동은 충동을 자제하지 못하는 것이다. 아이라면 누구나 조금씩 과잉행동을 할 수 있지만 주의력 결핍과 마찬가지로 아이가 성장 단계에 못 미치게 과한 행동을 오래도록 지속한다면 ADHD를 의심해봐야 한다.

- 놀이를 하거나 공부할 때 손이나 발을 끊임없이 움직인다.
- 교실에서 수업할 때 제자리에 앉아 있기를 힘들어하고 쉬는 시간이 되면 정신없이 뛰어다닌다.
- 또래에 비해 지나치게 말이 많거나 쉴 새 없이 행동한다.
- 대체로 안절부절못한다.

3. 충동성

ADHD 증세가 있는 아이들은 대부분 자기행동을 제어할 줄 모르기 때문에 충동적인 행동을 하는 경향이 많다. 과잉행동과 충동적인 행동은 동전의 양면처럼 함께 따라온다.

- 줄을 서야 하거나 순서대로 일을 해야 하는 경우에 자기 차례를 기다리기 힘들어한다.
- 자신에게 주어진 일을 하기보다 다른 사람의 일을 방해하는 것에 더욱 집중한다.
- 다른 사람과 대화할 때 상대방의 말을 끊고 자기 말만 하는 경우가 많다.
- 이걸 했다가 저걸 했다가 하면서 변덕스러운 모습을 보인다.

집중력이 약한 원인을 알면 해결이 쉽다

무엇이든 원인을 알면 해결이 쉽다. 집중력도 마찬가지다. 집중력이 떨어지는 원인은 유전, 수면 부족, 운동 부족, 심리적인 불안정, 동기 저하 등 다양하다. 이중 어떤 원인이 가장 크게 작용하는지를 알면 한결 수월하게 집중력을 강화할 수 있다.

집중력이 떨어지는 대부분의 경우가 '유전적인 요인'이라는 것이 학계의 일반적인 의견이다. 성인들 중에도 집중력이 떨어져 부산하지만 본인은 잘 모르는 경우가 많다. "저 사람은 성격이 급하고 다혈질이지만 뒤끝은 없어"라는 평가를 듣는 사람들이 있다. 집중력과는 별로 상관이 없어 보이지만 이는 사실 산만한 성격을 지닌 사람들의 대표적인 특성 중 하나다. 부모 중 한쪽 혹은 가족 가운데 이런 사람이 있다면 아이도 집중력이 약할 가능성이 크다.

실제로 산만한 아이를 상담하다 보면 부모가 산만한 경우도 종종 본다. 아이의 산만함을 탓하고 걱정하기 전에 부모 자신이 어릴 때 부산하다는 말을 듣고 자랐는지 생각해봐야 한다. 만약 그랬다면 아이가 부모를 닮아 그런 것이라 생각하고 "넌 도대체 누굴 닮아서 그렇게 산만하니?"라며 산만함의 모든 책임이 아이에게 있는 것처럼 돌려서는 안 된다.

어렸을 때는 부산하다는 소리를 들었어도 커가면서 자연스럽게 집중력이 좋아진 부모들도 있을 것이다. 그렇다면 아이도 시간이 지나면 나아질 수 있으니 믿고 기다려주는 것도 좋다. 다만 어른이 되어서도 쉽게 화를 내거나, 차례를 기다리지 못하거나, 물건을 자주 잊어버린다면 아직도 집중력에 문제가 있다고 봐야 한다. 부모가 그렇다면 아이 또한 시간이 지난다고 자연스럽게 집중력이 좋아지지 못할 수 있으니 좀 더 열심히 집중력을 개발해주는 것이 좋다.

운동 부족이나 수면 부족도 집중력 저하의 원인이 되기도 한다. 수면 부족이 원인이라면 아이가 마음 편하게 충분히 잠잘 시간만 확보해주어도 집중력은 좋아질 수 있다.

음식도 집중력에 영향을 미친다. 화학조미료로 범벅이 된 음식이나 인스턴트, 패스트푸드가 집중력을 떨어뜨릴 수 있다는 연구결과는 이미 많다. 인스턴트 식품을 주로 섭취한 아이들이 감정조절력이 떨어지고, 폭력적이며, 공격적인 성향을 많이 보이는데, 화학조미료가 뇌를 비롯한 우리 몸의 정상적인 활동을 방해하기 때문이다. 실제로 폭력적이고 산만했던 아이가 채식이나 유기농 음식을 섭취하면서 성격이 얌전해지고, 집중력이 좋아진 연구결과도 있다.

이처럼 집중력이 저하되는 원인은 매우 다양하고 복합적이다. 전문적인 관찰 없이 자가진단을 통해 원인과 해결책을 찾는 것은 자칫 또 다른 문제를 유발할 수 있으니 섣불리 단정 짓거나 판단해서는 안 된다.

Chapter. 04

아이의 집중력은
부모 하기 나름이다

 잘 놀게만 해도 집중력이 자란다

보통 부모들은 아이들이 초등학교 고학년이 될 즈음부터 집중력에 관심을 보인다. 집중력이 있는 아이와 없는 아이의 격차가 그때부터 본격적으로 벌어지기 때문일 것이다.

하지만 아이의 집중력은 훨씬 이전부터 발달한다. 앞서 말했듯이 집중력을 관장하는 뇌는 전두엽이다. 전두엽은 6~7세경부터 11~12세까지 가장 빠른 속도로 발달한다. 하지만 태어난 후 생후 2년이 될 때까지 다른 뇌의 영역과 함께 발달하므로 어렸을 때부터 전두엽을 자극해주면 집중력이 좋아질 수 있다.

어렸을 때 집중력을 길러주는 방법은 잘 놀게 해주는 것이다. 특히 손발을 섬세하게 많이 움직이면서 놀게 하는 것이 좋다. 예를 들어 구슬 꿰기, 인형 옷 입히기, 레고 조립하기, 색칠하기, 글라스데코, 나무토막을 하나씩 빼는 젠가 등을 추천한다. 양손으로 가위바위보를 하는 것도 좋다. 양손으로 가위바위보를 하면 시각 정보를 담당하는 후두엽과 청각 정보를 담당하는 측두엽, 생각, 인성, 자아 등을 담당하는 전두엽 등이 골고루 활성화되어 집중력을 효과적으로 강화할 수 있다. 또한 항상 왼손 혹은 오른손이 이기도록 하는 규칙을 정하고 가위바위보를 하면 그만큼 더 집중하기 때문에 효과적이다.

청각을 통해서도 집중력을 기를 수 있다. 대표적인 청각 집중력 놀이 중 하나가 '코코코 놀이'다. 태어나서 돌이 지날 무렵부터 엄마나 할머니와 함께하는 놀이로 아마 이 놀이를 모르는 사람은 없을 것이다. 그래도 간단하게 방법을 설명하면 "코코코……" 하다가 술래가 갑자기 "입!"이라고 말하면서 입이 아닌 귀나 눈을 가리키면 이기는 놀이이다. 눈에 보이는 행동이 아니라 말소리를 듣고 따라 해야 하기 때문에 청각 집중력을 자극한다. '청기백기 놀이'도 청각 집중력에 좋은 놀이이다. 충동적인 아이들은 이런 놀이를 처음에는 잘 못하지만 반복하다 보면 금세 익숙해한다. 시각 집중력에 좋은 놀이로는 '숨은 그림 찾기'나 '다른 그림 찾기'가 있다. 또한 들판에서 네잎클로버를 찾는 행위도 시각 집중력을 높이는 데 도움이 된다.

이처럼 감각을 이용한 섬세한 활동은 모두 집중력을 발달시킨다. 요즘 조기 교육 열풍으로 아이가 동작성 지능을 키울 기회를 갖지 못하는데 무분별한 조기 교육은 학습에도 별 도움이 되지 않는다. 특히 초등학교 저학년 때까지는 책 읽기와 손발 동작이 들어있는 활동을 균형 있게 병행하는 것이 매우 중요하다.

다만 장난감으로 놀 때는 한 번에 한 가지만 갖고 놀도록 해야 한다. 아이는 성인과 달리 멀티태스킹에 능하지 못하다. 동시에 여러 장난감을 갖고 놀면 자칫 산만해질 수 있다. 또한 아이가 무언가에 집중해서 놀고 있으면 절대로 도중에 방해해서는 안 된다. 아이가 싫증을 내 스스로 그만둘 때까지 놔둬야 집중력이 좋아진다.

집중할 수 있는 환경을 만들어준다

흥미로운 사실이 있다. 아이들이 공부할 때 손해 보는 기분을 느낀다는 점이다. 특히 엄마가 어린 동생과 함께 거실에서 텔레비전을 본다든지 드라마에 빠져 있으면 "왜 나만 재미없는 공부를 해야 해?" 하며 억울해한다. 그러므로 아이가 공부할 때는 가급적 집중할 수 있는 환경을 만들어주자. 숙제나 공부를 하는 아이 옆에서 엄마도 조용히 책을 읽으면 아이가 훨씬 즐겁게 집중한다.

아이가 공부하는 장소를 집중하기 좋은 환경으로 만들어주는 것도 중요하다. 평소 아이의 책상 위와 주변은 아이가 공부하기 좋도록 잘 정리해둔다. 교과서나 문제집들 사이에 장난감이 뒤섞여 있거나 침대가 바로 시야에 들어오는 배치도 집중력을 방해한다. 책상의 높이에 알맞게 의자 높이를 조절해주고 조명에도 신경 써야 한다. 조명이 너무 어두워도, 밝아도 눈이 쉽게 피로해지고 집중력이 떨어진다. 아이가 공부하는 장소를 너무 자주 바꾸는 것도 좋지 않다. 장소가 익숙지 않아 오히려 집중력이 떨어질 수 있다. 공부방을 정해 안정된 심리 상태에서 공부할 수 있는 환경을 조성해주면 도움이 된다.

공부방에 유칼립투스, 로즈마리, 파인, 레몬 등 강하면서도 시원한 향을 아이의 방에 놓아주는 것도 좋다. 아로마 향기가 뇌파를 자극해 기억력을 높여준다. 라벤더와 민트도 심리적인 안정에 도움이 된다. 집중력을 유지하면서 지속적으로 공부할 수 있는 시간은 나이에 따라 다르고 개인차도 있다. 그러므로 엄마들이 생각하는 것처럼 아이가 스스로 의지력을 발휘해서 오랜 시간 공부하는 것은 결코 쉬운 일이 아니다. 성인인 엄마조차 마음대로 조절되지 않는 경우가 많다는 점을 감안하면 금방 수긍할 수 있을 것이다. 아이가 진득하게 앉아 공부하지 못한다고 해서 무턱대고 나무라는 것을 항시 경계해야 한다.

아침밥은 꼭 챙겨 먹인다

잘 먹어야 집중력이 좋아진다는 것은 이미 앞에서도 이야기했다. 특히 아침밥은 꼭 챙겨 먹어야 한다. 삼시 세끼 중에서도 아침밥은 건강관리뿐만 아니라 집중력을 키우는 데도 매우 중요한 역할을 하기 때문이다.

집중력은 뇌와 밀접한 관련이 있다. 그런데 사람의 뇌는 포도당을 주요 에너지원으로 사용한다. 포도당이 대뇌의 신경전달물질에 영향을 줘서 뇌를 활성화시키는 것이다. 자는 동안에는 뇌에 포도당이 공급되지 않으므로 아침밥을 먹지 않으면 뇌가 너무 오랜 시간 영양분을 공급받지 못해 쉽게 지친다. 아침밥은 뇌에 영양을 공급해줄 뿐만 아니라 체온을 상승시켜 뇌의 온도를 높여주기 때문에 뇌를 각성시킨다. 그런데 식사 후 뇌가 각성되기까지는 약 2시간 정도가 걸리므로 아침에 일찍 일어나 간단한 운동을 한 후 식사할 수 있다면 최선이다. 요즘 같은 세상에 가족이 모여 매일 밥을 먹기가 쉬운 일이 아니지만 가능한 함께 아침밥을 먹으면 더욱 좋다. 단, "너 오늘 시험 보지?", "숙제는 다 했니?" 등 아이에게 스트레스를 줄만한 이야기는 금물이다. 아이의 고민을 들어주고 격려해주는 분위기에서 아침밥을 함께 먹으면 아이가 정서적으로 안정감을 느껴 공부에 더욱 집중할 수 있다.

덴마크 국립직업보건연구소는 10세 초등학생 100명을 대상으로 아침식사와 학습 능력의 상관관계를 연구했다. 그 결과 평소 아침밥을 먹는 아이가 문제를 풀 때 실수가 적고 속도도 빠른 것으로 나타났다.

늘 잠이 부족해 곤하게 자고 있는 아이를 보면 깨우기가 마음 아프다는 엄마들이 많다. 깨워서 아침밥을 먹이는 것보다 5분이라도 더 자게 하는 게 낫지 않느냐고도 말한다. 아니다. 아이의 집중력을 키우고 공부지능을 높이려면 아침밥을 꼭 먹여야 한다. 충분한 수면도 중요하지만 아침밥도 잠을 잘 자는 것만큼이나 집중력에 많은 영향을 미친다.

아이에게 맞는 집중시간을 정해준다

아이마다 집중할 수 있는 시간이 다르다. 나이에 따라 평균적으로 집중할 수 있는 시간이 있지만, 그 시간을 기준으로 아이에게 무조건 집중을 요구하면 안 된다. 아이의 체력과 지적 능력을 감안해 현실적으로 공부에 집중할 수 있는 시간을 정해야 한다. 그러자면 부모가 일방적으로 집중 시간을 정하지 말고 아이와 함께 의논해서 공부 시간과 휴식 시간을 정해야 한다.

집중은 강요해서 되는 것이 아니다. 아이 스스로가 해야 하기 때문에 일방적으로 부모가 정해준 시간은 그다지 의미가 없다.

평소 공부를 좋아하지 않는 아이라면 공부할 때 에너지 소모가 훨씬 크기 때문에 자주 휴식을 취해야 한다. 특히 집중력이 많이 떨어진다면 보통 아이들보다 시간 단위를 더 짧게 조절해 계획을 세우는 편이 좋다. 아이에게 맞게 계획을 세우고, 익숙해지면 조금씩 공부 시간을 늘려나가는 것이 좋다.

아이가 해야 할 일의 순서를 정해 목록으로 만들어준다

집중력이 떨어지는 아이들은 대체적으로 해야 할 일을 제시간 안에 다하지 못하는 경우가 많다. 기억력이 좋지 않아 곧잘 잊어버리기 때문이다. 이런 아이들에게는 부모가 해야 할 일들을 순서를 정하고, 목록으로 만들어주기를 권한다. 보기 좋게 작성한 목록을 방문 앞이나 냉장고 등 눈에 잘 띄는 곳에 붙여놓고 아이가 하나씩 마칠 때마다 표시한다.

예를 들어 아이가 자기 방을 정돈할 때는 물건을 놓아둘 자리를 일정하게 정하고 정리할 순서를 목록으로 만들어 알려준다. 등교 준비는 '세수하기→아침식사→양치질 하기→옷 입기→머리 빗기→가방 메기→신발주머니 들기' 순으로 목록화하면 빠뜨리는 일을 방지할 수 있다.

이렇게 해야 할 일을 순서대로 목록으로 만들고, 하나씩 체크하다 보면 집중력이 훨씬 좋아진다. 아이의 사진을 스티커로 만들어 아이가 해야 할 일을 하나씩 끝낼 때마다 사진을 붙여 확인하게 하는 것도 흥미를 유발하는 좋은 방법이다.

이와 같은 방식으로 연습해서 몸에 익히는 습관이 가장 중요하다. 중고등학생이 되면 학습에도 이 방법을 적용할 수 있다. 일 단위, 주 단위, 월 단위 등으로 자신이 공부할 내용을 목록으로 만들어 하나씩 달성해 나가면 효율적으로 공부할 수 있어 성적 관리에 매우 유용하다.

아낌없이 칭찬한다

아이의 집중력 문제로 상담하러 온 엄마들에게 내가 반드시 하는 처방이 있다. 바로 칭찬이다. 아무런 동기도 없이 공부에 집중하기란 쉬운 일이 아니다. 구체적인 학습 동기가 있으면 공부에 재미를 느끼면서 오래 집중할 수 있다. 학습 동기는 스스로 찾은 내적 동기가 있으면 더할 나위 없이 좋지만 초등학교 때 내적 동기를 찾을 수 있는 아이들은 생각보다 많지 않다. 대부분은 내적 동기보다는 부모의 칭찬과 같은 외적 동기에 자극을 받는다. 부모의 칭찬만큼 강력한 학습 동기는 없다. 칭찬은 내 아이를 집중하게 하고 스스로 공부하게 만든다.

다만 칭찬을 할 때는 결과보다는 과정을 칭찬하는 것이 중요하다. 긴장감은 주의집중력과 매우 밀접한 연관이 있다. 적당한 긴장감은 집중하는 데 많은 도움이 된다. 전혀 긴장하지 않으면 정신이 해이해지고 지나치게 긴장하면 심리적으로 경직되고 불안해져 정보가 효율적으로 입력되지 못한다.

과도한 긴장감은 아이를 '시험불안'에 몰아넣기도 한다. 만약 아이가 시험 불안 증세를 호소한다면 부모는 시험 결과에 연연하기보다 공부하는 과정 자체를 칭찬하면서 심리적인 부담을 덜어줘야 한다. 단 한 번의 시험으로 아이의 실력이 결정되는 것은 아니다. 성적은 다음 공부를 위한 참고자료로 활용하면 된다는 사실을 아이에게 잘 설득한다면 시험불안을 극복할 수 있을 것이다.

Study Quotient

PART 7

창의력과 공부지능

Chapter. 01

왜 창의력이 공부지능일까?

 창의력, 유에서 유를 창조하는 능력

최근 들어 초·중·고등학교에서 창의적 인재 양성을 강조하고, 교육 과정도 창의성을 발전시키고 측정하는 데 역점을 기울이고 있다. 이는 학교에서 공부를 잘하려면 IQ, EQ, 집중력뿐만 아니라 창의력까지 필요하다는 사실을 의미한다.

실제로 요즘 학교에서는 지필고사 위주로 학생들을 평가하지 않고 수행평가나 동아리 활동, 연구 보고 활동 등 다면적으로 학생들을 평가하는 추세다. 여기서는 협동하고 봉사하고 새로운 것을 고안하는 능력을 중요하게 평가한다.

그렇다면 창의력이란 무엇일까? 세상 그 어디에도 존재하지 않는 그 무언가를 만들어내는 능력을 '창의력'이라 생각하는 사람들이 많지만 창의력은 그런 것이 아니다.

창의성 교육의 선구자 길포드 박사는 인간의 사고를 '수렴적 사고'와 '확산적 사고'로 구분했다. 여기서 수렴적 사고는 인지능력, 즉 배우고 받아들이는 사고를 뜻하고, 확산적 사고는 이를 이용하여 새로운 것을 만드는 창의적 사고를 뜻한다. 확산적 사고가 곧 창의력이라 이해해도 무리가 없다.

브레인 스토밍의 아버지로 알려진 오스본 박사의 생각도 길포드 박사와 비슷하다. 그는 사람의 지적 능력을 두 가지로 보고 있다. 첫 번째는 우리가 IQ라고 부르는 능력으로 새로운 것을 받아들이고 기억해서 추론하는 능력이다. 두 번째는 기존의 지식을 인식하고 이를 종합하여 새로운 무언가를 만들거나 혹은 아직 알려지지 않은 무언가를 새롭게 상상하여 만들어보는 것을 말한다. 이를 '창의성'이라고 부른다.

길포드 박사와 오스본 박사의 말을 토대로 창의력을 정의하면 '새로 습득한 지식을 바탕으로 새로운 것을 만드는 능력'이라 할 수 있다. 이처럼 창의력은 무에서 유를 창조하는 것이 아니라 유에서 유를 창조하는 능력이다. '하늘 아래 새로운 것은 없다'는 말처럼 기존의 자기 지식이나 경험을 바탕으로 이를 조합하여 새로운 무언가를 만들어내는 것이다.

다만 무조건 새롭기만 해서는 안 된다. 새로우면서 쓸모가 있어야 한다. 그렇지 않다면 희한하고 괴상하지만 쓸모없는 것들도 모두 창의력의 산물이 되기 때문이다. 뿐만 아니라 창의성은 번뜩임을 뜻하므로 속도감이 필요하다. 새로운 무언가를 만드는데 너무 오랜 시간이 걸리면 그동안 다른 곳에서 유사한 것들이 나와 기껏 만들어놓아도 전혀 새롭지 않을 수 있다.

결국 창의력은 '새로우면서 빠르게 인간에게 필요한 쓸모 있는 것들을 생각해내는 능력'을 말한다. 이러한 능력은 공부할 때는 물론 성인이 되어 사회에서 일을 하거나 삶을 살아갈 때 더 필요한 능력이라 볼 수 있다.

 창의력은 전문지식을 바탕으로 개발된다

창의력은 IQ보다도 더 유전적인 요인이 크게 작용한다. 하지만 IQ가 후천적인 노력으로 좋아질 수 있듯이 창의력도 환경적 요인에 의해 개발할 수 있는 여지는 충분히 있다. 창의적인 교육환경 속에서 인간의 창의성은 꾸준히 발달할 수 있고 오히려 지능보다 평생을 걸쳐 발달하는 경향을 보인다. 유명한 과학자나 예술가가 어떤 창의적인 결과물을 내놓는 시기가 40~50대가 많은 것만 보아도 창의력은 젊었을 때만 발달하는 것이 아니라 평생을 두고 꾸준히 발달하는 지능임을 알 수 있다.

그렇다면 창의력을 개발하는 데 IQ가 좋을수록 유리할까? 단순히 예, 아니오로 답하기 어려운 질문이다. 하지만 앞에서도 이야기했듯이 창의력은 새로 습득한 지식들을 바탕으로 자란다. 지식을 이해하고 받아들이는 능력은 IQ의 영역이므로 IQ가 높으면 당연히 창의력을 개발하는 데 도움이 된다.

IQ가 좋지 않은데 창의력만 뛰어나기는 어렵다. 하지만 IQ가 높을수록 반드시 창의력이 더 좋은 것은 아니다. IQ가 일정 수준을 넘어서면 IQ와 창의력의 상관관계가 줄어든다. 이는 받아들이는 능력 즉, IQ는 높아도 받아들인 지식을 바탕으로 새로운 것을 만드는 창의력은 낮을 수 있다는 사실을 의미한다.

버클리 대학 도널드 맥키넌 교수의 연구에 의하면, IQ 120이 넘으면 IQ와 창의력의 상관관계가 줄어드는 것으로 나타났다. 다시 말해 IQ가 낮은데 창의력이 좋기는 어렵지만, IQ가 높다고 해서 반드시 창의력이 뛰어난 것은 아니라는 뜻이다.

창의력이 기존의 것을 조합하여 새로운 무언가를 만드는 것이라는 전제하에, 기존의 것을 받아들이는 지금의 학습 방식이 지능을 높여주거나 배경지식을 확대하여 창의력을 키우는 또 다른 요소가 된다는 아이러니한 결론에 이르게 된다.

나는 초등학생들을 가르칠 때 배경지식과 어휘, 연산, 단기기억력을 강조하는데 이는 지능을 높이거나 배경지식을 확대하는 데 반드시 필요한 요소다. 이를 바탕으로 유전적인 창의성이 실제 창의성으로 바뀔 수 있다. 창의성은 무에서 유를 창조하는 것이 아니기 때문에 공부를 많이 한 사람이 창의적일 가능성이 높다. 그래서 실용적 창의성은 젊은 시절에 발휘되기보다 청년, 장년에 이루어지는 경우가 많고 심지어 문학이나 음악, 미술에서의 창의적인 작품들은 노년기에 꽃을 피우기도 한다.

천재들의 창의력을 보면 여러 가지 영역에서 두루두루 가능성이 있었지만 모든 영역에서 창의력을 발휘한 경우는 드물다. 의사가 새로운 창의적인 수술 방법을 연구개발하여 많은 생명을 살리는 일은 의사로서의 창의성이다. 경제학자가 어느 날 번뜩 새로운 수술 방법을 개발할 수는 없다. 노벨의학상을 받은 창의적인 의사도 아이폰과 같은 혁신적인 IT 기기를 개발하기란 사실상 불가능하다.

「생활의 달인」이라는 방송 프로그램을 보면 한 업종에 오래 종사한 사람들의 놀라운 능력을 볼 수 있다. 그들은 기존의 방식을 완벽하게 나의 것으로 만든 다음에 거기서 만족하지 않고, 더 좋은 방법을 꾸준히 찾아 반복하여 한 단계 높은 수준의 성과를 낸다. 수십 년 동안 한 분야에서 노력한 결과 같은 시간에 더 큰 성과를 낼 수 있는 창의적인 방법을 만들어내어 달인이 된 것이다.

이렇듯 창의력은 전문적 지식을 필요로 한다. 일반적으로 많은 사람이 창의력이라고 하면 신기하고 엉뚱한 아이디어를 갑자기 떠올리는 능력이라고 생각한다. 그래서 한 분야에서 오랫동안 암기하고 공부한 전문지식은 오히려 고정관념으로 작용해 창의력을 개발하는 데 방해가 된다고 여긴다. 창의력을 올바로 이해하면 이것이 얼마나 잘못된 생각인지 알 수 있다. 창의력이야말로 해당분야의 전문지식이 꼭 필요하다.

창의력의 전문가인 와이스버그 박사는 진정한 의미의 창의력을 발휘하려면 최소한 해당 분야에서 10년 이상의 시간과 노력을 필요로 한다는 '10년의 법칙'을 강조했다. 제프 콜빈은 타고난 재능을 넘어선 최고 수준의 성과를 내기 위해서는 난이도를 높여가면서 오랜 시간 동안 뼈를 깎는 시간을 참고 견뎌야 한다고 했다. 말콤글래드웰은 『아웃라이어』에서 이를 '1만 시간의 법칙'이라고 불렀다.

여러 영역에서 창의력을 발휘하기 힘든 가장 큰 요인은 1만 시간의 법칙 혹은 10년의 법칙 때문일 수도 있다. 그 정도의 시간을 투자해 해당 분야의 지식을 내 것으로 만들고 연습에 연습을 거듭하여야만 비로소 그 분야에서 창의력이 나오기 때문이다.

창의력은 공부지능의 축소판

창의력은 오랜 세월 습득한 지식을 바탕으로 발휘된다. 하지만 새로운 아이디어를 내는 창의적 사고는 지식을 많이 습득했다는 것만으로는 가능하지 않다. 창의적 사고를 할 수 있는 성격이 따로 있기 때문이다. 예를 들어 인지능력이 뛰어나 엄청난 양의 지식을 받아들였어도, 이를 활용해 새로운 무언가를 만들려는 동기나 열망이 없으면 소용이 없다. 또한 어떻게든 새로운 것을 만들겠다는 집념이 없어도 중도 포기할 가능성이 크다.

이처럼 창의적 사고를 가능하게 하는 요인은 크게 지적인 능력으로 표현되는 인지적인 요인과 동기, 용기, 열망, 집착 등으로 성격적인 요인으로 구분할 수 있다. 인지적인 요인은 공부지능 중 IQ와 연결되고, 성격적인 요인은 EQ와 연결된다. 또한 성격적 요인은 EQ뿐만 아니라 집중력과도 연결되기 때문에 창의력을 키우면 공부지능을 구성하는 각 영역을 골고루 개발할 수 있다.

창의력을 키우려면 우선 창의적 사고에 필요한 요인들을 잘 이해해야 한다. 학자들은 창의적 사고의 인지적 요소로 유창성, 융통성, 독창성, 정교성 등을 말하고, 성격적 요인으로 민감성, 개방성, 인내심, 모험심 등을 제시한다. 각 요인들을 잘 이해하면 어떻게 개발할 것인지도 자연스럽게 알 수 있다.

유창성은 창의적 사고의 가장 기초적인 요소로 새로운 아이디어를 가능한 한 많이 생각해 내는 능력을 말한다. 유창성이 높으면 아이디어를 많이 내고, 그중에서 가장 좋은 해결책을 찾을 수 있기 때문에 창의적 사고에서 반드시 필요한 능력이다. 유창성에는 간단한 도형으로 복잡한 사물을 생각해내는 도형 유창성, 기호나 문자로 단어를 조합하는 언어 유창성, 자유로운 표현을 다양하게 할 수 있는 표현 유창성, 문제의 개념을 찾는 개념화 유창성 등이 있다.

융통성은 새롭고 다양한 관점에서 문제를 바라볼 수 있는 능력이다. 유창성이 아이디어의 양과 연관이 있다면 융통성은 아이디어의 다양성과 관련이 있다. 융통성 있는 아이는 새로운 시각으로 일반적으로 상상하기 어려운 것을 상상해서 남들과 다른 특이한 아이디어를 생각해낸다.

독창성은 말 그대로 새롭고 독특한 아이디어를 생각하는 능력이다. 독창성은 단기적으로 문제해결을 더 쉽게 할 수 있게 만들고,

장기적으로 사람의 삶의 질을 높여준다. 독창성을 기르려면 평소에 가능한 한 특이하고 새로운 방식으로 문제를 해결하려는 노력을 꾸준히 해야 한다.

아이가 유창성, 융통성, 독창성을 가지고 아무리 독특한 아이디어를 생각해도 다듬어지지 않으면 제대로 표현할 수 없다. 정교성은 아직 다듬어지지 않은 아이디어를 보완하고 수정하고 다른 아이디어와 묶어 훌륭한 아이디어로 발전시키는 능력이다. 이미 알려진 아이디어에 자신만의 아이디어를 덧붙여 새로운 것으로 만드는 것도 정교성에 해당한다. 여기까지가 창의적 사고의 인지적 사고다.

다음으로는 창의적 사고의 성격적 요인에 대해 설명하겠다. 먼저 창의적 사고의 성격적 요인 중 민감성은 호기심이라고 할 수 있다. 민감성이 높은 사람은 동일한 환경에서 같은 것을 보아도 민감성이 낮은 사람보다 더 많은 것에 관심을 가지고 질문을 던진다. 당연하게 여겨지는 것에 대해서도 호기심을 품고 생각해볼 수 있다면 창의적 사고의 기초를 가지고 있는 사람이다.

개방성은 새롭고 다양한 경험을 받아들이는 능력으로 창의적 사고의 인지적 요소 중 융통성과 높은 상관관계가 있다. 개방성이 높다는 것은 넓은 시각을 가지고 있다고 할 수 있다. 고정관념에 사로잡히지 않고 열린 마음을 가진 개방적인 아이는 자연스럽게 융통성이 높아지고 새로운 아이디어를 생각해낼 수 있다.

인내심은 포기하지 않는 능력이다. 똑같이 어렵고 애매한 문제를 풀 때도 인내심이 약한 사람은 쉽게 포기하는 반면, 인내심이 강한 사람은 끝까지 문제에 매달려 새로운 해결 방법을 찾아낼 수 있다.

마지막으로 모험심은 실패를 무서워하지 않고 도전하는 성격을 말한다. 아무리 아이디어가 반짝반짝해도 문제해결을 피하면 아무 것도 할 수 없다. 모험심이 높으면 낯설고 새로운 상황에 물러서지 않고 도전하고, 창의적인 아이디어를 낼 수 있는 기회가 많다.

지금까지의 연구는 창의성의 정의, 사고능력, 문제해결 등 인지적 요소에 치중하는 면이 있었다. 하지만 최근 들어 창의적 성격의 중요성에 주목하는 연구가 늘어나고 있다. 창의적 성격이 단순히 개

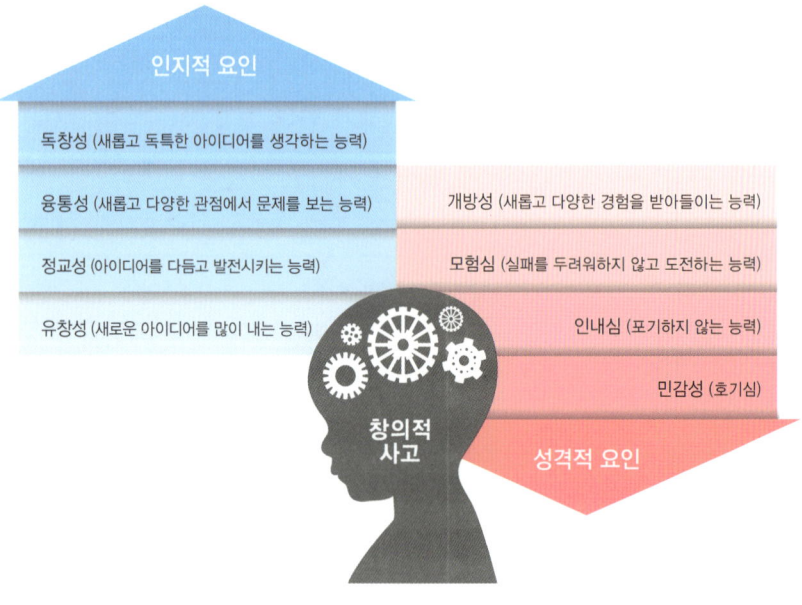

창의적 사고의 구성 요인

인의 성격에 그치지 않고 그 사람의 창의성에 큰 영향을 준다는 것이 알려졌기 때문이다. 연구결과 창의적인 성격의 사람들은 문제를 해결할 때 풍부한 상상력으로 낙천적으로 접근하고, 성급하게 결론을 내지 않으며, 집중력도 뛰어난 것으로 밝혀졌다.

창의적 성격의 개념과 특성을 살펴보고 창의적 성격을 가진 사람들의 특징도 알아보자. 창의적 성격이란, 창의성을 사용해 문제를 해결하는 성향이나 성격적인 특성이라고 할 수 있다. 하버드대의 아마빌레 교수는 사람들이 창의적인 방법으로 문제를 해결할 때 특별한 성격 특성이 도움이 된다고 하였다. 미국의 심리학자 스턴버그와 루버트는 창의성을 드러내려면 포기하지 않는 인내심, 위험을 감수하려는 의지 등의 성격적 요소가 중요하다고 주장하였다.

창의적인 사람들은 유머 감각이 풍부하고 모험심과 호기심이 강하며 개방성, 끈기, 무질서, 위험 감수, 정열 등의 성격 특성을 가진다. 심리학자들은 이런 창의적 성격을 가진 사람들은 일반적으로 공통적인 성격 특징을 가진다고 말한다.

우선 창의적인 사람들은 자신의 창의성을 알고 있으며, 창의적인 사람이 되고 싶어 한다. 이 사람들은 자신감이 높으며 독립심이 강하고 모험을 즐긴다. 또 열정적이고 에너지가 넘쳐서 끊임없이 도전할 뿐만 아니라 호기심과 유머 감각을 잃지 않는다.

창의적인 성격을 가진 사람들은 이상적이고 개인주의적인 성향을 가진 경우가 많아 보수적이기보다는 진보적인 성향을 보이기도 한다. 이들은 개인주의적이기 때문에 혼자만의 시간을 가지는 것을 좋아하고, 자신을 되돌아보는 시간을 많이 갖는다. 영혼, 특별한 감각 같은 신비로운 것에 관심이 많고 다양한 예술 분야에 흥미를 느끼는 사람들이 많으며, 주로 애매모호한 것들을 통해 창의적인 문제해결 방법을 떠올린다. 창의적인 사람들은 애매모호한 첫 아이디어를 계속 변형하고 고쳐 나가면서 새롭고 쓸만한 아이디어로 만들어낸다. 이 과정에서 정신적인 비약이 자주 나타나기도 한다.

창의적인 사람들은 이러한 공통점을 가지고 있지만, 분야에 따라 성격상 차이를 보이기도 한다. 문학, 예술 영역과 수학, 과학 영역에서의 창의적 성격 특징은 비슷한 부분이 많지만 서로 조금씩 다르기도 하다.

먼저 문학, 예술 영역에서 높은 창의성을 보이는 사람은 새로운 경험에 도전하는 일을 꺼리거나 피하지 않는다. 일반적인 사람들보다 더 상상력이 뛰어나고 직관적으로 문제를 바라보는 경향이 강하다. 또한 다소 충동적이며 집단에 소속되기 싫어하거나 단체 행동을 피하는 내성적인 성향이 많다. 규칙, 질서에 반항적이고 계속 불만을 표시하기 때문에 화합을 쉽게 이루지 못한다. 이런 예술가들은 타인에 대한 관심이 적은 반면 자신의 감성이나 불안이 매우 높고, 목표를 이루려고 하는 욕심이 크다고 한다.

한편 수학, 과학 영역에서 창의성을 가진 사람들은 남들과 경쟁하는 것에 매우 집착하며 거만하고 자신감이 강하다고 한다. 이런 사람들 중에는 과학자가 많은데 이들은 문학, 예술 분야의 예술가들과 달리 지배력이 강하고 거만한 면이 두드러지지만 새로운 경험에 대한 개방성, 높은 추진력과 야망, 내성적인 성격 등은 비슷하다.

사실 성격은 어느 정도 타고나는 면이 많다. 창의적 성격도 마찬가지인데 그렇다고 실망할 필요는 없다. 처음부터 창의적 성격을 타고나지 않았어도 창의적인 놀이, 모험심과 호기심, 독창성 등을 자극하는 교육을 통해서 얼마든지 창의적인 성격으로 바꿔줄 수 있기 때문이다.

Chapter.02

조건이 갖춰지면 창의력은 저절로 꽃이 핀다

 다양한 학습은 창의력을 키우는 자양분

창의력을 키우려면 일단 분야를 가리지 않고 다양한 학습을 해야 한다. 여러 분야의 지식을 일단 습득한 다음 좀 더 전문적인 지식을 배우면, 기존에 배웠던 지식들이 그물망처럼 엮여서 새로운 아이디어를 낼 수 있다. 이것이 바로 '융합 교육'이다. 당장은 서로 아무 연관이 없어 보이는 지식들이 어느 순간 결합되면서 창의적인 무언가를 만들어낸 예는 아주 많다.

나는 초지일관 유아기부터 초등학교 6학년까지 12년 동안은 가능한 여러 분야의 학습을 시키는 것이 좋다고 조언한다. 어렸을 때부터 훈련해야 최고의 수준에 오를 수 있는 음악, 체육 같은 영역을 제외하고는 어릴 때부터 한 가지 영역만 학습하면 창의력을 포함한 공부지능을 개발하는 데 효과적이지 않다.

초등학교 3학년 아이가 수학에 천재적인 소질을 보인다고 해서 수학만 집중적으로 가르치면 어떨까? 아무리 똑똑해도 초등학교 3학년의 인지능력은 한계가 있다. 중학교 과정까지야 대강 소화할 수 있겠지만 고등학교, 대학교 수학 과정을 이해하기는 쉽지 않다. 설령 아이가 고등학교 수학을 풀 수 있다 해도 고등학생이 되어서는 한 시간이면 쉽게 풀 수 있는 문제를 며칠 동안 푸는 것은 효율적이지 않고, 창의적인 학습에도 별로 도움이 되지 않는다.

적어도 초등학교 6학년 때까지는 다양한 종류의 지식을 학습하는 것이 좋다. 아이가 자연과학을 유독 좋아하더라도 정치나 경제, 사회, 문화, 역사 등의 지식도 잡식성으로 경험하고 배우게 할 것을 권한다. 이 시기 아이들은 호기심이 많기 때문에 어떤 분야든지 큰 어려움 없이 받아들일 수 있다.

아이들이 다양한 지식을 배우면 많은 지식들이 엉성하게라도 그물처럼 엮이게 된다. 한 가지만 배우는 전문적인 교육으로는 얻을 수 없는 장점이다. 다양한 지식을 습득할 때도 수준을 조금씩 높여가며 공부하는 것이 바람직한데 그러려면 어휘력과 독해력이 필수다. 지식은 대부분 언어로 되어있기 때문에 국어 학습을 통해 어휘력과 독해력을 길러주면 자신의 능력보다 좀 더 높은 수준의 책을 읽어낼 수 있다.

어린 시절 나는 우연히 아버지가 선물로 주신 『학생 대백과사전』이란 책을 여러 번 탐독하여 잡다한 지식을 머릿속에 넣어두었다.

그때 배운 지식이 지금까지도 살아가는 데 도움을 준다. 초등학교 시절이 아니라면 나의 진로와 관련이 없는 책들을 그렇게까지 읽을 기회가 없었을 것이다.

학교에서는 국어, 영어, 수학 이외에도 음악, 미술, 체육을 포함한 다양한 과목들을 가르친다. 학생들과 부모들은 대부분 국영수만 주요 과목이라 생각하고 다른 과목들을 소홀히 하는데, 이런 태도는 바람직하지 않다. 다방면의 기초적인 지식들은 향후 그물망으로 자리잡아 서로 연결되고 융합하여 창의적인 결과물을 내는 데 꼭 필요한 재료가 된다는 사실을 기억하자.

 창의력을 키울 수 있는 환경도 중요한 조건

창의성을 연구한 칙센트미하이 교수는 창의성을 '이미 만들어진 것을 변화시키거나 변형하는 사고 또는 작품'이라고 정의했다. 그는 창의성을 잘 표현하기 위해서는 세 가지의 조건이 필요하다고 했다. 첫 번째는 개인이 유전적으로 타고난 재능이다. 미술에서 어울리는 색채를 감으로 알아보는 능력이나 음악에서 절대음감 등을 가지고 태어난 사람들이다. 이런 사람들은 재능을 타고나지 못한 사람들보다 더 쉽게 새로운 것을 배울 수 있고, 배운 것들을 적절하게 활용할 수 있다.

두 번째는 창의성을 키울 수 있는 물질적이고 문화적인 혜택이다. 좋은 집안에서 태어나거나 혹은 부모의 지원을 받아 문화생활을 즐기며 질 좋은 교육을 받고 자란 아이일수록 자신의 생각을 창의적으로 표현할 가능성이 높다.

세 번째 조건은 얼마나 그 분야의 현장에 쉽게 접근할 수 있는가이다. 예를 들어 물건을 만들거나 건물을 상상하는 일에 뛰어난 재능을 가진 아이가 미술관을 자주 방문하거나 건축에 관련된 책을 읽으면 재능을 발전시키는 데 도움이 될 것이다. 그렇지만 직접 건물을 설계하는 현장에 가보면 간접적으로 경험을 했을 때보다 훨씬 더 강력한 자극을 받을 수 있다. 게다가 그 분야에서 성공한 사람들의 이야기를 직접 듣고 실질적인 도움을 받으면 아이의 재능은 날개를 달고 비상할 것이다. 유전적으로 타고나야 하는 첫 번째 조건은 바꿀 수 없다. 하지만 두 번째와 세 번째 조건은 얼마든지 만들어줄 수 있다. 피상적으로만 보면 경제적인 여유가 있어야 두 번째와 세 번째 조건을 충족시켜 줄 수 있다고 오해할 수도 있는데, 그렇지 않다. 경제적인 여유보다는 부모의 관심이 더 중요하다.

『군주론』을 저술한 마키아벨리는 지독한 가난 속에 태어났다. 끼니를 걱정해야 할 정도로 가난했지만 그의 아버지는 교육에 관심이 많았다. 하지만 책값이 너무 비싸서 몇 달 동안 인쇄소에서 일을 해주는 대신 책을 받아서 아들에게 읽혔다. 그런 관심과 노력이 마키아벨리로 하여금 기존의 정치와 다른 혁신적인 정치 형태를 제시할 수 있게 만들었다.

칙센트미하이 교수는 창의적인 사람들의 생애를 연구해서 그들의 특징을 각각 초년기, 장년기, 노년기로 구분했다. 창의적인 사람들은 초년기에 창의성이 아닌 재능을 타고나고, 재능과 상관없이 주변에 강한 호기심과 흥미를 보인다. 이런 아이들에게는 부모의 관심이 무엇보다도 중요하고, 자신의 재능이나 흥미를 알아주고, 개성을 존중해주는 강한 믿음이 필요하다. 초년기에 받은 관심과 경험이 장년기, 노년기까지 이어지는 일이 많다. 그래서 나는 공부지능에 있어서 부모의 가장 큰 역할 중에 하나가 자신의 아이를 잘 관찰하고 이해하는 일이라고 생각한다.

장년기가 되면 창의적인 사람들은 자신의 흥미, 재능과 관련된 대학에 진학해서 직업을 얻고 진로를 개척해 나간다. 자신의 직업을 사랑하고 이를 통해 사회에 기여하는 것을 좋아하기 때문에 가정을 만들지 않는 경우도 종종 있지만 이해심 많은 배우자나 가족, 친구의 도움으로 더 좋은 결과를 내기도 한다.

노년기로 넘어갈수록 이들의 창의성은 더욱 왕성해진다. 창의성이 있는 사람들은 자신의 신체적 변화를 인정하고, 쉽게 좌절하거나 무기력해지지 않는다. 더 나은 결과를 위해 다시 노력할 뿐만 아니라 지금까지의 삶을 되돌아보며 자존감을 더욱 높인다.

장년기와 노년기에는 부모의 도움 없이도 스스로 창의력을 개발할 수 있다. 하지만 초년기는 부모의 전폭적인 지원이 필요하다. 창의력을 키울 수 있는 조건을 만들어주는 부모의 노력만큼 아이의 창의력은 발달한다.

Chapter.03

몰입을 잘하는 아이가 창의력이 높다

 창의력은 몰입에서 나온다

　창의력이 뛰어난 사람들을 보면 순식간에 새로운 아이디어를 떠올리는 것처럼 보인다. 남들은 며칠을 고민해도 생각하지 못한 아이디어를 짧은 회의 시간 동안 서너 가지씩 이야기한다.

　그런데 이것은 오해다. 다른 사람들이 모를 뿐, 그런 아이디어를 낼 때까지 엄청난 집중력으로 몰입한 시간들이 있다. 창의적인 사고를 하는 사람들은 길을 걸으면서도 생각하고, 샤워를 하면서도 생각하고, 밥을 먹으면서도 숟가락질을 잊을 정도로 몰입한다.

　몰입은 집중과는 다르다. 몰입해도 창의력이 좋아지지 않는다면 제대로 몰입하지 않았다고 봐야 한다. 몰입Flow은 '무언가에 흠뻑 빠져 있는 심리적 상태'를 의미하고, 현재 하고 있는 일에 심취한 무아지경의 상태라고 할 수 있다. 잡념과 방해물을 차단하고 자신이 원하는 어느 한곳에 모든 정신을 집중하는 것이 몰입이다.

『몰입』의 저자 칙센트미하이 교수는 무언가에 몰입했을 때의 느낌을 '물 흐르는 것처럼 편안한 느낌', '하늘을 날아가는 자유로운 느낌'이라고 말한다. 새로운 것을 생각하고 만들어내야 한다는 부담감이 크면 오히려 아무 생각이 안 난다. 몰입 상태에서 새로운 생각이 잘 떠오르는 것은 편안하고 자유롭기 때문이다.

몰입 상태에서는 평소와는 다른 독특한 심리적 특성이 나타난다. 첫째, 현재 과업에 대한 강한 주의집중이 일어난다. 모든 주의력이 현재 과업에 집중되기 때문에 과업 이외의 활동은 잘 인식하지 못한다. 이러한 주의집중은 애써 노력하여 일어나는 것이 아니라 과제에 대한 흥미와 즐거움으로 인해 자발적으로 일어난다.

둘째, 몰입 상태에서는 행위와 인식의 융합이 일어난다. 현재 하고 있는 활동에 푹 빠져 그 활동을 관찰하고 평가하는 관찰자적 인식이 존재하지 않는 것이다. 흔히 이러한 상태를 '무아지경' 또는 '몰아지경'이라고 부른다. 이는 의식을 잃은 혼수상태와는 다르다. 칙센트미하이 교수에 따르면 몰입 상태에서 자아는 완전히 기능하지만 스스로 그것을 인식하지 못할 뿐이라고 한다.

셋째, 몰입 상태에서는 자기와 환경의 구분이 거의 사라질 뿐만 아니라 시간의 흐름도 망각한다. 시간의 흐름에 대한 지각이 변형되어 시간이 보통 때보다 빨리 지나가고 많은 일들이 짧은 시간 안에 펼쳐지는 것처럼 느껴진다. 한마디로 시간이 잘 간다는 뜻이다. 많은 사람들이 처음 사랑에 빠졌을 때 이런 몰입을 경험한다. 자신이 사랑하는 사람과 만나면 하루 종일 같이 있어도 한 시간 정도 지난 것처럼 느끼는 상태와 같다.

넷째, 몰입 상태에서는 현재 하고 있는 활동을 장악하고 있는 듯한 강력한 통제감을 느낀다. 활동의 진행이나 성과에 대한 걱정이 사라지고 주의집중이 일어남에 따라 완전한 통제력을 지니고 있는 것처럼 느낀다.

마지막으로 몰입 경험은 그 자체가 즐거운 것으로, 자기 충족적인 속성을 지닌다. 몰입하고 있는 활동은 다른 목적을 위한 것이 아니라, 그 자체를 위한 내재적 동기에 의해 일어난다. 그래서 몰입으로 인한 결과에 대한 보상조차 필요로 하지 않는다. 이런 보상을 '외재적 동기'라고 하는데 이미 내재적 동기로 충분히 보상을 받았기 때문이다. 시간 가는 줄 모르고 끙끙거리며 수학 문제를 풀다가 다 풀었을 때의 기쁨을 느껴본 사람이라면, 그 성취감이 세상 무엇과도 바꿀 수 없는 희열을 준다는 사실을 아마도 잘 알 것이다.

몰입 상태의 특성을 이해하면 내가 몰입을 경험했는지, 얼마나 자주 경험했는지를 알 수 있다. 만약 이러한 몰입 상태가 자주 찾아온다면 창의력이 높을 가능성이 크다. 그렇지 않으면 몰입할 수 있는 훈련을 통해 창의력을 키우도록 노력해야 한다.

몰입에도 기술이 필요하다

몰입을 자주 경험하는 사람들은 대부분 자신이 하는 일에 적극적으로 전념한다. 그래서 칙센트미하이 교수는 몰입을 잘하는 사람의 특징을 '자기 목적적인 성격'이라고 정의한다. '자기 목적적'이라는 용어는 스스로 만들어낸 목적을 가지고 있다는 의미다. 개인적으로 이는 다중지능 중에서 자기성찰지능과 밀접한 관련이 있다고 생각한다.

자기목적적인 성격을 지닌 사람들은 어떤 일을 하더라도 적극적이고 열정적으로 한다. 내재적 동기가 강한 사람들이어서 외부적인 보상보다는 일 자체를 위해 열심히, 끈기 있게 일한다. 또한 자율성과 독립성이 강해서 다른 사람의 간섭을 싫어하며, 성과에 집착하지 않고, 다른 사람의 시선과 평가로부터 자유로운 편이다.

꼭 자기목적적인 성격이 아니더라도 보통 사람들도 비교적 쉽게 몰입할 수 있는 방법이 있다. 몰입은 다음 3가지 조건이 충족되었을 때 잘 일어난다.

첫째, 분명한 목표가 있어야 한다. 현재 하고 있는 일의 목표가 모호하거나 장기적일 때는 몰입이 잘 일어나지 않는다. 너무 거창하고 원대한 목표보다는 그것을 이루기 위한 목표가 가깝고 분명할 때 몰입이 쉬워지는 것이다. 예를 들어 '의사가 되겠다'는 장기적인 목표 혹은 '성적을 올려야겠다'는 막연한 목표보다는 '이번 시험에서 수학 점수를 90점 이상으로 올려야겠다'는 목표로 공부할 때 몰입을 경험할 가능성이 더 높다.

둘째, 즉각적인 피드백이 있어야 한다. 스포츠나 전자오락을 할 때 쉽게 몰입하는 이유는 추구해야 할 분명한 목표가 있을 뿐만 아니라 매순간 즉각적인 피드백이 주어지기 때문이다. 즉각적인 피드백은 목표 달성을 위해 현재 자신이 어떤 위치에 있으며 어떤 행위를 해야 하는지를 분명하게 알려주는 기능을 한다. 이는 내가 무엇을 하고 있고, 무엇을 알고 있고, 무엇을 모르는지 그리고 어떻게 해야 하는지를 아는 '메타인지'가 높을 때 잘 일어난다. 한 연구에서 지능보다도 메타인지가 높은 학생들이 좋은 성적을 올렸다는 보고가 있다. 이는 메타인지와 몰입이 상관관계가 있음을 보여준다.

셋째, 개인의 수준과 과제의 난이도가 적절한 균형을 이루어야 한다. 분명한 목표와 즉각적인 피드백이 주어지더라도 너무 쉬운 과제는 몰입하기 어렵고, 너무 어려운 과제는 흥미를 잃게 하거나 포기하게 만들기 쉽다. 너무 어렵지도, 쉽지도 않지만 상당한 기술을 요구하는 도전적인 과제를 할 때 몰입을 경험하기 쉽다. 이는 영어 교육학자 스티븐 크라센이 현재 수준에서 난이도를 1정도만 높여야 한다는 'I 현재 나의 수준 +1 난이도'와 제프 콜빈 박사가 꾸준히 난이도를 올려가며 반복, 강화해야 한다고 말한 것과 일맥상통한다.

나는 개인에 따라 현재 가지고 있는 지식과 능력이 다르기 때문에 같은 교과서로 획일적으로 가르쳐서는 안 된다고 생각한다. 획일적인 교육은 누구에게는 지나치게 어렵고 다른 누구에게는 지나치게 쉬워 몰입이 발생하기 어렵기 때문이다.

몰입에 의한 창의적 교육을 위해서는 철저히 개인의 능력을 파악한 후 꾸준히 높은 수준의 난이도를 제시하여 이를 성취하는 기쁨을 맛보게 해야 한다. 그런데 현재 우리나라 교육은 아이들 간의 능력 차이를 인정하지 않고 획일적인 교육을 하기 때문에 하향평준화가 일어날 뿐만 아니라 능력이 우수한 아이들이 공부가 쉽고 시시하다고 생각하게 한다. 별다른 노력을 하지 않았는데도 성적이 잘 나오면 끈기를 키울 수 있는 기회조차 놓칠 수 있다.

나는 수업 설계를 할 때 가장 먼저 지능검사를 통해 아이들의 현재 능력을 파악한다. 그런 다음 결과에 따라 반 배치를 하여 적절히 높은 수준의 난이도를 제시한다. 이렇게 하면 아이들이 몰입하고 자신의 능력을 조금씩, 꾸준히 향상시킬 수 있다.

도전 난이도과 기술 능력의 상관관계를 그림으로 표현하면 다음과 같다. 플로우 통로에 있을 동안 몰입이 발생하는 것이다.

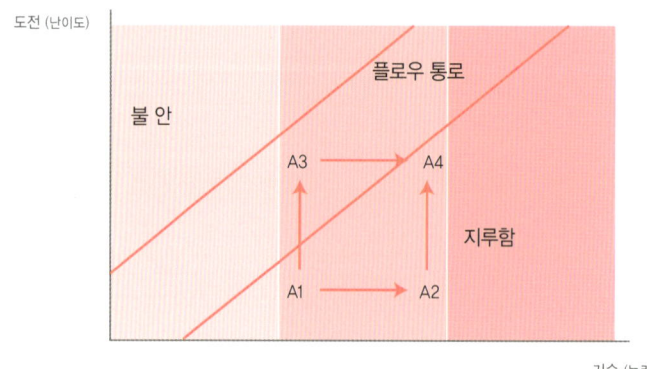

도전(난이도)과 기술(능력)의 상관관계

그림에서 볼 수 있듯이 과제의 도전 수준과 개인의 기술수준이 모두 높을 때 몰입 상태를 경험하기 쉽다. 기술수준에 비해 과제의 도전수준이 높으면 걱정이나 불안을 경험하게 된다. 반대로 기술수준에 비해 과제의 도전수준이 매우 낮으면 권태감을 느끼고, 적당히 낮으면 편안한 이완감을 느끼게 된다. 개인이 지닌 최고의 기술수준을 발휘해야 하는 도전적 과제를 수행할 때 몰입이 잘 이루어지는 것이다. 특히 상황적 요구 수준이 높아 잠시도 한눈을 팔지 못하고 매순간 그 과제에 주의를 기울여야 할 때 강렬한 몰입을 경험할 수 있다.

 일상생활에서 쉽게 몰입할 수 있는 활동

아이가 무언가에 몰입하도록 돕기 위해서는 꼭 어떤 거창한 훈련을 시켜야 하는 것은 아니다. 일상생활에서 아주 간단한 활동만으로도 몰입을 경험할 수 있다.

신체적 행위도 몰입을 부를 수 있다. 가령, 걷기는 누구나 할 수 있는 가장 단순한 활동이다. 하지만 한편으로 복합적인 몰입 활동이 될 수 있으며, 예술의 경지에까지 도달할 수도 있다. 걷기 자체도 좋지만 걷기를 위해 여러 가지 다른 목표를 세우면 더 효과적이다.

예를 들어 어디를 갈 것인지, 어느 길로 갈 것인지 등 걷는 일정을 생각해볼 수 있다. 또 전체 일정에 맞는 범위 내에서 들려볼 곳을 선택할 수도 있고, 특정 이정표를 확인하고 돌아온다는 목표를 세울 수도 있다. 동작을 효율적으로 활용해 신체의 건강을 최대한 증진시키는 일도 분명한 목표가 될 수 있다.

걷고 난 후에는 목표한 거리를 얼마나 빠르게 그리고 손쉽게 도달했는지, 흥미로운 풍경을 얼마나 많이 보았는지 등을 떠올리며 아이와 함께 이야기해본다. 이렇게 하면 아이는 자신이 어느 정도 몰입을 했는지 진척 정도를 알 수 있다.

주의력을 조절하는 연습도 몰입을 경험하는 데 도움이 된다. 자신의 주의력을 조절하기 위해서는 우선 시간표를 짜고 이를 확실히 지키는 것이 중요하다. 시간표를 짤 때는 무리한 계획은 빼고 할 수 있는 것 위주로 하며 규칙적인 휴식 시간을 넣는 것이 좋다. 좋아하는 일을 늘이고 싫어하는 일을 줄여서 좋아하는 일에 집중하는 것도 좋은 방법이다.

문제 발견하기도 일상생활에서 할 수 있는 몰입 훈련이다. 이는 자신의 주변에 있는 많은 문제를 다양한 관점으로 바라보는 것이다. 단순하게 보이는 문제에서도 숨겨져 있는 의미를 찾아보고, 스스로 해결책을 찾거나 이미 있는 해결책을 더 나은 것으로 고쳐보는 시도도 도움이 된다.

마지막으로 확산적인 사고를 가져보기를 권한다. 확산적 사고라는 것은 최대한 많고 다양한 아이디어를 생각해보는 일인데, 이를 꾸준히 하면 처음에는 어려워도 천천히 새롭고 기발한 아이디어를 만들 수 있다.

TIP

칙센트미하이의
몰입하기 위한 5가지 방법

① **문제를 설정한다.**
문제를 설정할 때는 해결하지 못한 문제들 중에서도 가장 중요하고 핵심적인 것을 택한다. 난이도는 높지만 대단히 중요해서 그 문제를 푸는 일이 의미가 있어야 한다.

② **몰입할 수 있는 환경을 확보한다.**
한 가지 문제에 집중할 수 있도록 주변상황을 정리해두어야 한다. 몰입을 하는 과정에서 다른 일들로 인해 방해를 받게 되면 집중도가 현저하게 떨어지므로 해야 할 일을 모두 끝내놓고 새로운 일을 한다.

③ **불필요한 외부 정보를 차단한다.**
텔레비전을 시청한다거나 잡담을 하면 집중도가 떨어진다.

④ **혼자만의 공간을 정한다.**
혼자만의 공간에서 목까지 받칠 수 있는 편안한 의자나 소파를 준비하면 더욱 좋다. 자세가 편할수록 집중이 잘된다.

⑤ **땀을 흘릴 정도의 운동을 규칙적으로 한다**
운동은 매일 규칙적으로 하는 것이 좋다. 땀을 흘리고 재미있게 몰두할 수 있는 운동을 선택하되 한 시간을 넘지 않는 것이 중요하다.

Chapter.04

일상생활에서 창의력을 키우는 방법

 낯선 경험을 자주 한다

일상생활 속에서 사람들은 언제 가장 창의력을 발휘할까? 영어를 못하는 사람이 뉴욕의 타임스퀘어에서 저녁 8시에 길을 잃어버렸다고 가정해보자. 날은 어둑어둑해지고 덩치 큰 외국인들은 낯선 이방인을 쳐다본다. 묵고 있는 호텔은 한 시간쯤 거리에 있는데 뉴욕의 지하철이나 버스를 어떻게 이용하는지조차 모른다. 영어도 서툴기 때문에 지나가는 사람을 잡고 물어보기도 힘들다.

꼭 이러한 일이 아니더라도 한두 번쯤은 비슷한 상황을 경험했을 수 있다. 가령, 등산을 하던 중에 갑자기 폭우가 쏟아지거나 혹은 건물에 불이 나서 서둘러 탈출해야 할때 등이 그렇다.

인간은 극도의 창의성을 발휘할 수 있다. 아마도 평소에 배웠던 과학적 정보, 기본적인 영어, 텔레비전에서 우연히 봤던 잡다한 정보와 지식들이 살아야 한다는 강한 동기에 초점을 맞춰 그물망에서 한 점으로 모인다. 이런 것이 창의력이다. 창의력은 지속적으로 낯선 것들을 경험하고 그 속에서 익숙한 것을 찾아내는 과정을 거치면서 자란다. 다시 말하면 낯선 것에서 공통된 것을 찾아내는 능력이 '창의력'인 셈이다. 아이들에게 시간이 날 때마다 새로운 것들을 보여주고 경험하게 하라고 조언하는 이유도 여기에 있다. 놀이공원을 가더라도 여러 군데를 다니고, 각 놀이공원의 공통점과 차이점을 찾아내고, 음식을 먹을 때도 다양한 종류의 음식을 먹어보게 하면 창의력을 기르는 데 큰 도움이 된다.

신문이나 잡지를 보게 해도 좋다. 요즘 아이들은 정보를 인터넷으로 찾는 데 창의력을 개발하기 위해서는 인터넷보다 신문이나 잡지 등 전통적인 매체가 더 좋다. 신문을 넘기다 보면 내가 원하는 정보는 패션이더라도 일면에 실린 정치 기사도 보게 되고, 사회면에 게재된 사건 기사도 보게 된다. 이는 네이버나 구글 사이트에서 달랑 검색어만 치고 정보를 얻는 사람들에게는 있을 수 없는 지식 습득 과정이다.

내가 원하는 정보만 검색하여 내용을 알아가는 인터넷은 원하는 정보는 효과적으로 얻을 수 있을지 몰라도 창의력을 개발하는 데는 도움이 안 된다. 창의력은 내가 원하지 않더라도 나에게 제공되는 많은 정보를 알아가는 과정 속에서, 그것들이 그물망처럼 연결되어 생기기 때문이다. 그런 면에서 텔레비전 뉴스를 보는 것도 권

할만하다. 텔레비전으로 뉴스를 보면 내가 원하는 뉴스만 볼 수 있는 것이 아니고, 좋든 싫든 텔레비전에서 소개하는 순서대로 다양한 뉴스를 보아야 하기 때문이다.

책을 읽을 때도 엄마가 권하는 책을 읽는 것도 좋지만 아이 스스로 책을 골라서 읽는 것도 좋다. 아이를 정기적으로 도서관이나 서점에 데리고 가서 세상에는 여러 가지 종류의 책이 있다는 사실만 알게 해도 성공이다. 단, 일단 서점에 가면 절대로 아이와 함께 책을 고르러 다니지 말아야 한다. 아이가 책을 고를 때 엄마의 견해가 반영되기 때문이다. 2시간 정도 시간을 주고 아이와 부모가 서로 다른 분야의 책을 각각 5권씩 골라 약속된 장소에서 만나기로 하자. 아이는 서로 다른 분야의 5권의 책을 고르기 위해서 50권 혹은 100권 이상의 책을 훑어보고 그중에서 자신이 사야 할 책을 고를 것이다. 이러한 과정이 창의성을 개발하는 과정이다. 이는 제한된 시간 내에 결과를 내야 하는 문제해결능력을 높이는 데도 도움이 된다. 문제해결능력도 창의성의 한 영역이다.

 익숙한 곳에서 다른 점 찾기

다양한 낯선 경험을 통해 익숙한 공통점을 찾아가는 것도 창의력을 개발하는 과정이지만, 반대로 익숙한 곳에서 다른 점을 찾는 것도 창의력을 개발하는 좋은 방법이다. 집에서 학교까지 가는 너무나도 익숙한 길에서도 자세히 관찰해보면 어제는 보지 못하였던 것들을 발견할 수도 있다. 늘 풀던 방식이 아닌 새로운 방식으로 문제를 풀어보는 것도 창의력을 개발하는 방법이다. 같은 영화를 여러 번 보다 보면 처음에는 보지 못한 새로운 것들을 발견하기도 한다.

익숙함은 고정관념이 되고 고정관념은 창의력을 키우는 데 방해가 된다. 세상에 당연한 것은 없다는 생각이 창의력의 시작이요 끝이다. 미국의 투자전문가 나심 니콜라스 탈레브는 그의 저서 『블랙 스완』에서 일반적으로 당연하다고 생각하는 것들이 어느 한 순간에 무너지는 현상을 말하고 있다. 그는 『블랙 스완』에서 '새의 깃털이 주는 교훈'을 다음과 같이 설명한다.

'서구인이 오스트레일리아 대륙을 발견하기 전까지 구세계 사람들은 모든 백조는 흰 새임을 믿어 의심치 않았다. 이것은 경험적 증거에 의해 뒷받침된 난공불락의 신념이었다. 그런데 검은 백조 한 마리가 두어 명의 조류학자 앞에 홀연히 나타났으니 얼마나 흥미롭고 놀라웠을까. 이 사건은 관찰과 경험에 근거한 학습이 얼마나 제한적인 것인지, 우리의 지식의 얼마나 허약한 것인지를 극명하게 보여준다. 수천 년 동안 수백만 마리가 넘는 흰 백조를 보고 또 보면서 견고히 다져진 정설이 검은 백조 한 마리 앞에서 무너져 버린 것이다. 검은 백조 딱 한마디로 충분했다. 산업혁명이 본격화되기 이전에는 경험주의가 하나의 진리였지만, 변화가 급속히 진행되는 현제에서 경험주의는 창의성을 방해하는 요소가 되는 것이다.'

내가 초등학교 다니던 시절 맬더스의 '인구론'이라는 것을 배웠다. 인구는 기하급수적으로 늘어나는데 식량은 산술급수로 늘어나기 때문에 산아제한을 하지 않으면 언젠가 인간은 굶어죽을지도 모른다는 이론이었다. 1970년대에는 석유파동이 일어나면서 향후 20년이 지나면 석유는 고갈될 것이고 인류는 에너지 재앙을 맞을 것이라고도 했다.

지금 와서 보면 다 웃어넘길 만한 소리다. 아이를 더 많이 낳는 일이 애국이라고 하고, 유전공학의 발전에 의해서 식량은 남아돌고 있다. 석유채굴 기술의 발달과 새로운 에너지원의 발견으로 인하여 석유 값은 오히려 폭락하고 있다.

신석기 시대가 물러나고 청동기 시대가 열린 것은 돌이 없어져서가 아니다. 인류의 기술이 발전했기 때문이다. 자본주의에서 인간의 창의성은 창의적 산물에 대한 보상체계가 완벽하기 때문에 새로운 물건과 기술들을 꾸준히 만들어내고 있다.

현재 우리가 사용하고 있는 스마트폰, 인터넷, 새로운 의료기술들. 이 모든 일들은 익숙한 것을 부정하고 인간에게 더 이로운 것들을 만들 수 있다는 도전정신의 산물이다. 그래서 아이들에게 익숙한 것을 당연하게 생각하지 않고 새로운 시각을 갖도록 지도해야 하는 것이다.

| Epilogue |

지능은 한 나라의 교육수준을 만들고
교육수준은 그 나라의 미래를 만든다

지능은 개인의 삶에만 영향을 미치는 것이 아니다. 지능과 관련된 여러 연구들은 지능지수가 개인의 성공에 기여하는 것에 그치지 않고, 그 나라 전체의 국력에도 영향을 미친다고 말하고 있다. 즉, 지능지수가 높은 국민들로 구성된 국가는 쉽게 부를 축적하고, 교육의 질을 높여서 높은 지능을 가진 국민들에게 더 좋은 교육을 제공할 수 있게 되는 것이다.

봉건적 조선시대가 끝나고 36년간의 일제강점기를 지나 6.25 전쟁으로 국토 대부분의 시설이 파괴되어 잿더미와 황무지밖에 없었던 대한민국이 전 세계 10위권의 경제 강국이 된 것은 교육의 힘 외에 다른 것으로 설명하기 힘들다. 많이 공부하고 배우면 지능이 높아지고 높은 지능을 바탕으로 경쟁력 있는 사회구성원이 많아졌기 때문에 경제적 성장을 이룰 수 있었던 것이다. 높은 수준의 교육은 대한민국의 민주화를 앞당겼고 그 어느 나라보다도 낮은 수준의 범죄율을 보여주고 있다.

대한민국 교육의 성공은 OECD의 학업성취도 국제 비교연구 PISA-PROGRAMME FOR INTERNATIONAL STUDENT ASSESSEMENT (이하 PISA로 통일)에서 분명하게 드러난다.

2009년 대한민국의 PISA 성적은 OECD 회원국 중 핀란드에 이어 2등을 하였다. 읽기와 수학은 1등이고, 과학은 3등으로 전체 2등인 것이다. 핀란드는 교육이 잘 되고 있는 나라라고 누구나 부러워하는 나라인데 우리나라가 읽기와 수학에서 핀란드보다 높은 점수를 받았다는 것은 상당히 고무적인 일이다.

PISA에서 전체 2등을 했다는 것은 대한민국 교육의 힘이다. 그리고 이들은 앞으로 대한민국을 이끌어갈 인재가 될 것이다. 높은 교육수준은 1인당 생산성을 높여 경제적 성장을 견인하고 또한 높은 교육수준은 민주화를 촉진시키며, 준법정신이 높기 때문에 낮은 수준의 범죄율을 보인다. 이처럼 교육은 정치, 경제, 사회, 문화에 긍정적인 영향을 끼친다.

PISA 평가 중 OECE 회원국만 보면 우리나라의 교육은 별로 걱정할 필요가 없다. 그런데 OECD국가 이외의 전체 참여국가의 성적을 보면 상황이 바뀐다. OECD 34개국 중에서는 대한민국이 2등이지만 PISA에 참여한 65개국으로 넘어가면 한국의 순위는 떨어진

읽기 소양				수학 소양				과학 소양			
국가명	평균 (평균오차)	순위 OECD	순위 전체	국가명	평균 (평균오차)	순위 OECD	순위 전체	국가명	평균 (평균오차)	순위 OECD	순위 전체
상하이-중국	556 2.4	–	1	상하이-중국	600 2.8	–	1	상하이-중국	575 2.3	–	1
대한민국	539 3.5	1~2	2~4	싱가포르	562 1.4	–	2	핀란드	555 2.3	1	2~3
핀란드	536 2.3	1~2	2~4	홍콩-중국	555 2.7	–	3~4	홍콩-중국	549 2.8	–	2~3
홍콩-중국	533 2.1	–	3~4	대한민국	546 4.0	1~2	3~6	싱가포르	542 1.4	–	4~6
싱가포르	526 1.1	–	5~6	대만	543 3.4	–	4~7	일본	539 3.4	2~3	4~6
캐나다	524 1.5	3~4	5~7	핀란드	541 2.2	1~3	4~7	대한민국	538 3.4	2~4	6~9
뉴질랜드	521 2.4	3~5	6~9	리히텐슈타인	536 4.1	–	5~9	뉴질랜드	532 2.6	3~6	5~8
일본	520 3.5	3~6	5~9	스위스	534 3.3	2~4	6~9	캐나다	529 1.6	4~7	2~4
호주	515 2.3	5~7	8~10	일본	529 3.3	3~6	8~12	에스토니아	528 2.7	4~8	3~6
네덜란드	508 5.1	5~13	8~16	캐나다	527 1.6	4~6	9~12	호주	527 2.5	4~8	4~6
벨기에	506 2.3	7~10	10~14	네덜란드	526 4.2	3~7	8~13	네덜란드	522 5.4	4~11	3~7
노르웨이	503 2.6	7~14	10~18	마카오-중국	525 0.9	–	10~12	대만	520 2.6	–	10~12
에스토니아	501 2.6	8~12	11~21	뉴질랜드	519 2.3	6~8	12~14	독일	520 2.8	7~10	12~14
스위스	501 2.4	8~12	11~21	벨기에	515 2.3	7~11	13~17	리히텐슈타인	520 3.4	–	13~17
폴란드	500 2.6	8~12	11~22	호주	514 2.5	7~11	13~17	스위스	517 2.8	8~12	13~17

PISA 2009 영역별 국제 비교 결과

다. 단연코 1등은 상하이 중국이다. 홍콩 중국도 대부분의 영역에서 우리나라를 앞선다. 싱가포르도 대부분의 영역에서 대한민국을 앞서고 있다. 특히 상기할 만한 사실은 상하이 중국과 대한민국과의 격차가 상당히 크다는 점이다.

우리는 늘 핀란드의 교육을 부러워했다. 그동안 PISA에서 꾸준히 1등을 한 나라는 핀란드였기 때문이다. 하지만 우리가 지금 연구해야 할 나라는 더 이상 핀란드가 아니다. 상하이 교육이 어떻게 일어나고 있는지를 눈여겨보아야 한다.

　펀란드 교육은 훌륭하지만 대한민국과 상황이 너무나도 다른 나라다. 핀란드의 인구는 550만 명으로 서울 인구의 절반 수준에 불과하다. 대한민국의 인구가 5200만 명이므로 핀란드의 인구는 대한민국의 10분의 1수준 밖에 되지 않는다. 즉, 핀란드의 교육은 서울시 교육청의 절반 정도를 대상으로 한 것이다.

　상하이의 인구가 얼마쯤 될까? 도시 내에서 사는 등록된 인구만 2400만 명이다. 도시외곽과 등록되지 않은 인구까지 합친다면 대한민국의 전체인구와 맞먹는 수준이다. 홍콩의 인구 또한 720만 명이다. 홍콩과 상하이를 합치면 어마어마한 수준의 인재가 길러지고 있음을 경각심을 갖고 관찰해야 할 것이다.

　PISA 2012년 결과를 살펴보면, 대한민국은 OECD 국가 중에서 수학은 1위, 읽기는 2위, 과학은 4위로 종합 1등을 하였다. 핀란드는 수학에서 낮은 점수가 나와서 순위에서 많이 밀렸고, 일본이 급부상하여 전체 2등을 하였다.

　그런데 65개국 전체로 보면 얘기는 또 달라진다. 1위는 역시 상하이 중국이고 2,3위는 홍콩과 싱가포르가 차지했다. 65개국으로 봤을 때는 대한민국은 수학 5위, 읽기 5위, 과학 7위의 수준이다. 2012년도에도 상하이가 가장 높은 수준을 차지하고 있다. 앞으로 중국이 얼마나 빠른 속도로 발전할지 이 지표를 보면 예측이 가능하다.

　2015년은 꾸준히 아이들에게 공부를 가르치지 말자고 정부가 노

읽기 소양				수학 소양				과학 소양			
국가명	평균 (평균오차)	순위 OECD	순위 전체	국가명	평균 (평균오차)	순위 OECD	순위 전체	국가명	평균 (평균오차)	순위 OECD	순위 전체
상하이-중국	570 2.9	–	1	상하이-중국	613 3.3	–	1	상하이-중국	580 3.0	–	1
싱가포르	545 2.8	–	2~4	홍콩-중국	573 1.3	–	2	홍콩-중국	555 2.6	–	2~3
홍콩-중국	542 1.4	–	2~4	싱가포르	561 3.2	–	3~5	싱가포르	551 1.5	–	2~4
대만	538 3.7	1~2	2~5	일본	560 3.3	–	3~5	일본	547 3.6	1~3	3~6
대한민국	536 3.9	1~2	3~5	대한민국	554 4.6	1	3~5	핀란드	545 2.2	1~3	4~6
핀란드	524 2.4	3~5	6~10	마카오-중국	538 1.0	–	6~8	에스토니아	541 1.9	2~4	5~7
아일랜드	523 2.6	3~6	6~10	일본	536 3.6	2~3	6~9	대한민국	538 3.7	2~4	5~8
대만	523 3.0	–	6~10	리히텐슈타인	535 4.0	–	6~9	베트남	528 4.3	–	7~15
캐나다	523 1.9	3~6	6~10	스위스	531 3.0	2~3	7~9	폴란드	526 3.1	5~9	8~14
폴란드	518 3.1	4~9	7~14	네덜란드	523 3.5	3~7	9~14	캐나다	525 1.9	5~8	8~17
에스토니아	516 2.0	6~9	10~14	에스토니아	521 2.0	4~8	10~14	리히텐슈타인	525 3.5	–	8~17
리히텐슈타인	516 4.1	–	7~18	핀란드	519 1.9	4~9	10~15	독일	524 3.0	5~10	8~17
뉴질랜드	512 2.4	7~13	11~19	캐나다	518 1.8	5~9	11~16	대만	523 2.3	–	9~17
호주	512 1.6	8~12	12~18	폴란드	518 3.6	4~10	10~17	네덜란드	522 3.5	5~11	8~18
네덜란드	511 3.5	6~14	11~21	벨기에	515 2.1	7~10	13~17	아일랜드	522 2.5	6~11	10~18

PISA 2012 영역별 국제 비교 결과

력한 결과 읽기는 캐나다와 핀란드에 이어 OECD 국가 중 3위, 수학은 일본에 이어 2위, 과학은 OECD 국가 중 5위를 차지하였다. 2015년에는 상하이 중국이 단독으로 참여하지 않고, 베이징-상하이-장수성-광둥성 BSJG가 참여하였는데, 만일 상하이만 참여하였다면 역시 단연코 1등은 중국 상하이일 것이다. BSJG 중국의 읽기 점수는 10위권이지만 BSJG 중국의 수학점수는 대한민국보다 무

읽기 소양				수학 소양				과학 소양			
국가명	평균 (평균오차)	순위 OECD	순위 전체	국가명	평균 (평균오차)	순위 OECD	순위 전체	국가명	평균 (평균오차)	순위 OECD	순위 전체
싱가포르	493 1.6	–	1	싱가포르	564 1.5	–	1	싱가포르	536 1.2	–	1
홍콩-중국	535 2.7	–	2~5	홍콩-중국	545 5.0	–	2~5	일본	538 3.0	1~2	2~3
캐나다	527 2.3	1~3	2~4	마카오-중국	544 1.1	–	3~4	에스토니아	534 2.1	1~3	2~5
핀란드	527 2.5	1~3	2~5	대만	542 3.0	–	3~4	대만	532 2.7	–	2~7
아일랜드	526 2.5	2~6	4~8	일본	532 3.0	1	5~6	핀란드	531 2.4	2~4	3~7
에스토니아	521 2.2	3~6	5~8	B.S.J.G-중국	531 4.9	–	4~7	마카오-중국	529 1.1	–	5~8
대한민국	517 3.5	3~8	4~9	대한민국	524 3.7	1~4	6~9	캐나다	528 2.1	3~4	3~9
일본	516 3.2	3~8	5~10	스위스	521 2.9	2~5	7~10	베트남	525 3.9	–	4~10
노르웨이	513 2.5	5~9	7~11	에스토니아	520 2.0	2~5	7~10	홍콩-중국	523 2.5	–	7~10
뉴질랜드	509 2.4	7~11	6~12	캐나다	516 2.3	3~7	8~12	B.S.J.G-중국	518 4.6	–	8~16
독일	509 3.0	6~12	8~15	네덜란드	521 2.2	5~9	10~14	대한민국	516 3.1	5~8	9~14
마카오-중국	506 1.3	–	10~13	덴마크	511 2.2	5~10	10~15	뉴질랜드	513 2.4	5~9	10~15
폴란드	506 2.5	8~14	10~17	핀란드	511 2.3	5~10	10~15	슬로베니아	513 2.4	5~9	11~15
슬로베니아	505 1.5	9~13	9~13	슬로베니아	510 1.3	5~10	11~15	호주	510 1.5	6~11	12~17
네덜란드	503 2.4	9~17	9~17	벨기에	507 2.4	7~13	12~18	영국	509 2.6	6~13	12~19

PISA 2015 영역별 국제 비교 결과

려 7점이나 높다. 과학 점수도 대한민국보다 높다.

2015년 대한민국의 PISA 점수는 2009년 2012년에 비해서 명확히 떨어지고 있음을 알 수 있고, 홍콩을 포함한 BSJG의 실력은 꾸준히 상승하고 있음을 알아야 한다. 지능과 교육이 연결되고 교육과 국력이 연결되므로 앞으로 중국의 발전은 우리의 상상을 넘어설 것이고, 미국을 넘어서는 수준의 강국이 될 것이라는 예측을 할 수 있다. 우리가 이런 상황에서 교육을 소홀히 하는 정책을 펴서는 안 된다는 것을 시사하는 대목이다.

　상하이 인구가 2400만, 베이징 인구가 2200만, 광둥성 인구가 1억, 장수성 인구가 8000만, 홍콩 인구가 700만 이 인구를 합치면 2억 3천 3백만 명의 교육 성취도가 세계 최고 수준이라는 것이다.

　1970년대 미국은 아이들의 인권을 보호하고 창의적인 교육을 하겠다는 목표하에 공부를 느슨하게 시키기 시작하였다. 그 결과, 생산 강국이었던 미국산 텔레비전은 사라졌으며, 자동차 산업도 독일, 대한민국, 일본에 그 자리를 양보하는 수모를 겪었다. 일본은 1980년대 미국을 쫓아 유도리 교육을 실시해 아이들의 공부를 느슨하게 하기 시작하였다. 그 결과 전자 산업 강국의 지휘를 대한민국에 빼앗겼다. 이에 대한 반성으로 2000년대 들어서 일본은 연산교육을 포함한 수학교육을 강화하였고, PISA에서 그 성과가 나타나기 시작하였다. 대한민국은 미국과 일본의 실수를 반복하지 않았으면 좋겠다.

| 참고자료 및 인용 출처 |

이신동 저(2015), 『지능과 창의성의 프레임』, 양서원

한준상 저(2012), 『교육개론』, 학지사

대니얼 골든 저(2010), 『왜 학벌은 세습되는가?』, 동아일보사

말콤 글래드웰 저(2009), 『아웃라이어』, 김영사

한진규 저(2016), 『수면 밸런스』, 다산4.0

리처드 니스벳 저(2010), 『인텔리전스』, 김영사

제프 콜빈 저(2010), 『재능은 어떻게 단련되는가?』, 부키

힐베르트 마이어 저(2011), 『좋은 수업이란 무엇인가?』, 삼우반

탈 벤 샤하르 저(2007), 『해피어』, 위즈덤하우스

마틴 셀리그만 저(2014), 『긍정심리학』, 물푸레

필립 맥그로 저(2002), 『자아』, 청림출판

미하이 칙센트미하이(2004), 『몰입 flow』, 한울림

나심 니콜라스 탈레브(2008), 『블랙 스완』, 동녘사이언스

보기 좋은 화려한 꽃이 아닌
뿌리깊은 나무를 만드는 곳입니다.

"초등학교 6년간 지능을 계발하고
수학과 언어의 기초를 다지면
공부의 절반은 완성된 것이다"

— 민성원 소장 —

초등학생 지능향상 Project!

Pre - G 란?
언어사고력 + 수학사고력 + 지능계발

국어와 수학에서 가장 중요한 어휘, 기본개념, 용어, 정의 등을 정확히 내 것으로 만드는 기본에 충실한 학습과 지능훈련을 통하여 교과 성적 향상뿐 아니라 아이의 지능을 함께 계발할 수 있는 초등의 학습 프로그램입니다.

- 지능검사와 서면검사, 진단검사(수학test)를 통하여 학생에게 최적화 된 학습단계를 찾아드립니다.
- 수리사고 + 공간지각 + 언어사고 향상을 위한 학습
- 시작에서부터 마무리까지 철저한 책임 학습 후

**아이의 지능 향상을 6개월 마다 확인시켜 드립니다!!!!
아이의 지능은 학습을 통해 계발이 가능합니다!**

* Pre G-class
[국어 학습 프로그램]

반구성	● 민성원 소장 직강! ● 국어는 레벨과 단계별 분반을 기본으로 함 ● 진단검사를 토대로 민성원 소장이 반 결정
대 상	● 5세 ~ 초등 6학년
수업시간	● 1회 1시간 30분 (90분) 　(*시간표는 개별 상담)
수업진행	교과를 바탕으로 ● 어휘력 ● 독해력 ● 시 암송을 통한 암기력 향상이 목표
교 재	● 동아전과, 독해력 비타민 ● 단어장(학원에서 준비)
진단검사	● 6개월마다 무료 진단검사와 민성원 소장이 직접 상담! ● 내 아이의 지능과 학습 효과를 눈으로 확인하세요!

※ 민성원 연구소가 동아출판과 함께합니다.

* Pre G-class
[수학 학습 프로그램]

교과를 바탕으로 개념과 정의, 용어정리부터 철저히 기본에 충실한 학습

반구성	진단검사와 학생 개개인의 후행/현행 이해도를 정확히 측정 후 개인에 맞춘 맞춤형 수업 최혜린 원장 직강!
대 상	● 5 ~ 7세 (레벨별 반편성) ● 초등6학년 (무학년 진행)
수업시간	● 90분씩 주1회 또는 주2회(유치 ~초3) ● 150분씩 주1회 또는 주2회(초2 ~초6) ● 자기주도 수업은 선택 사항으로 담임강사와 협의 (*시간표는 개별 상담)

수업진행	다양한 유형 속에서 문제풀이 식으로 가르치는 학습은
	문제만 조금 틀게 되면 학생들이 손을 대지 못한다!!
	40분 복습테스트 + 그날의 수업 + 직후 테스트
	
	1. 개념과 원리학습 – 수학의 개념과 용어, 공식 완벽 습득을 통해 문제풀이의
	   활용 능력 키우기: 개념노트활용 / 하브루타 수업을 통한 메타인지 학습
	2. 개념과 식을 써서 문제를 푸는 훈련 – 2015개정교과에서 과정중심의 서술,
	   논술형 평가 확대: 풀이노트활용
	3. 모르거나 틀린 문제 완벽히 내 것으로!!!
	   오답노트 활용으로 나만의 수학노트 만들기
	4. 수학 개념 / 용어 / 정의 말하기 대회 / 수학용어사전

교 재	● 학생의 진도와 이해도에 맞춘 제작교재
TEST	모든반: 월간 TEST+분기TEST 결과 70점 미만 또는 교사가 필요 시 M–CARE(금, 토요일) 컨설팅을 들어야 함 공통: ● 수시상담 + 월 정기 상담 + 분기 정기 상담 ● 매주 메일로 REPORT 발송 + 분기별 학부모 간담회 ● A/S : 6개월마다 무료 진단검사와 최혜린 원장님이 결과 직접 상담!

☀ Pre G-class
[훈련반 학습 프로그램]

프리지의 핵심 PROJECT! 국어와 수학으로 다지지 못한 부분을 위한 지능계발 학습 프로그램입니다.

반 구성	진단검사 등을 토대로 담당 선생님과 상의 후, 학생에게 가장 적합한 반으로 설정
대 상	유치부 ~ 초등 6학년
수업시간	1회 1시간 (60분)으로 구성 / 주 1회, 2회, 3회 (*시간표는 개별 상담)
수업진행	일반적으로 루크 30분 / 머리셈 30분
교재 및 준비물	학생의 진도와 이해도에 맞춘 제작교재 &동아수학 부교재 사용 가능

한 송이 국화꽃을 피우기 위해
봄부터 소쩍새는 그렇게 울었나 보다

아이의 공부지능

초판 1쇄 발행 2017년 9월 5일
초판 5쇄 발행 2023년 1월 30일

지은이 민성원
펴낸이 김선식

경영총괄 김은영

콘텐츠사업본부장 임보윤
콘텐츠사업3팀장 이승환 **콘텐츠사업3팀** 김한솔, 김정택, 권예진, 이한나
편집관리팀 조세현, 백설희 **저작권팀** 한승빈, 김재원, 이슬
마케팅본부장 권장규 **마케팅2팀** 이고은, 김지우
미디어홍보본부장 정명찬 **디자인파트** 김은지, 이소영 **유튜브파트** 송현석
브랜드관리팀 안지혜, 오수미 **크리에이티브팀** 임유나, 박지수, 김화정 **뉴미디어팀** 김민정, 홍수경, 서가을
재무관리팀 하미선, 윤이경, 김재경, 안혜선, 이보람
인사총무팀 강미숙, 김혜진, 지석배
제작관리팀 박상민, 최완규, 이지우, 김소영, 김진경, 양지환
물류관리팀 김형기, 김선진, 한유현, 전태환, 전태연, 양문현, 최창우

펴낸곳 다산북스 **출판등록** 다산북스 2005년 12월 23일 제313-2005-00277호
주소 경기도 파주시 회동길 490 **전화** 02-704-1724 **팩스** 02-703-2219
이메일 dasanbooks@dasanbooks.com **홈페이지** dasan.group **블로그** blog.naver.com/dasan_books

ISBN 979-11-306-1407-6 (13370)

- 책값은 뒤표지에 있습니다.
- 파본은 구입하신 서점에서 교환해드립니다.
- 이 책은 저작권법에 의하여 보호를 받는 저작물이므로 무단 전재와 복제를 금합니다.
- 이 도서의 국립중앙도서관 출판시도서목록(CIP)은 서지정보유통지원시스템 홈페이지(http://seoji.nl.go.kr)와 국가자료공동목록시스템(http://www.nl.go.kr/kolisnet)에서 이용하실 수 있습니다. (CIP제어번호 : CIP2017020239)